아리스토텔레스의

수사학과 시학

아리스토텔레스의

수사학과 시학

아리스토텔레스 지음
이종오 옮김

RHETORIC & POETICS

수사술(Techne rhetorike)과 작시술(Techne poietike)을 위한 탐색서

ARISTOTELES

{ 2020 }

HU:iNE

서문

수사학은 웅변술(말 잘하기 기술), 변론술(설득의 기술)이다. 사실 모든 수사학은 플라톤의 것을 제외한다면 다분히 '아리스토텔레스적인 것'이라고 할 수 있다. 이 말은 곧 시학과 수사학에 관한 학문적 논의는 아리스토텔레스에서 출발한다는 사실을 의미한다.

아리스토텔레스의 이름으로 남겨진, 웅변술에 관한 두 개의 작품이 있다. 그중 하나는 머리말에 이름이 등장하기 때문에 『알렉산드르에게 보내는 수사학』로 명명된다. 이 작품은 도처에서 아리스토텔레스의 학설을 재현하고 있으나 등장하는 언어의 특징을 살펴보면 당시의 작품이라고는 볼 수 없다. 또 다른 하나의 독창적인 작품은 『수사학』으로서 아리스토텔레스가 자신보다 앞선 웅변가들과 대립하고, 심지어는 스승인 플라톤과도 결별한 이유들을 연구할 수 있게 해 준다.

아리스토텔레스는 수사학을 '모든 주제에 담겨진 설득의 정도를 추출해 내는 기술' 혹은 '설득하기에 적당한 것을 사변적으로 발견하는 능력'으로 정의하고 있으며, 이러한 수사학은 확인과 반박의 기법인 일종의 테크네(techne)다. 말하자면 그 발상의 근원이 창조된 대상이 아니라 창조 행위자에게 있는, 그러한 발상들 중의 하나를 생산해 내는 수법이라는 것이다. 그는 인간 정신의 창조적 행위에는 수많은 테크네가 존재한다고 믿었기 때문에 스승인 플라톤뿐만 아니라 당시의 '기술자들(코락스, 칼리프, 테오도르의 사람들)'이 맹신했던, 관례적이고 관습적인 '하나의 테크네'를 무시했고 경멸했다. 이처럼 아리스토텔레스는 테크네라는 플라톤의 철학적 어휘를 자유롭게 변용·수용했고 테크네를 창조된 대상이 아니라, 창조적 동인으로 간주해 자신만의 고유한 설득방식을 구축한다. 그에 따르면 테크네는 창조하는 정신의 '기능' 또는 '능력'이며, 이러한 기능을 인간 활동의 양식에 제시한다.

아리스토텔레스가 전하는 두 가지 테크네는 시에 관한 '시학'과 이에 상응하는 수사학의 기술, 즉 '수사학'이다. 담론의 현상과 관련해 그는 두 개의 논문 「작시술(techne poietike)」과 「수사술(techne rhetorike)」을 썼다. 「작시술」은 상상적 환기의 기법을 다루는 저서로 이미지에서 이미지로 나아가는 작품의 진행을 규칙화하려 한 것이라면, 「수사술」은 일상적인 대화술과 공개 석상에서의 담론을 다루는 것으로 사유에서 사유로 나아가는 담론의 진행을 규칙화하려 한 것이다. 이 두 논문은 후일 인간 행위의 재현과 논증을 통한 설득, 즉 '시학'과 '수사학'이라는 이름으로 정리된다. 시학과 수사학에 관련된 이러한 개념의 구분은 글쓰기의 총체적인 행위인 문학의 기원에 관한 의문점을 어느 정도 해결해 주고 있음을 시사한다.

약 2,300년 전 아리스토텔레스가 강의한 『수사학』은 총 3권으로 구성되어 있으며, 그 전체는 매우 분명한 통일성을 갖고 있다. 『수사학』 1, 2권은 '내용과 형식' 중 내용에 할애되어 있으며, 『수사학』 3권은 주로 형식을 다루고 있다. 조금 더 자세히 설명해 보면 이성적 사유를 다루는 제1권은 메시지의 발화자(ethos), 즉 변론가와 관련해 주로 담론의 공인된 세 장르(토론적, 제시적, 사법적 장르)에 있어서 논증의 사고 과정을 제시한다. 감정들에 관한 이론을 제공하는 제2권은 메시지의 수신자(pathos)인 대중과 관련시켜 정념을 고려하는 논증의 사고 과정을 다룬다. 끝으로 주로 문체와 관련된 제3권은 메시지(logos) 그 자체와 관련해 '말의 결(lexis)' 또는 '글 장식(elocutio, 표현법)'(문체)에 대해서 언급하고, 아울러 '말의 순서(taxis)' 혹은 '말의 배열(dispositio)'(담론)을 구성하는 부분들의 순서를 담고 있다. 이로써 내용과 형식 면에서 아리스토텔레스의 '테크네'는 완성되었고, 그것은 아리스토텔레스가 '수사학의 실천적 효율성'이라는 자기 목적을 위해서라도 필요한 것이었다. 그러므로 수사학은 담론의 실제적인 면을 분석하는 것일 뿐만 아니라, 작가(또는 웅변가)가 관념을 구체화하는 방식, 즉 사고, 미적 구성, 표현법, 문체적 특징 등을 체계화하는 것을 과제로 삼는다. 그의 『수사학』은 적어도 고대 수사학의 기본적인 뼈대를 잘 보여 주고 있다. 이 뼈대에 살을 붙이고 정리 및 평가를 덧붙인 것이 이후의 수사학자들의 저서라고 보아도 무리가 없어 보인다.

소크라테스와 플라톤을 이어 아리스토텔레스는 시(詩), 즉 오늘날의 그리스 비극의 본질을 철학적으로 규명한다. 그의 『시학』은 문학의 창작 원리, 희곡과 연극의 원리, 신고전주의의 탄생에 이르기까지 시학과 관련하여 그 어떤 것과도 비교할 수 없을 정도로 가치가 매우 높은 문학 이론이자 서사 이론이다. 이때 시학은 제작 또는 구상(poiesis, poien)의 개념을 나타내며, 삶 속에서 실천하는 무엇인가를 '만들어 내는', 즉 시를 짓는 모든 창조와 제작의 모든 종류를 모방(mimesis)이라고 한다. 그는 『시학』에서 비극과 서사시에 이어 희극도 중요한 장르로 구분해 다뤘지만 희극 부분은 유실되어 여전히 불완전한 상태로 남아 있다. 사후 200년이 지나서야 발굴된 『시학』은 총 26장으로 구성되어 있으며, 내용에 따라 크게 세 부분으로 나뉜다. 1장에서 5장까지는 시에 관한 주요 용어와 핵심 개념을 소개하고 있고, 6장에서 22장까지는 비극론에 관한 일반적인 설명을, 23장에서 26장까지는 서사시와 비극의 대립 관계를 다루면서 비극의 실제 우위를 주장하고 있다.

어떤 경우에도 시학(詩學)을 시, 문학적 장르, 비문학적 작품 양식에서 파생된 형용사 '시적(詩的)'이라는 의미로 이해하지 말아야 한다. 그래서 '시학적 예술'은 시인의 감정과 생각을 표현하는 시적인 작품이 아니라, 시를 쓰고 짓는 방법을 묘사하는 작품을 의미하게 된다. '지어낸' 스토리가 전혀 없는 서정시는 아리스토텔레스의 『시학』에서 제외되기 때문에 그가 '진정한' 시라고 부르는 것에는 스토리를 구성하는 서사시, 비극, 희극 등이 모두 포함되어 있다.

동시대의 사람들이 시의 기준을 운율에 두었던 것과는 달리, 아리스토텔레스는 그 기준을 모방에 두었다. 시(비극)가 되기 위해서 반드시 필요했던 그의 모방은 다른 예술(품)을 그대로 베끼는 플라톤의 단순 모방이 아니라, 새로운 것을 만들고 배워 나가는 인간 행위의 재현(representation)을 뜻하는 창조적 모방이다. 또한 그는 카타르시스(정화설, 淨化說)에 대한 생리학적 이론과 동정심 또는 두려움 같은 정념들의 정화와 병원성 체액의 정화를 동일시하는 생리학적 이론을 통해 '시=모방'이라는 플라톤적 개념에 충실하면서도 비극을 비롯한 모든 다른 장르들, 즉 서사시, 풍자극, 희극 등을 도덕의 영향력에서 벗어나게 한다. 그는 『시학』에서 비극은 감정적 정화의 도구가 아니라, 이성적 깨달음을 얻는 방법임에 주목한다. 그 후 분류학자 아리스토텔레스에 의해 시학과 수사학은 윤리학과 정치학으로부터 분리되었다.

아리스토텔레스는 메시지를 바탕으로 한 제작 개념을 전개해 수사학과 시학을 핵심의 학문으로 끌어들였다. 이 두 분야는 특히 20세기에 접어들어 신수사학과 문학 이론의 부흥기를 맞이하면서 국외에서는 물론 국내에서도 학문적 관심 대상으로 떠오르고 있다. 엄밀한 의미에서 그의 『수사학』과 『시학』은 작금에 이르러 비로소 언어학 또는 문학에서 본격적인 연구의 화두가 되고 있는 것이다. 수사학이 신수사학을 거치며 급속히 의미가 축소된 채 오늘에 이르게 된 것은 사실이지만 여기서 우리가 간과하지 말아야 할 것은 근현대 수사학 체계에서 '논증' 이론에 관한 성찰의 기본서 역할을 담당하는 텍스트가 바로 아리스토텔레스의 『수사학』이라는 점이다. 이러한 아리스토텔레스의 『수사학』은 매우 풍부하고 복합적이기 때문에 소위 '수사학의 수사학' 또는 '학문의 학문'으로 불리며 여러 영역에서 특별한 성찰과 견해들을 만들어 냈다. 그렇기 때문에 그의 『수사학』은 오랜 시간에 걸쳐 읽혀 왔고, 지금도 꾸준히 읽혀지고 있으며, 많은 학자와 이론가들의 연구 대상이 되고 있다. 중세까지도 거의 알려지지 않았던 『시학』은 서양에서 가장 독보적이고 체계적인 문학 규율로서 잉태되었고 20세기 문학 창작 이론의 부흥에 새로운 관심을 불러일으킨 텍스트다. 『시학』은 비극을 가장 잘 쓰는 방법이 무엇인가라는 목적을 지닌 텍스트로서 고대 작가들의 적극적인 경쟁 속에서 구축된 문학서이자, 현대 작가에게 있어서도 매우 중요한 지침서다.

여기서 소개하는 『수사학과 시학』은 불가사의한 두 개론서 『수사학』과 『시학』을 합본한 책으로 여러 차례 수정과 윤문을 거쳐 가능한 한 교양 수준의 입문자들도 읽을 수 있도록 했다. 이 과정에서 텍스트 안에 담겨 있는 내용보다도, 원문에 담겨 있는 문장들의 낯설고 불규칙적인 문장 틀(원인과 결과 절에서의 접속사 반복), 문법적 도구 없이 짧게 압축된 형태의 문장 구성, 개념과 용어(시, 이야기, 플롯, 스토리, 재인 등), 서술의 일관성 부재로 인한 의미 파악의 어려움 등은 우리말로 옮기는 데 어려운 요인들이었으나 그래도 가능한 한 윤색하지 않으려고 노력했다. 이런 탓으로 몇 번쯤 찬찬히 읽으면 이 책이 주는 서술의 전체 의미를 파악할 수 있을 것이다. 『수사학과 시학』은 지난 2000년 이상 지배해 온 소통 문화의 규범에 관한 수사학 논의뿐만 아니라, 미메시스, 카타르시스, 급반전과 재인이라는 스토리 이론, 비극 및 서사시 일반 등과 같은 인류의 서사 구조에 관한 시학 논의에도 이바지할 수 있으리라 믿는다.

이 책이 많은 일반 독자에게 읽혀지기를 바라는 마음이 간절하다. 덧붙여 밝히는 것은 우리말로는 도저히 갈피를 잡을 수 없는 표현이 적지 않았다는 사실이다. 독자들의 변함없는 관심과 성원, 따뜻한 질정(叱正)을 바란다.

목차

ARISTOTELES
RHETORIC
& POETICS

수사학 II ······ 127

수사학 I

RHETORIC I

RHETORIC & POETICS

ARISTOTELES

1장. 수사학의 새로운 개념

수사학과 변증론

수사학은 변증론과 '유사'하다. 사실 이 두 학문 분야는 모든 인간이 가진 공통의 능력과 어느 정도 관련이 있으면서도, 어떠한 특별한 과학도 필요로 하지 않는 문제들과 관련이 있다. 모든 인간은 그러한 두 분야에 어느 정도는 관계되어 있는 것이다. 인간은 누구나 하나의 명제에 대해 질문하거나, 그 명제를 옹호하려 들고, 또한 변호하고 비난하려든다. 단지 대부분의 사람들은 어떠한 구체적인 방법도 없이 그렇게 행하고, 또 다른 이들은 '아비투스(habitus)'에서 기인하는 습관에 의해 그렇게 행하는 것이다.

방법론의 가능성

그런데 두 가지 절차들이 가능하기 때문에, 우리가 이러한 사항들에서 하나의 방법을 추적해낼 수 있다는 사실은 분명하다. 만일 습관에 따르는 이들과 우연에 맡기는 이들이 동일하게 목적을 달성한다면,

우리는 그 원인을 사변적으로 찾아낼 수 있을 것이다. 바로 이러한 점에서 우리 모두는 '기술'의 기능에 동의하고 있는 셈이다.

선행된 기술의 불충분함

그러나 오늘날까지도 '담화의 기술들'을 편집한 이들은 그 기술들의 극히 일부만 제공했을 뿐이다. 왜냐하면 그들에게 오직 증거만이 기술적이기 때문이다. 나머지는 모두 부가적인 것들에 불과하다. 사실 편찬자들은 생략삼단논법이 증거의 몸체를 이루고 있음에도 불구하고, 그것에 관해서는 침묵해왔다. 그들은 개론서의 대부분을 주제와 무관한 문제들에 할애했다. 왜냐하면 의심, 연민, 분노, 영혼의 또 다른 정념들은 소송에 영향을 미치는 것이 아니라, 재판관에게만 관련이 있기 때문이다. 그러므로 만일 우리가 가장 개화된 몇몇 도시국가에서 현실적으로 따르는 규칙들을 모든 판단에 적용시켰다면, 이 편찬자들은 더 이상 할 말이 없었을 것이다. 모든 시민들은 이 점에 동의하고 있다. 하지만 어떤 사람들은 법이 그 규칙들을 명시하고 있어야 한다고 생각하는 반면, 또 다른 이들은 이미 아레오파고스 법정에서 그렇게 했듯이 법의 실제에 만족하고, 주제와 관련 없는 것에 대해 말하는 것을 금한다. 두 경우 모두 다 옳다. 왜냐하면 재판관을 화나게 하거나, 의심이나 증오심을 품게 함으로써 재판관을 타락시켜서는 안 되기 때문이다. 이는 우리가 준수해야 할 규칙을 왜곡하는 것이기 때문이다.

소송인의 역할

게다가 분명 소송인의 역할은 문제의 사건이 사건에 해당되는지 혹은 아닌지, 그리고 그 사건이 실행됐던 것인지 혹은 아닌지를 보여주는 데 그쳐야만 한다. 그러나 그 사실이 중요하든 아니든 간에, 또는 정의롭든 혹은 그렇지 않든 간에 이러한 모든 문제들에 대해 입법관은 확정적인 대답을 줄 수 없고, 오직 재판관만이 결정을 내려야만 한다. 재판관은 당사자들로부터 확정적인 대답을 얻어서는 안 된다.

입법자과 재판관의 역할

사실인즉, 잘 만들어진 법은 생겨날 수 있는 수만큼의 법을 한정해야만 하며, 최소한의 가능성만을 재판관의 결정으로 남겨두어야만 한다. 그 이유는 다수의 사람들보다는 우선 건전한 지성을 지니고, 법을 제정하거나 판결할 수 있는 한 사람 혹은 몇몇 사람들의 사고가 더욱 용이하기 때문이다. 또한 판결은 재판 중에 내려지는 반면, 법은 오랜 시간의 검증을 거치고 난 후에야 만들어지는 것이기 때문이다. 더구나 판결을 내리는데 소집된 이들이 정의로움과 유용함을 훌륭하게 결정 내린다는 것은 어려운 일이다. 하지만 의회의 의원들과 재판관은 현재적이고 확정적인 사건에 대해 즉각적으로 선고해야 하지만, 무엇보다도 가장 중요한 것은 입법관의 판단이 개별적인 것이 아니라, 미래와 일반적인 것과 관련된다는 것이다. 이러한 의원들과 재판관의 평가에는 우정과 증오, 그리고 개인적인 이익이 매우 빈번하게 개입한다. 이때 그들은 더 이상 진리에 일치하는 생각을 하지 않게 되며, 그들의 판단은 쾌락이나 고통이라는 이기적인 감정에 사로잡혀 흐려지게 된다. 되풀이해서 말하지만, 재판관의 최고 결정에 최소한의 가능한 질문들을 남겨두어야만 한다. 그러나 우리가 재판관에게 사건이 발생했는지 아닌지, 또는 그 사건이 가능할지 아닐지, 그리고 그 사건이 주장하려는 특성을 띠고 있는지 아닌지에 대한 결정권을 유보하는 것은 필요하다. 왜냐하면 입법관이 이러한 사태들을 예측하는 경우는 있을 수 없기 때문이다.

🏛 재판관은 사법적 장르보다 토론적 장르에서 더욱 공정하다

우리가 언급한 것이 정확하다 할지라도, 기술들에 관해 언급한 모든 저자들이 나머지 부분들, 즉 도입부 또는 서술부 그리고 각각의 다른 부분들이 담고 있어야만 하는 것을 정의할 때, 그들은 분명 자신들의 주제와는 상관없는 문제들만을 다룬다. 왜냐하면 이러한 전개들에서 그들은 재판관을 그러한 논거의 배열 속에 넣으려는 수단들을 제시할 뿐, 기술적인 증거들에 관해서는 어떠한 언급도 하지 않기 때문이다. 그럼에도 불구하고 이 점이 재능 있는 독자들을 생략삼단논법으로 향하게 한다. 그렇기 때문에 동일한 방법이 토론적이고 사법적인 장르에 적용되고, 연설의 실천이 계약서와 관련된 담론들의 실천보다 도덕적으로 더 훌륭하고 정치적이라 할지라도, 우리의 저자들은 그것에 대해 한 마디도 언급하지 않은 채, 변론술에 관한 기술들을 만들고자 노력해왔다. 왜냐하면 연설에는 소송과 관계없는 것을 말하는 데 있어 거의 실질적인 이익이 없으며, 공동체에 더 많은 영향을 미치는 이러한 연설이 변론보다는 덜 기만적이기 때문이다.

토론적 장르에서 청중은 자신들의 고유한 사건들을 판단하며, 이때 조언자가 증명해야 하는 모든 것은 바로 주장의 정확성이다. 반면 사법적 담론은 정확성만으로는 충분하지 않고, 청중을 사로잡을 수 있는 어떤 것이 있어야 한다. 왜냐하면 재판에서 해결해야 할 문제들은 재판관들에게 낯선 것이기 때문에, 재판관들은 자신들의 이익을 고려하지 않고, 단순히 흥미를 갖고 경청하게 되는데, 이때 재판관들은 당사자들에게 열중하게 된다.

그런데 이것은 재판이 아니다. 내가 앞서 말한 바와 같이 여러 도시국가들에서도, 법은 소송에 벗어나는 것에 대해 말하는 것을 금하고 있다. 따라서 토론을 할 때 청중들 스스로가 이러한 점에 대해 충분한 주의를 기울일 필요가 있다.

생략삼단논법과 삼단논법

분명히 기술의 고유한 방법은 증거들에만 기초하고, 이 때의 증거는 어떤 증명의 장르이다(왜냐하면 특히 우리는 우리가 증명한 것에 대한 신뢰를 갖고 있기 때문이다). 그리고 수사학적 증명은 생략삼단논법이고, 생략삼단논법은 일반적으로 증거들 중에서도 가장 결정적인 증거이다. 마지막으로 생략삼단논법은 삼단 논법의 일종이고, 모든 종류의 삼단논법은 변증론 혹은 변증론 전체에 속하거나 변증론의 부분들 중 하나이다. 이러한 이유들로 인해 전제들을 사변적으로 연구하는 것이 가장 알맞다는 것은 분명하다. 그렇게 되면 삼단논법의 진행이 생략삼단논법에 가장 적절한 것이 된다. 그런데 여기에는 생략삼단논법이 어떤 종류의 주제에 적용되는지, 그리고 그것이 논리적 삼단논법과 비교하여 어떠한 차이를 보이는지를 이해하는 것이 전제돼야 한다. 진실 또는 진실과 유사한 것은 사실상 동일한 능력에서 나온다. 게다가, 자연은 인간에게 진실에 대한 재능을 충분히 부여했고, 인간은 대개 진리에 이른다. 개연성의 만남과 진리의 만남 역시 유사한 '아비투스'를 전제하고 있다.

수사학의 효용성

따라서 우리는 기술에 관한 다른 저자들이 주제와 상관 없는 문제들만을 다룬다는 점을 명백하게 볼 수 있다. 이러한 이유로 저자들은 사법적 웅변술을 더욱 선호하게 된다. 수사학은 유용하다. 왜냐하면 진실과 정의는 반대의 것들보다도 더욱더 큰 자연적 힘을 갖고 있기 때문이다. 만일 판결들이 적절하게 내려지지 않았다면, 소송인들은 열세에 놓이는데, 이는 분명 그들의 한 가지 과오에 기인하는 것이다. 그러므로 소송인들의 무지는 비난받아 마땅하다. 덧붙인다면 우리가 가장 정확한 과학을 소유하고 있을지라도, 무지라는 유일한 이유 때문에 설득하기 쉽지 않은 몇몇의 사람들이 있다. 과학에 의한 담론은 교육에 해당하고, 여기서 그 담론을 사용한다는 것은 불가능하다. 이런 점에서 증거들과 담론들은 반드시 공통된 개념들을 거쳐야만 한다. 이러한 사항은 우리가 일반 대중과의 토론에 관하여 『토피카』에서 말한 것과 같다.

수사학은 반대되는 결론을 이끌어 낼 수 있다

더욱이 수사학은 주제에 반대되는 것을 설득하는 데 적합해야 한다. 이러한 사실은 변증론적 삼단논법에서처럼 분명히 두 개의 사물을 무차별적인 상태로 만드는 것이 아니라(왜냐하면 비도덕적인 것에 대해서는 설득할 것이 없기 때문에) 그 문제들이 어떻게 제기되는가를 간과하지 않아야 하고, 만약 다른 하나의 주장이 정의와 대립되는 논증을 할 경우, 그 주장을 반박할 수 있어야 한다.

어떤 다른 기술도 반대되는 결론을 지을 수는 없다. 그런데 유일하게 변증론과 수사학은 반대되는 결론을 낼 수있다. 왜냐하면 변증론과 수사학은 똑같이 반대 주제에 적용되기 때문이다. 그렇지만 이러한 주제들이 동일한 가치를 갖는 것은 아니다. 따라서 단언하건대 항상 참인 명제들과 보다 도덕적인 명제들은 본질적으로 삼단논법적인 추론과 설득에 있어 매우 고유한 것들이다.

인간은 말을 통해 자신을 변호할 줄 알아야 한다

게다가, 인간이 자신의 육체로 스스로를 방어할 수 없다는 것이 부끄러운 일이라 한다면, 인간이 말을 통해서 자신을 보호할 수 없다는 사실을 부끄러워하지 않는다는 것은 불합리할 것이다. 말의 사용은 인간에게 육체의 사용보다도 더욱 고유한 것이다. 우리는 인간이 이러한 말의 모호한 능력을 부당하게 사용함으로써 엄청난 해를 끼칠 수 있다고 반박할 수 있을 것이다. 그런데 덕을 제외하고, 우리는 특히 가장 유용한 선(善)들, 즉 활력, 건강, 부, 군대의 명령 등에 대해서도 똑같이 말할 수 있다. 말의 정당한 사용이 유용할 수 있는 반면, 말의 부당한 사용은 해가 될 수 있다.

수사학의 기능

따라서 수사학이 변증론과 마찬가지로 확정된 한 장르에 속하지 않는다는 점은 명백하다. 수사학이 유용하며, 수사학의 고유한 기능이 설득에 있는 것이 아니라, 각각의 주제가 담고 있는 설득의 방법들을 아는 데 있다는 점은 분명하다. 이러한 사실은 모든 다른 기술에서도 마찬가지이다. 왜냐하면 의학의 의무는 환자에게 건강을 되돌려 주는 것이 아니라, 최대한 환자를 회복의 길로 이르게 하는 것에 있기 때문이다. 하지만 사실 우리는 건강을 회복할 수 없는 환자들도 훌륭히 치료할 수 있다.

실제적 설득과 표면적 설득

변증론이 실제적인 삼단논법과 표면상의 삼단논법을 발견하는 데 이용되는 것처럼, 수사학이 실제적인 설득과 표면적인 설득을 발견하는 데에도 이용된다는 것은 명백하다. 왜냐하면 궤변술을 행한다는 것은 능력이 아니라 의도이기 때문이다. 그럼에도 불구하고 여기에는 차이점이 있다. 웅변가를 예로 들자면, 과학적 지식에 의거한 웅변가와 의도에 의한 웅변가가 있다. 다른 한편 소피스트의 경우, 의도에 따르게 되면 소피스트가 되고, 의도가 아닌 자신의 능력에 따르게 되면 변증론자가 되는 것이다.

구상

이제는 우리가 어떠한 과정과 어떠한 원칙들로부터 출발할지, 방법 그 자체를 제시하기로 하자. 그렇게 되면 우리가 제안한 목적에 도달할 수 있을 것이다. 따라서 이제는 수사학의 본질에 대해 마치 처음 다루듯이 다시 정의하기로 하자. 우리는 계속해서 다른 여러 관점들을 다루게 될 것이다.

2장. 수사학의 정의

수사학의 정의와 영역

수사학이 설득에 고유할 수 있는 것들을 사변적으로 발견해나가는 능력이라는 점을 가정한다면, 다른 어떠한 기술도 이러한 기능을 갖고 있지는 않다. 반면 모든 다른 기술들은 각각의 대상에 있어서 교육과 설득에 고유한 것이다. 예를 들면 의학은 건강과 병의 상태, 기하학은 규모의 변이, 산술은 수와 또 다른 기술들과 과학에 관계한다. 그런데 수사학은 모든 주어진 것에서 설득적인 것을 사변적으로 발견하는 능력이라고 말할 수 있다. 바로 이러한 점이 우리에게 기술이 고유하고 변별적인 한 장르에 속하지 않는다는 점을 확인시켜준다.

증거의 두 종류

증거들 중 일부는 기술외적인 것들이고 또 다른 것들은 기술적인 것들이다. 나는 각자의 개별적인 수단에 의해서 만들어지지는 않았지만, 사전에 주어진 것들, 예를 들면 증언들, 고문에 의한 자백들, 작품들, 그리고 동일한 장르의 다른 것들을 기술외적 증거들로 이해한다. 한편 방법과 개인적인 수단들에 의해 제공될 수 있는 것들은 기술적인 것으로 이해한다. 결과적으로 첫 번째 것들은 사용해야 하며, 두 번째 것들은 고안해야 한다.

세 종류의 기술적 증거

담론의 방법을 통해 처리된 증거들에는 세 종류가 있다. 첫 번째 증거들은 웅변가의 성격을 이루며, 두 번째 증거들은 청자를 위치시키려는 논거의 배열에 있다. 세 번째 증거들은 담론이 증명하거나 증명하는 것처럼 보이는 담론 그 자체에 있다.

1) 웅변가의 성격

담론이 웅변가를 믿을 만하게 만들 때, 웅변가는 성격을 통해서 설득한다. 왜냐하면 정직한 사람들은 일반적인 모든 문제들에 대해 우리에게 더 많고 더욱 신속한 신뢰감을 심어주고, 확실성이 없고 의심의 여지가 있는 모든 문제들에 대하여 전적인 신뢰감을 불어넣어 주기 때문이다. 그러나 이러한 신뢰감은 담론의 결과일 뿐, 웅변가의 성격에 대한 선입견의 결과가 아니다. 따라서 우리는 웅변가의 정직성조차도 설득에는 아무런 기여를 할 수 없다는 점에 동의해서는 안 된다. 바로 이러한 성격이 증거들 중의 제일 효과적인 증거를 구성한다고 말할 수 있다.

2) 청중의 정념

담론이 청중들로 하여금 정념을 경험하게 할 때, 설득은 청중의 논거 배열을 통해 만들어진다. 왜냐하면 우리는 고통이나 쾌락, 우정 혹은 증오의 감정을 느끼는 것과 동일한 방식으로 판결을 내리지는 않기 때문이다. 다시 말하지만 기술들에 관한 저자들이 지향하는 유일한 목적이 바로 그것이다. 정념에 대해 논하면서, 우리는 그러한 요점들의 각 부분을 자세히 밝힐 것이다.

3) 담론의 증명적 가치

각 주제에 들어있는 설득적인 것으로부터 사실과 사실임직함을 도출해내려고 할 때, 이러한 설득을 만들어내는 것은 바로 담론이다.

수사학이 변증론 및 윤리학과 맺는 관계

증거들은 위의 세 가지 방법들에 의해 제시되기 때문에 그 처리는 명백하게 삼단논법적인 추론능력, 즉 성격들에 대한 사변적 지식, 덕에 대한 지식, 정념, 본성, 각자가 지닌 양상들, 그리고 소송과 청중의 본성을 드러내는 아비투스에 대한 지식들을 전제로 한다. 그 결과 수사학은 변증론과 윤리학의 분과가 되며, 따라서 정치학으로 명명되는 것은 정당하다. 수사학이 정치학의 가면을 쓰는 것은 분명 이러한 이유에서이며, 또한 수사학을 실천하고자 하는 의도를 가진 사람들 역시 때론 교양이 없어서, 때론 협잡에 의해, 때론 또 다른 인간적 이유를 들어 정치학의 가면을 쓰는 것이다. 이는 우리가 서두에 말했듯이 변증론의 한 분야나 그 아류에 속하는 것이다. 왜냐하면 이들 중 그 어느 것도 성격들을 정의해주는 변별적 주제를 지니고 있는 과학이 아니라, 단지 논거들을 제공하는 능력들일 뿐이기 때문이다.

두 기술에 공통된 생략삼단논법과 그 예증

이러한 기술들과 그 관계들의 고유한 특성에 대해서는 우리가 방금 언급했던 것으로 충분하다. 실제적 증명 혹은 표면적 증명에 의해 행해진 증거들의 경우, 귀납, 삼단논법, 표면적 삼단논법들은 변증론에서와 마찬가지이다. 왜냐하면 예증은 하나의 귀납이고, 생략삼단논법은 하나의 삼단논법이기 때문이다. 따라서 표면적 생략삼단논법은 표면적 삼단논법이 되는 것이다. 나는 수사학에서의 삼단논법을 생략삼단논법으로, 수사학에서의 귀납을 예증이라고 부를 것이다. 설득을 하기 위해 모든 웅변가들은 사실상 예증들 혹은 생략삼단논법을 통해 증명한다. 이 두 방법들 외에 다른 방법은 없기 때문이다. 그러므로 모든 증명이 삼단논법과 귀납(『분석론』에서 분명히 언급한)에 의해서 이루어진다는 절대적 필요성이 요구된다면, 이러한 두 방법은 필연적으로 두 기술 내에서 동일하다.

예증과 생략삼단논법과의 차이

예증과 생략삼단논법은 어떠한 차이가 있는가? 앞서 삼단논법과 귀납법에 대해 언급하고 있는 『토피카』는 현재의 경우도 마찬가지라는 것을 위해 유사한 경우들이 때론 귀납이 되기도 하고, 때론 예증이 되기도 한다는 점을 분명히 보여주었다. 또한 새롭고 다른 명제가 보편적으로 참이거나 대부분 참인 어떤 전제들의 결과로 나타날 때, 그것이 삼단논법 혹은 생략삼단논법으로 명명된다는 점이 『토피카』에서 나타난다.

이 두 장르에 대한 학교의 담론들이 각각 이점을 가지고 있다는 것도 명백하다. 『방법론』에서 언급됐던 것도 여기에 적용된다. 학교에서 실제 연습은 어떤 것은 예증에 또 어떤 것은 생략삼단논법에 할애되고 있다. 웅변가들은 비슷한 선호도를 지니고 있는데, 어떤 이들은 예증을 선호하고, 또 어떤 이들은 생략삼단논법을 선호한다. 틀림없이 사람들은 예증들을 통해 행해진 실제적인 담론에서 더 많이 설득되기는 하지만, 생략삼단논법에 의한 담론들에 한층 더 찬사를 보낸다. 우리는 이러한 차이들의 원인과 예증들 및 생략삼단논법을 사용해야만 하는 경우에 대해서는 차후에 언급할 것이다. 지금은 이러한 대상들의 본질만을 명료하게 정의하기로 하자.

수사학의 고유한 설득적인 것

설득적인 것이란 때로는 처음부터 그리고 본질적으로 설득력이 있고 믿을 만한 것이기 때문에, 그리고 때로는 그 자체로 설득력 있는 믿을 만한 이유들로 증명되는 것처럼 보이기 때문에, 누구에게나 설득력을 갖는다. 또한 어떠한 기술도 개별적인 것(가령 의학은 소크라테스나 칼리아스의 건강에 유익한 것을 검토하는 것이 아니라, 그러한 기질을 갖춘 한 사람 혹은 여러 사람에게 유익한 것을 검토한다. 바로 이러한 점이 바로 기술적인 것이며, 개별적인 것은 정해지지 않고, 과학의 대상이 될 수도 없다)을 검토하지 않기 때문에, 수사학은 가령 소크라테스와 히피아스와 같은 개인에게 있어 개연성이 있는 것을 사변적으로 고려하지는 않는다. 그러나 변증론이 행했던 것과 같이 이러저러한 성격의 사람들에 대한 개연적인 것들은 고려할 것이다. 사실 변증론은 만들어진 최초의 전제들로부터 삼단논법을 이끌어내는 것이 아니라(왜냐하면 여기에는 광인들에게도 명료한 명제들이 있기 때문이다) 토론에 필요한 주제들에 관해 추론을 진행시킨다. 그 결과 수사학은 이미 토론 분야의 통상적인 소재에 해당하는 문제들만을 주제로 삼는다.

수사학에서 다뤄진 주제

수사학의 기능은 수많은 단계들을 통해 추론하는 능력을 갖추지 못하고, 동떨어진 지점으로부터 논리를 추론하는 능력도 갖추지 못한 청중들 앞에서 토론해야 할 주제를 다루는 데에 있지만, 우리는 그 주제를 다룰 어떠한 기술도 가지고 있지 않다. 우리는 단지 두 가지 상반되는 해결책들을 명백히 수용할 수 있는 주제들에 관해서만 토론한다. 과거, 현재, 미래에서 크게 달라지지 않는 사태들의 경우, 그 사태들이 다르지 않다고 판단한다면, 그 누구도 그것들에 관해 토론하지 않을 것이다. 왜냐하면 그에게는 아무런 소용이 없을 것이기 때문이다.

수사학은 개연적인 전제에서 추론한다

하지만 때로는 삼단논법에 의해 미리 증명된 명제들, 때로는 삼단논법에 의해 결론 나지는 않지만 일반적인 의견이 아니어서 그 중 하나를 필요로 하는 명제들을 결론 짓고 추론할 수 있다. 이미 증명된 명제들의 경우, 연역은 추론 과정이 길기 때문에 따라가기가 매우 어렵다(그런데 결정해야만 하는 사람은 아마 단순한 사람이다). 삼단논법에 의해 결론 나지 않는 명제들의 경우, 추론들은 설득력이 없다. 왜냐하면 전제들은 모든 이들에 의해 받아들여지지도 않고, 개연적이지도 않기 때문이다. 그러므로 필연적으로 생략삼단논법과 예증은 귀납으로서의 예증, 삼단논법으로서의 생략삼단논법과는 다르게 빈번하게 출현할 수 있는 명제들에 영향을 미친다. 또한 이러한 명제들은 초안 형태의 삼단논법을 이끌어내는 명제들보다 그 수가 훨씬 적으며, 심지어는 거의 나타나지 않기도 한다. 실제로 전제들 중의 하나가 알려진 것이라면,

그 전제를 더 이상 언급할 필요가 없다. 청중이 그 전제를 보완할 것이기 때문이다. 가령 도리에우스가 자신의 승리의 대가로 올리브관을 받았다는 결론 내기 위해서 “그는 올림피아에서 승리자였다.”라고 말하는 것으로 충분할 뿐, 여기에 “올림피아에서 승리자는 월계관을 받는다”라는 말을 덧붙일 필요가 없는 것이다. 왜냐하면 바로 이러한 사실은 모든 이들이 알고 있는 것이기 때문이다.

생략삼단논법의 전제

수사학의 삼단논법에서 전제로 사용되는 명제들 중 필수적인 것은 매우 적기 때문에(우리의 판단과 검토의 대상이 되는 대부분의 주제들은 상반된 해결책을 수용할 수 있다. 토론과 검토는 바로 이러한 행위에 영향을 미칠 수 있다. 그 행위들 모두는 이러한 장르에 해당하는데, 여기에는 말하자면 필수적인 것은 아무것도 없다), 또한 빈번하고 가능한 명제들만이 같은 종류의 또 다른 명제들로 결론 내려지고, 필수적인 명제들은 필수적인 명제들로 결론 내려지기 때문에(분명 이는 우리의 『분석론』에서 비롯된 결과이다), 생략삼단논법의 전제들 일부가 필연적이라는 것은 명백하다. 대부분의 경우를 차지하는 또 다른 나머지 전제들은 단지 빈번하게 나타날 뿐이다. 그러므로 생략삼단논법이라는 명칭은 사실임직함과 지표들에서 도출된 연역법들에 남겨두어야 하기 때문에, 이러한 사실임직함과 지표들은 위의 두 특징들 중 하나를 분명하게 보여줄 것이다.

사실임직한 것, 지표, 테크메리온

몇몇 사람들이 정의하는 것처럼 사실임직한 것은 절대적이라고는 말할 수 없지만, 가장 빈번하게 일어나는 것을 의미한다. 그러나 다른 방식으로 존재할 수 있는 사태들의 경우에 있어, 사실임직함이란 보편적인 것이 특수한 것과 맺는 관계처럼 사실임직한 사태에 연관되어 있음을 의미한다. 지표들 가운데, 일부는 개별적인 것이 보편적인 것에 대해 맺는 관계를 보여주며, 또 다른 지표들은 보편적인 것이 특수한 것에 대해 맺는 관계를 나타낸다. 지표들 사이에 필수적인 것이 테크메리온(tekmêrion)이며, 필수적이지 않은 것은 그 차이에 상응하는 용어를 갖고 있지 않다. 나는 삼단논법에서 전제들로 사용할 수 있는 명제들을 필수적인 지표들이라고 생각한다. 그렇기 때문에 전제들 가운데 이러한 특징을 지닌 것은 테크메리온이 된다. 발화된 명제가 반박될 가능성이 없다고 생각될 때 비로소 우리는 증명되고 완성된 것으로 간주된 테크메리온을 제시한다고 믿는다. 테크마(tekmar)와 페라스(peras, 완성)라는 낱말은 고대어에서는 동일한 의미를 지닌다.

지표들 가운데, 일부는 특수한 것이 일반적인 것에 대해 맺는 관계를 나타내는데, 가령 '학자들은 공정하다'라는 하나의 지표는 곧 '소크라테스가 학자이면서 공정했다'라는 것을 의미한다. 바로 이 예문에 하나의 지표가 있는 것은 분명하지만, 특수한 명제가 참임에도 불구하고 논박이 가능하다. 왜냐하면 우리는 특수한 명제로부터 삼단논법을 이끌어낼 수는 없기 때문이다. 하지만 '그는 환자이다'라는 하나의 지표가 '그는 열이 있다'라는 것을 의미하고, 또한 '그녀가 애를 낳았다'라는 지표가 '그녀는 젖이 나온다'라는 것을 의미하기 때문에, 이와 같은 지표는 필수적일 것이다. 지표들 가운데, 필수적인 그러한 지표가 바로 테크메리온일 수 있다. 왜냐하면 지표가 참이라는 조건에서 우리가 논박할 수 없는 것이 바로 유일한 지표이기 때문이다. 또 다른 지표들은 일반적인 것이 특수한 것에 대해 맺는 관계를 나타낸다. 만일 우리가 '그는 열이 있다'는 하나의 지표를 말했다면, 바로 그것은 '그의 호흡이 빠르다'라는 것을 의미한다. 비록 그 사실이 정확할지라도 그것은 논박 가능한 것이다. 왜냐하면 열이 없는 숨가쁜 호흡도 있을 수 있기 때문이다.

우리는 사실임직한 것, 지표, 그리고 테크메리온이 무엇으로 이루어졌고, 그것들이 무엇 때문에 다른지에 대해 언급했다. 이러한 점들은 『분석론』에 보다 명시적으로 정의되어 있으며, 그렇기 때문에 명제들 중 일부는 삼단논법에 적합하지 않고, 또 다른 일부는 삼단논법의 전제로 사용됐던 것이다.

예증

우리는 예증이 곧 하나의 귀납이고, 이러한 귀납이 어떤 종류의 대상과 관련되어 있는지 언급했다. 예증은 부분이 전체에 대해 맺는 관계도, 전체가 부분에 대해 맺는 관계도, 전체가 전체에 대해 맺는 관계 등을 보여주는 것이 아니라, 오직 부분이 부분에 대해 맺는 관계, 유사한 것이 유사한 것에 대해 맺는 관계만을 나타낸다. 이러한 관계는 두 용어들이 같은 장르에 속할 때, 그리고 한 용어가 다른 용어보다 더 잘 알려져 있을 때 그러하다. 가령 '디오니시오스가 전제정치를 열망한다. 왜냐하면 그는 친위대를 요청하기 때문이다'라는 예증을 살펴보자. 그런데 실제로 그런 의도를 가지고서 친위대를 요청했던 피시스트라토스는 친위대를 얻었을 때, 폭군이 됐다. 마찬가지로 메가르의 테아제네스역시 그러했다. 우리가 알고 있는 모든 다른 사람들은 디오니시오스의 경우에 대한 예증들이 될 수 있다. 그럼에도 불구하고 우리는 디오니시오스가 그러한 이유로 친위대를 요청했는지는 여전히 알 수 없다. 모든 특수한 경우들은 '전제정치를 열망하는 모든 이들은 친위대를 요청한다'라는 동일한 일반 개념 하에 포함되는 것이다.

특수 생략삼단논법과 공통 생략삼단논법

우리는 공론이 증명적인 것으로 간주한 증거들이 어떠한 원천에서 인용됐는지 언급했다. 생략삼단논법에 있어 가장 중요하면서도 모든 사람들에게 간과되어왔던 차이점은 변증론적 방법에서 삼단논법들 간에 존재했던 차이점과 동일한 것이다. 몇몇 삼단논법들이 변증론적 방법의 영역에 속하듯이 몇몇 생략삼단논법들은 수사학의 영역에 속한다. 또 다른 생략삼단논법들은 다른 기술들과 능력들의 영역에 속하는데, 다른 기술들과 능력들의 일부는 이미 존재하는 것이고, 나머지 것들은 아직 우리가 가지고 있지 않은 것이다. 그렇기 때문에 이 차이점들은 청중들에 의해 간파되지 않으며, 적합한 방법으로 그 주제를 다루면 다룰수록, 수사학과 변증론의 한계들을 넘어서게 된다. 바로 여기서 언급한 것은 보다 자세하게 설명함으로써 더욱 명료해질 것이다.

변증론적이면서 수사학적인 삼단논법

나는 우리가 공론들에 대해 언급하면서 고려했던 것들을 변증론적이면서 수사학적인 삼단논법으로 이해한다. 이 공론들은 법, 자연학, 정치학, 종 차원의 여러 많은 과목들의 주제에 관한 일반공론들이다. 예를 들어 많고 적음에 관한 공론이 여기에 해당된다. 왜냐하면 우리는이러한 공론으로부터 법, 자연학 그리고 여러 과목들을 구별하지 않고 하나의 삼단논법 혹은하나의 생략삼단논법을 이끌어내기 때문이다. 그렇지만 이러한 과목들은 종 내에서는 서로 다르게 나타난다. 각각의 종과 각각의 장르의 특수한 전제들로부터 추론되는 결론들은 특수한 것들이다.

예를 들어 윤리학에서는 삼단논법이나 생략삼단논법을 이끌어낼 수 없는 전제들이 자연학에는 있으며, 우리가 자연학에서는 생략삼단논법이나 삼단논법들을 이끌어낼 수 없는 또 다른 전제들이 윤리학에는 있다. 따라서 이러한 방식은 모든 종류의 과목에서 마찬가지로 적용된다. 일반 공론은 어떤 개별 과학 내에서 그 누구도 전문가로 만들 수 없을 것이다. 왜냐하면 이러한 일반 공론은 어떠한 특수한 주제와 연관되어 있지 않기 때문이다. 반면 특수공론의 경우, 우리가 변증론과 수사학과는 다른 개별 과학을 청중이 모르는 사이에 만들어 낸다면, 전제들에 대한 선택은 더욱 좋은 방법이 될 것이다. 왜냐하면 우리가 우연히 근본원리들을 만나게 될지라도, 거기에는 더 이상 변증론적인 것과 수사학적인 것은 없을 것이기 때문이다. 하지만 우리가 그 원칙들을 빌려오게 될 과학 그 자체만은 남아 있을 것이다.

차후의 계획

그런데 대부분의 생략삼단논법들은 이러한 특수하고 고유한 종들에서 비롯되며, 극소수의 생략삼단논법들만이 일반 공론에서 비롯된다. 그러므로 『토피카』에서와 마찬가지로 생략삼단논법들이 나와야 하는 '종들'과' 공론들'을 구별해야만 한다. 나는 각 장르에 고유한 전제들을 '종들'이라고 생각하며, 모든 장르들에 동일하게 적용되는 전제들을 '공론들'이라고 생각한다.

논의의 시작은 '종들'에 관한 이야기가 될 것인데, 이를위해 우선 장르들을 나열하여 구별한 후, 논리적인 '요소들'과 그 각각의 전제들을 따로 정의할 수 있도록 장르들을 정의할 것이다.

3장. 웅변술의 장르

웅변술의 세 가지 장르 : 토론적 장르, 사법적 장르, 제시적 장르

웅변술의 장르는 세 가지로 이루어져 있다. 왜냐하면 세 종류의 청자들이 존재하기 때문이다. 세 가지의 구성 요소들은 모든 담론에서 구별돼야만 한다. 여기에는 말하는 사람, 그가 말하는 주제, 그의 말을 듣는 사람 등이 있는데, 이 중에서도 말의 목적과 깊은 관련을 맺고 있는 사람이 말을 듣는 자, 소위 내가 청자라고 이해하는 사람이다. 그런데 그 청자는 필연적으로 관중 혹은 재판관이어야만 하며, 그 재판관은 과거 혹은 미래에 대하여 판결을 내려야만 한다. 미래에 대해서 판결을 내리는 사람은 가령 의회의 위원들과 같은 사람이며, 과거에 대해서 판결을 내리는 사람은 재판관인 것이다. 웅변가의 재능에 대해 판결을 내리는 사람이 관중이다. 따라서 필연적으로 수사학에는 세 종류의 담론이 있을 수 있는데, 그것들이 바로 토론적 담론, 사법적 담론, 제시적 담론이다.

세 장르의 차이

토론에서 사람들은 때로는 조언하거나 때로는 만류한다. 왜냐하면 항상 특정한 이익에 대한 의견을 제시하는 사람들이나 공동의 이익을 위해 연설하는 사람들은 이러한 조언이나 만류 중 하나를 선택하기 때문이다. 사법적 행위에는 고소 혹은 변호가 있다. 소송인들은 필연적으로 각각의 역할들을 수행한다. 제시적 장르에서는 때로는 찬사를 보내기도, 때로는 비난을 퍼붓기도 한다.

세 장르의 시간

각 장르에 맞는 시간들이 있다. 조언자는 미래의 시간을 다룬다. 우리가 토론에서 조언하거나 만류하는 것은 사실 미래에 있을 법한 일에 관한 것이기 때문이다. 반면 소송인은 과거의 시간을 다룬다. 서로가 고소하고 변호하는 것은 항상 완료된 행위들에 관해서이기 때문이다. 한편 현재는 주로 제시적 장르에 속한다. 웅변가들이 찬사를 보내거나 비난을 퍼붓는 것은 바로 현행의 사건들이기 때문이다. 그러나 흔히 사람들은 과거를 상기함으로써 과거로부터 논거를 이끌어내며, 미래를 추측함으로써 미래로부터 논거를 이끌어낸다.

세 장르의 목적

이러한 장르들은 각각 상이한 목적들을 갖는다. 세 가지 장르가 있듯이, 여기에는 세 가지 목적이 있다. 조언하는 자에게는 유용한 것과 무용한 것이 있는데, 왜냐하면 그는 자신이 최상의 것으로 여기는 것을 제시하기 때문이다. 반면 만류하는 자는 그가 최악의 것으로 여기는 것을 단념하도록 제시한다. 우리가 첨가시킬 수 있는 모든 또 다른 고려 사항들 역시 여기에 포함된다. 가령 공정한 것과 불공정한 것, 아름다운 것과 추한 것의 문제 등이 그것이다. 소송인들은 자신들이 덧붙여 말하는 모든 것을 공정한 것과 불공정한 것에 관련시킨다. 찬사를 보내고 비난하는 자들에게 있어서 목적은 곧 아름다운 것과 추한 것이며, 나머지 모든 것들은 여기에 귀결된다.

'각각의 장르는 분명히 우리가 말하는 목적을 가지고 있다'라는 지표는 종종 다른 것에 대해서 어떠한 이의도 제기하지 않는다는 것을 의미한다. 예를 들어, 소송인은 사실상 항상 완료된 행위나 그 원인인 손해에 관해서 이의를 제기하는 것만은 아니다. 소송인은 자신의 유죄를 고백할 수 없는데, 만일 그가 자신의 죄를 자백한다면 소송 자체가 제기되지 않을 것이기 때문이다. 마찬가지로 종종 조언을 하는 자들은 불필요한 논거들을 버린다. 그러나 조언자들은 자신들의 조언이 불리하다거나, 또는 자신들의 만류가 유용하다는 것만은 알 수 있을 것이다. 인접국의 국민들을 노예로 전락시키는 것이 조금도 불공정한 것이 아니라는 것을 보여주기 위해서는, 악행을 저지르지 않았던 사람조차도 종종 그 사실에 개의치 않는다는 사실을 보여주기만 하면 된다. 또한 마찬가지로 찬사를 보내는 자와 비난을 퍼붓는 자들은 자신들이 논하는 인물들의 행위가 유익한지 혹은 해로운지에 대해서는 고려하지 않는다. 그러나 종종 의무를 따르기 위해 사사로운 이익에 개의치 않는 사람에게는 찬사를 보내기도 한다. 가령 그들은 아킬레우스 스스로가 복수를 하지 않는다면 살 수 있으며, 한편 복수할 경우 죽을 수도 있다는 것을 알았음에도 불구하고, 자신의 친구인 파트로클레스의 원한을 갚은 일에 찬사를 보낸다. 왜냐하면 아킬레우스에게 있어서 이러한 죽음은 의미있는 것이었고, 살아남는다는 것은 자신의 이익만을 위한 것이었기 때문이다.

세 장르의 전제

우리가 앞서 말한 바에 따르면, 위의 다양한 관점들에 관한 전제들을 필수적으로 가지고 있어야 한다는 것은 분명하다. 그런데 테크메리온들, 사실임직한 것들, 지표들은 수사학의 전제들이다. 하나의 삼단논법이 전제들로부터 이끌어내는 것이 바로 일반규칙이다. 생략삼단논법은 위에서 언급한 전제들로부터 연역된 삼단논법이다. 그렇다면 불가능한 것들이 과거에 이루어질 수 없고, 미래에서도 행해질 수 없으며, 가능한 것들만이 그렇게 행해질 수 있다는 이유로, 그리고 비현실적 혹은 현실화시킬 수 없는 것들이 과거에 이루어질 수 없거나 미래에서도 행해질 수 없다는 이유로, 조언자, 소송인, 칭찬하는 자가 필연적으로 가능한 것과 불가능한 것(이러한 사태가 이루어질 수 있었는지 아닌지, 혹은 이루어질 것인지 아닌지)에 관한 완벽히 전제들을 가지고 있어야만 하는가?

게다가 위에서 보았듯 모든 웅변가들이 찬사나 비난, 조언이나 만류, 고소나 변호에 있어 위에서 언급한 사항들 이외에도, 좋은 것과 나쁜 것, 아름다운 것과 추한 것, 공정한 것과 불공정한 것을 절대적 가치로 간주하거나, 서로 비교하여 그것들이 중요한 것인지 사소한 것인지를 밝히려고 했던 것처럼, 중요함과 사소함, 많고 적음, 보편적인 것과 개별적인 것에 대한 전제들을 가져야 하는 것은 분명하다. 예를 들어 어떤 선행, 어떤 위법 행위, 또 어떤 합법적인 행위의 문제는 더 중요하거나 혹은 더 사소한 것과 관련된 문제이며, 나머지들도 역시 마찬가지인 것이다.

우리는 어떠한 '공론들'에서 웅변가가 전제들을 마련하는지에 관해 언급했다. 앞으로 우리는 각 장르에 특수한 전제들을 구별해야만 한다. 가령 조언은 어떠한 전제들에 근거하는지, 제시적 담론은 어떠한 또 다른 전제들에 근거하는지, 끝으로 사법적 행위들의 전제들은 무엇인지 등을 구별해야만 한다.

4장. 토론적 장르

토론의 주제

우선 어떤 종류의 선과 악이 조언과 관계하는지를 이해해야만 한다. 왜냐하면 우리는 모든 사태들에 대해서 조언하는 것이 아니라, 가능한 것들과 불가능한 것들에 대해서만 조언하기 때문이다. 필연적으로 존재하는 것과 존재할수 있는 것, 또는 현재에 불가능한 것과 미래에 불가능한 것 등에 관해서는 토론이 불가능할 것이다. 모든 가능한 것들을 구별하지 않고 토론한다는 것은 아무런 이득이 없을 것이다. 왜냐하면 조언하는 데 있어 어떠한 이득도 없는 선(善)들이 있고, 존재할 수 있거나 존재할 수 없는, 자연적이고 우연적인 선들이 있기 때문이다. 게다가 토론의 대상이 되는 선들에 대해서만 토론하는 것은 분명 유익하다. 이와 같은 선들의 본질은 우리와 밀접한 관계를 가능하게 하는 선들이며, 그 생산 원리는 우리에게 달려 있다. 왜냐하면 우리는 지금까지 선을 행하는 것이 가능한지 혹은 불가능한지에 대해서만 검토해왔기 때문이다.

탐색의 한계

가장 세밀한 부분 내에서 정확하게 나열하는 것, 그리고 인간이 토론을 일삼는 주제들을 종 단위로 나누는 것, 나아가 되도록이면 진리에 따라 주제들을 정의 내리는 것 등은 현 상황에서 염두에 두어서는 안 된다. 왜냐하면 이러한 탐색은 수사학의 분야가 아니라, 보다 많은 지성과 정확성을 요하는 기술에 해당하기 때문이다. 또한 실제로도 우리는 수사학의 고유한 사변들보다도 훨씬 확장된 영역을 수사학의 분야에 부여했기 때문이다. 우리가 앞에서 말할 기회가 있었던 것은 사실이다. 즉 수사학은 분석학과 특징들에 관한 정치학이라는 두 요소들로 구성되며, 또한 한편으로는 변증론, 다른 한편으로는 궤변론과 유사한 측면이 있기 때문이다. 우리가 변증론 혹은 수사학을 실용적인 과목들이 아닌, 진정한 과학들로 구성하고자 할수록, 우리는 부지불식간에 수사학과 변증론의 자연적인 성격을 사라지게 할 것이며, 또한 그것들을 변형시킴으로써 단순히 담론들에 대해서 뿐만 아니라, 한정된 대상들을 재료로 하는 과학의 영역도 점차 잠식하게 될 것이다. 그럼에도 불구하고 이제부터 우리는 구별함으로써 이득이 있는 모든 문제들에 관해 설명해야 할 것이며, 이는 정치학 연구에 자유로운 영역을 제공하게 될 것이다.

토론의 다섯 가지 주제

모든 사람들에게 토론의 대상이 되고, 조언하는 모든 사람들이 말하는 가장 중요한 주제들은 소득, 전쟁과 평화, 영토의 수호, 수입과 수출, 입법 등과 같은 5가지이다.

1) 소득

소득에 대하여 조언하고자 하는 자는 자신이 속한 도시국가의 재원을 파악하고, 또한 결핍된 재원을 채워 넣고, 불충분한 재원을 증가시키기 위해서 재원의 특성과 수량을 알아야만 한다. 마찬가지로 그 도시국가의 모든 지출 역시 알아야만 한다. 즉 쓸데없는 지출을 없애야 하고, 과잉 지출을 감소시켜야만 한다. 왜냐하면 우리는 재산을 증가시키는 것만으로는 부유해질 수 없고, 지출을 줄여나감으로써 부유해질 수 있기 때문이다. 그러나 이러한 국가 재정에 대한 경험만으로는 총체적인 조망을 하는 데 충분치 않다. 이러한 분야에서 권위 있는 조언을 하기 위해서는 다른 민족의 국가들에서 만들어진 절차에 대해 역사적 조사를 할 수 있는 능력이 더욱 필요하다.

2) 전쟁과 평화

전쟁과 평화라는 주제에 대해서는 도시국가의 군사력을 알아야만 한다. 즉 그 도시국가가 이미 가지고 있는 병력, 그리고 그 도시국가가 소유할 수 있는 병력의 규모를 알아야만 한다.가령 현재 군사력의 특성과 그 국가가 충원할 수 있는 군사력 등이 그것이다. 게다가 그 국가가 어떤 전쟁들을 견뎌냈는지 그리고 어떠한 전과를 거두었는지를 알아야 한다. 자신의 국가에 대한 지식들은 물론이고 인접 국가들에 대한 지식들도 알아두어야 할 필요가 있다. 또한 자신들보다 강한 민족과는 평화를 유지하고, 약한 상대와는 전쟁을 하기 위해 어떤 민족들과 전쟁하게 될지 예측할 수 있어야 한다. 같은 맥락에서 도시국가의 군사적 자원이 인접 국가 혹은 여타 국가의 자원들과 유사한지 아닌지 알아야만 한다. 여기에서 우월하거나 열등한 위치에 있을 수 있기 때문이다. 이를 위해 도시국가에 의한 전쟁뿐 아니라, 다른 국가에 의해서 행해진 전쟁과 그들이 거둔 승리에 관해 심층적인 연구를 행하는 것은 필수적이다. 비슷한 원인이 비슷한 결과를 낳는다는 것은 당연한 이치이기 때문이다.

3) 영토의 수호

게다가 해당 국가가 어떻게 영토를 지켜왔는지를 간과해서는 안 되며, 영토를 수호한 군대의 수와 종류, 그리고 방어 보루의 배치들을 알아야만 한다(이는 해당 국가의 상황을 알지 못하는 사람에게는 불가능한 일이다). 이것은 방어력이 충분하지 못할 경우에는 충원하고, 방어력이 과도할 경우에는 병력을 줄이며, 보다 유리한 위치들에 더 많은 관심을 쏟기 위해서이다.

4) 수입과 수출

식량 문제에 있어서, 우리는 자신의 도시국가에 충분한 총소비량과 그 특징, 그리고 해당 지역에서의 생산물과 수입물, 수출하고자 하는 품목과 수입해야만 하는 품목들 등을 알아야만 한다. 이는 그러한 물품들을 주고받을 수 있는 사람들과의 계약 혹은 협정을 체결하기 위해서다. 왜냐하면 우리는 앞서 언급한 목적들을 달성하기 위해 두 종류의 민족, 즉 우리보다 더욱 강한 민족과 우리에게 유용한 민족이 가하는 모든 비난으로부터 우리의 시민들을 지킬 필요가 있기 때문이다.

5) 입법

만일 공공의 안전에 있어서 이러한 모든 조건들을 심층적으로 연구할 수 있는 능력이 필수적인 것이라면, 입법 경험 역시 그러하다. 도시의 안녕은 법률에 근거하고 있기 때문이다. 또한 얼마나 많은 '정체'가 있는지를 아는 것도 필요하다. 그리고 어떠한 조건들이 각 정체의 형식에 적합한 것이며, 어떠한 원칙들, 즉 내재적 원칙들과 반대의 원칙에 의해 이러한 정체들이 부패하게 되는지를 아는 것 또한 필요하다.

이것이 특히 내가 부패의 내재적 원칙으로 이해는 것이다. 특히 예외적인 정체를 제외한 모든 다른 정체들은 그것이 지닌 지나친 느슨함 혹은 긴장에 의해 부패하게 된다. 가령 민주주의가 그렇다. 민주주의는 정체를 느슨하게 적용했을 때뿐만 아니라, 지나치게 적용했을 때도 약화되어, 그 결과로 과두정치에 이르게 되는 것이다. 마찬가지로 매부리코의 형태와 납작한 코의 형태는 서로 조절됨으로써 중용에 이른다. 그러나 만일 코들이 지나치게 매부리코 형태이거나 납작한 형태라면, 그 코의 변형된 모습은더 이상 코의 외양으로 볼 수 없을 것이다.

법률을 제정함에 있어 과거에 대한 심도 있는 연구를 통해 어떠한 정체가 특정 도시국가에게 유용한지 아는 것 이외에도, 다른 민족들에게는 어떠한 정체가 있는지, 그리고 어떠한 형태의 정체들이 그 민족들의 특징과 조화를 이루고 있는지도 알 필요가 있다.

따라서 인간의 행동에 관한 조사가 정치적 토론에 유용한 것과 마찬가지로 국가간의 왕래는 입법에 있어 분명히 유용한 요소이다(왜냐하면 다양한 민족들이 지닌 법률에 대한 이해를 얻을 수 있기 때문이다). 하지만 이러한 모든 조사들은 정치학의 영역일 뿐, 수사학의 영역에는 해당되지 않는다.

이러한 것들은 매우 중요한 문제들로, 만일 우리가 조언하게 될 경우에는 준비된 전제들을 가지고 있어야만 한다. 이러한 주제 그리고 다른 모든 주제에 대한 조언이나 만류의 경우, 우리가 떠올려야만 하는 근거에 대해서는 다시 이야기하도록 하자.

5장. 행복

행복, 모든 인간의 목표

우리는 개인으로서의 인간과 집단으로서의 인간이 선호하는 것뿐만 아니라, 혐오하는 것에 있어서도 하나의 목적을 갖는다고 말할 수 있다. 이 모든 것을 한마디로 말하면, 바로 행복과 행복의 요소들이다. 일례로 우리는 행복에 대한 일반적인 정의와 그로부터 발생하는 요소들의 원천에 관한 정의를 내릴 수 있다. 실제로 우리가 늘 조언 혹은 만류할 수 있는 것은 바로 행복을 지향하는 행위들과 그 반대항을 이루고 있는 행위에 관한 주제들이다. 우리가 해야 할 일은 행복이나 행복을 이루는 요소 중 하나를 얻게 하거나, 보다 증대시키는 것이다. 반면 우리가 하지 말아야 할 일은 행복을 방해하고, 손상시키는 것, 혹은 행복에 반하는 것을 만들어내는 것이다.

행복의 정의

그러므로 행복은 덕이 동반된 참다운 삶, 생활 수단의 충만함, 안전이 보장된 가장 쾌적한 삶, 재산을 보존하는 능력과 신체(노예와 가축을 동시에 의미)의 사용 능력을 통한 번영 등을 의미한다. 그리고 대다수 사람들은 행복이 이들 중 하나 혹은 여러 개로 이루어져 있다는 데에 동의한다.

행복의 요소

그런데 만일 행복이 위와 같은 것들로 이루어져 있다면, 필연적으로 그 행복의 요소에는 귀족신분, 교양 있는 많은 친구들, 부와 재능, 많은 수의 자식들, 행복한 노년, 나아가 건강, 아름다움, 활력, 고귀함, 경쟁심과 같은 신체적 미덕들이 뒤따르게 된다. 명성, 명예, 행운, 미덕(나아가 미덕의 요소로는 신중함, 용기, 정의, 절제 등이 있다)도 뒤따른다. 만일 우리가 내적 재산과 외적 재산을 동시에 소유하고 있다면, 실제로 우리는 가장 완전한 충만함에 이르게 될 것이다. 왜냐하면 그것 이외에는 다른 어떠한 것도 없기 때문이다. 내적 재산은 영혼에 속하는 것들과 신체에 깃들어 있는 것이며, 외적 재산은 귀족 신분, 친구들, 그리고 자본과 명예이다. 우리는 여전히 권력과 기회를 갖는 것이 바람직한 것이라고 생각한다. 바로 이러한 조건들에 의해 삶은 가장 평안해진다. 그러한 사실을 일반적인 행복으로 간주했던 것처럼 이제 각각의 특수한 행복들에 대해 정의하기로 하자.

귀족

귀족은 한 민족과 한 도시국가의 오래된 토착적 기원이자 최초의 시조들의 본보기이며, 그들의 많은 후손들을 의미한다. 또한 귀족은 사람들이 염원하는 모든 것을 보여준다. 한 개인의 차원에서 귀족이란 남자 쪽이나 여자 쪽 혈통에 의한 것이며, 그 정당성은 두 혈통으로부터 나온다. 한편 한 도시국가 차원에서 귀족이란 미덕과 부, 혹은 또 다른 우위를 점하고 있는 최초의 선조들이 남긴 명성이며, 남녀노소를 막론한 한 가문의 많은 구성원들을 의미한다.

🏛 자식

자식들의 문제에 있어서 훌륭한 자질과 그 수는 하찮은 것이 아니다. 공동체에서 이러한 우위는 많은 용감한 젊은이들을 확보하는 데 달려 있다. 이러한 용감함은 고귀함, 아름다움, 활력, 경쟁적인 태도 등과 같은 신체적 미덕들과 관계가 있다. 한 젊은이의 정신적 미덕이란 절제와 용기이다. 한 개인이 많은 자식을 가졌다는 것은 부유함의 척도이며, 이는 자신의 아들들과 딸들이 위와 같은 훌륭한 자질을 많이 갖추었다는 것을 의미한다. 여성에게 있어 신체적 미덕은 아름다움과 고귀함이다. 한편 정신적인 미덕은 순결이며 탐욕 없이 가사 노동에 임하는 태도이다. 개인과 공동체 모두 이러한 자질들을 계발해야만 한다. 왜냐하면 스파르타 사람들처럼 여성의 품행이 만족스럽지 못하다고 생각하는 민족은 행복의 절반을 잃는 것이기 때문이다.

🏛 부(富)

부의 요소는 풍족한 돈, 광활한 영토, 넓고 비옥한 많은 소유지, 게다가 많은 질 좋은 가구, 노예, 가축에 대한 소유를 의미한다. 왜냐하면 이러한 모든 재산들은 의심할 여지가 없는 것이고, 한 자유인에게 합당한 것이며, 유용한 것들이기 때문이다. 유익한 재산들이 오히려 더 유용하다. 자유인이 소유한 재산은 향유를 위해 이용되기 쉽다. 하지만 나는 수입을 창출해내는 재산들을 유익한 것들로 받아들이며, 재산의 사용 이외에는 어떠한 유용성도 갖지 않는 재산을 바로 향유의 재산으로 이해한다. 안전한 재산이란 그 재산을 이러저러한 상황에서 마음대로 이용할 수 있으며, 또한 직접 소유하고 있음을 의미한다. 재산의 소유권을 가지고 있다는 것은 그 재산을 양도할 수 있거나 혹은 그렇지 않을 자유를 지니고 있다는 것을 의미한다. 나는 증여와 매각을 양도로 이해한다. 일반적으로 부자가 된다는 것은 소유하기보다는 사용하는 데 있다. 사실 부란 이러한 재산의 활용과 사용이기 때문이다.

좋은 평판

좋은 평판은 모든 이들이 교양을 갖춘 사람으로 인정함으로써 얻어지는 것이며, 모든 이들이나 대다수의 사람들, 혹은 고결한 사람들이나 사려 깊은 사람들이 바라는 어떠한 선(善)을 지님으로써 인정된다.

명예

명예는 선행에 대한 평판에 있어 최상의 지표가 된다. 사람들은 이러한 명예를 직접적으로, 그리고 우선적으로 선을 행한 자들과 연관짓는다. 또한 우리는 선을 행할 수 있는 능력을 지닌 자에게도 명예의 표시를 부여한다. 선행은 어떠한 인격을 갖고 있는지, 어떠한 실존적인 조건들을 갖고 있는지, 혹은 얼마만큼의 부(富)를 갖고 있는지, 그리고 어떤 장소와 시간에 결코 쉽지 않은 종류의 선을 갖고 있는지와 관련이 있다. 실제로 많은 사람들은 거의 중요해 보이지 않는 이유로 명예를 얻는다. 그것을 얻는 상황은 만들어지는 것이다.

명예의 표시는 공물, 운문과 산문 형식의 추도문, 특권, 토지수여, 상석(上席)권, 무덤, 동상, 국가 부담의 경비 지출, 그리고 경의의 표시로 머리를 조아리며 자리를 양보하는 것과 같은 이국적 행위, 그리고 시민들에게 있어 높이 평가되는 선물들로 나타난다. 사실 선물은 취득물의 증여이자 명예의 지표이다. 탐욕스러운 자나 야심가들이 그러한 선물을 바라는 것은 바로 이러한 이유들에서이다. 그 선물에는 그들에게 필요한 것이 담겨 있다. 선물은 탐욕스러운 자들에게는 갈망하는 취득물이며, 야심가들에게는 갈망하는 명예가 된다.

신체의 미덕

신체의 미덕은 건강이다. 그것은 신체가 병들지 않게 하면서 신체를 사용할 수 있는 데 있다. 왜냐하면 많은 사람들은 소위 헤로디코스가 그랬던 것처럼 건강하기 때문이다. 그 누구도 자신들의 건강을 부러워하지는 않을 것이다. 왜냐하면 사람들은 인간의 쾌락들 중 대부분 혹은 모두를 절제해야만 하기 때문이다.

아름다움은 나이에 따라 다르다. 젊은 남자의 아름다움은 고단한 일, 그리고 경마나 육상경기에 알맞은 신체를 갖게 하며, 우리에게 즐거운 구경거리를 제공한다. 그렇기 때문에 5종 경기 선수들은 가장 아름다운 자들이다. 왜냐하면 그들은 천부적으로 힘과 속도를 동시에 부여받았기 때문이다. 성숙한 남자의 아름다움은 전쟁의 과업을 수행하는 데 적합하며, 불안감을 연상시키면서도 바람직해 보인다. 노인의 아름다움은 삶에 필수적인 일들을 수행하기에는 충분하지만, 부담이 되는 일에는 적합하지 않다. 왜냐하면 우리는 노화의 불편함 중에 그 어떠한 것도 견뎌내기 힘들기 때문이다.

활력은 어떤 이가 자신의 신체가 아닌 다른 신체를 바라는 것처럼 활동 능력을 의미한다. 사람들은 신체를 밀고 당기면서, 그리고 몸을 일으키고, 붙잡고, 조이면서 움직인다. 결국 사람은 이러한 동작들 중 일부 혹은 모두를 행함으로써 활력 있게 된다.

체구의 미덕은 평균적인 신장, 체중, 체격을 넘어서는데 있다. 단 과도한 체구가 신체의 움직임을 둔하게 만들어서는 안 된다.

신체의 경쟁적인 미덕은 체구, 활력, 민첩함의 복합체이다(빠른 사람은 활력이 있는 사람이기 때문이다). 어느 정도 다리들을 뻗을 수 있고, 빠르고 힘 있게 박찰 수 있는 자는 달리기에 알맞다. 잡기와 누르기에 능한 자는 격투기에 알맞으며, 주먹을 잘 쓸 수 있는 자는 권투에 적합하며, 이 두 가지를 동시에 잘 할 수 있는 자는 판크라티온에 능하다. 이 모든 것에 능한 자는 5종 경기에 적합한 것이다.

행복한 노년

행복한 노년은 누구에게도 짐이 되지 않으면서 서서히 늙어가는 과정을 의미한다. 빨리 늙어감으로써, 혹은 서서히 늙어가더라도 타인에게 짐이 된다면, 행복한 노년이 아닌 것이다. 즉 행복한 노년은 육체적 미덕과 행운의 결과인 셈이다. 왜냐하면 만일 건강하지 못하고, 기력이 없다면, 고통을 면치 못할 것이기 때문이며, 운이 따르지 못한다면, 타인에게 짐이 될 뿐만 아니라, 오래 살 수도 없기 때문이다. 기력과 건강이 부족해도 장수의 비결은 있다. 많은 사람들이 육체적 미덕을 갖추지 않고도 장수하기 때문이다. 이러한 주제에 대한 세세한 설명은 현재로서는 크게 중요하지 않을 것이다.

친구

우리가 자신에게 좋다고 여겨지는 것을 타인을 위해 행하는 성향 혹은 타인에게 이익이 되도록 행동하는 경향으로 친구를 정의했을 때, 교양을 갖춘 많은 수의 친구들을 가졌다는 것은 결코 하찮은 것이 아니다. 많은 사람들이 어떤 이에게 이러한 성향을 보여준다면, 그 사람은 친구가 많은 것이다. 나아가 그들이 덕망도 갖추고 있다면, 그 사람은 교양을 갖춘 친구를 가진 것이다.

운

재산의 전체 혹은 상당 부분이 우리의 소유가 됐을 때, 우리는 운이 있다고 한다. 운명은 재산을 분배하는 담당자이다. 따라서 운명은 기술이 만들어낼 수 있는 어떤 재산의 원인이 되기도 하고, 자연적 원인은 갖고 있지만 자연적 이유 없이 우리에게 생길 수 있는 재산들처럼 기술은 다른 많은 재산들의 원인이기도 하다. 건강은 하나의 기술이 원인이지만, 아름다움과 위대함은 자연이 그 원인이다. 대개 운에서 비롯된 재산에는 시샘이 따른다. 한편 운명은 예측될수 없는 재산의 원인이기도하다. 예를 들어 형제들 모두가 못생겼는데 한 아이만 잘생겼다거나, 그 형제들은 보물을 찾지 못했는데, 잘생긴 아이만 보물을 찾았다거나, 혹은 날아온 화살이 자신이 아닌 옆에 있는 사람을 맞혔을 때, 혹은 다른 형제들이 한번 왔던 길에서 길을 잃었을 때, 늘 같이 왔던 그가 유일하게 그 날 함께 가지 않았을 때, 이러한 유의 모든 경우들이 행운으로 간주된다.

미덕

미덕은 찬사에 있어 가장 고유한'공론'이기 때문에, 우리는 찬사를 논할 때 미덕을 정의해야만 할 것이다.

6장. 선

우리는 조언을 하거나, 만류를 할 때, 미래 혹은 현재의 어떠한 목적을 목표로 삼아야만 한다. 왜냐하면 만류하는 데에 소용되는 목적은 조언하는 데에 소용되는 목적과는 대립되기 때문이다. 조언하는 사람에게 주어진 목적은 유용한 것이기 때문에, 그리고 우리는 궁극적인 목적에 관해서가 아니라, 그것에 이르기 위한 수단에 관해서 토론하기 때문에, 또한 이러한 수단들은 행동의 차원에서 유용한 것들이고 유용한 것은 곧 좋은 것이기 때문에, 선과 유용한 것에 관한'공론들'의 일반적인 정의를 내려야만 한다.

선의 정의

그러므로 우리는 선이란 선 그 자체로, 혹은 선에 의해서 선호될 만한 것이라는 사실을 받아들여야 한다. 또한 우리가 무엇을 위해 다른 것을 더 선호할 수 있는지도 받아들여야 한다. 왜냐하면 선은 모든 사람들 또는 감각과 이성을 소유하고 있는 모든 자들이 갈망하는 것이기도 하고, 이성을 수용하는 자들이 원하는 것이기 때문이다. 또한 선은 보편적 이성이 각자에게 부여할 수 있는 모든 것이자, 개별적 이성이 각각의 사태와 관련지어 각자에게 부여하는 모든 것으로, 선은 각자에게 있어 좋은 것이다. 나아가 현존이 안녕과 충만함의 상태에 있는 것 또한 선으로, 이때 충만함이란 이러한 선들을 만들어내고 보존한다. 이때 선들은 충만함의 계기이며, 선에 반하는 것들을 막아내고 제거한다.

계기(繼起)에는 두 가지 종류가 있는데, 동시에 일어나는 계기와 나중에 나타나는 계기가 그것이다. 가령 '안다'는 것은 '배운다'는 행위에 뒤이어 나타나는 계기이며, '살고 있다'라는 것은 '건강한 상태에 있다'라는 것과 동시에 일어나는 계기이다.

생산적인 원인은 세 가지로 나타나는데, 튼튼하다는 것이 건강을 만들어내는 것과 같은 원인, 음식이 건강을 만들어내는 것과 같은 원인, 대부분의 시간을 운동하며 보낸다는 것이 건강을 만들어낸다는 것과 같은 원인 등이 있다.

적용과 예증

위와 같은 원칙들이 세워지면, 필연적으로 선한 것들의 획득은 선한 것이며, 또한 나쁜 것들의 손실은 선한 것이 된다. 나쁜 것들의 손실이 선한 경우, 이러한 연관 관계에서는 더 이상 악을 지니고 있지 않기 때문에 동시적으로 나타난다. 또한 선한 것들의 획득이 선하게 나타나는 경우, 그 연관 관계에서는 선이 있기 때문에 나중에 나타나게 된다. 이는 극히 작은 선 대신에 극히 커다란 선을 획득할 경우에도 마찬가지이며, 극히 커다란 악 대신에 극히 작은 악을 획득한 경우에도 마찬가지이다. 가장 커다란 것이 가장 작은 것을 초과하는 비율은 선의 경우에 있어서는 이익의 척도가 되며, 악의 경우에 있어서는 손실의 척도가 되는 것이다.

미덕들 역시 필연적으로 하나의 선이다. 우리가 행복의 '아비투스'에 있게 되는 것은 바로 미덕들을 소유했기 때문이다. 게다가 미덕들은 선들과 실천들의 생산자이다. 따라서 무엇이 미덕들의 본질이고, 무엇이 미덕의 종을 이루는지를 구분해서 언급해야만 할 것이다.

쾌락 역시 하나의 선이다. 살아 있는 모든 존재는 본질적으로 쾌락에 대한 욕망을 지니고 있다. 기분 좋은 것들과 아름다운 것들 역시 필연적으로 선들이다. 기분 좋은 것들은 쾌락의 생산자이다. 아름다운 것들 중 일부는 기분 좋은 것이며, 나머지는 그 자체로 바람직한 것이다.

이론의 여지가 없는 선

이러한 선들을 하나하나 열거하기 위해서 선들은 반드시 다음과 같아야만 한다. 사실 행복은 그 자체로 바람직한 것이며, 자기 충족적이다. 우리는 이러한 이유로 수많은 것들을 선호하게 된다. 정의, 용기, 절제, 고결함, 너그러움, 그리고 이러한 종류의 모든 또 다른 '아비투스들'은 영혼의 미덕들이다. 건강, 아름다움, 그리고 이러한 종류의 자질들은 신체의 미덕들이며, 이러한 미덕들은 수많은 선의 생산자들이다. 가령 건강은 쾌락과 삶의 생산자이다. 우리가 건강을 지고의 선으로 간주하는 것은 바로 이러한 이유에서이다. 실제로 건강은 대중들이 최고로 여기는 두 가지 선, 즉 쾌락과 삶의 원인이 되기 때문이다. 부(富)는 사실 소유권 중에서도 탁월한 것이다. 그렇기 때문에 부는 많은 선들을 생산해 낼 수 있다. 친구와 우정에 관해 말하자면, 친구란 그 자체로 바람직스러운 것이고, 많은 선들을 생산해 낼 수 있다. 명예들과 영광 역시 기분 좋은 것들이고, 많은 선들을 생산해내며, 이를 계기로 하여 흔히 우리를 명예롭게 하는 다른 것들에 대한 소유권을 갖게 해준다. 말하는 능력과 행동하는 능력도 선들을 만들어내는 생산자이다. 게다가 천부적인 것, 기억력, 배울 수 있는 능력, 번득이는 사고, 이러한 종류의 자질들 역시 선들의 생산자이다. 마찬가지로 모든 학문과 모든 기술 그리고 모든 삶 역시 선들의 생산자가 된다. 어떠한 다른 선도 그것들과 연관성을 가지지 않을 경우, 선은 그 자체로 바람직한 것이 될 것이다. 정의 역시 선의 생산자인데, 그것은 공공의 삶에 있어 유용한 것이기 때문이다.

🏛 이론의 여지가 있는 선

우리가 만장일치로 동의하고 있는 거의 모든 선들은 이론의 여지가 있는 선들이다. 또한 이의의 대상이 되는 선들에서 삼단논법은 다음과 같은 전제들을 이끌어낸다. 선의 반대항은 악이며, 이 반대항은 우리의 적들에게 유리한 것들이다. 가령 적들이 우리의 나태함을 최대의 이익으로 이용한다면, 시민들에게 최고의 용기가 필요하다는 점은 분명하다. 대개 우리의 적들이 갈망하는 것의 반대항 혹은 적들에게 기쁨을 안겨주는 것의 반대항은 명백히 우리에게 유용한 것이다. 이러한 것은 종종 일어나긴 하지만, 늘 그러한 것은 아니다. 간혹 동일한 사태가 대적하고 있는 두 진영에게 유리한 경우도 있다. 그리고 동일한 사태가 두 반대 진영들에게 해를 줄 경우, 악은 그들을 결속시킨다고 말할 수 있다.

과잉이 아닌 것은 하나의 선이다. 그리고 필요한 것보다 더 많은 것은 하나의 악이 된다. 많은 고통과 지출을 야기했던 것은 이미 하나의 선으로 나타났기 때문에, 그것은 선을 목적으로 하거나 수많은 노력이 담긴 목적으로 간주하게 한다.

대부분의 사람들이 열망하는 것, 그리고 경쟁할 만한 가치가 있는 것으로 여겨지는 것이 바로 선이다. 왜냐하면 우리는 앞에서 모든 이들이 원하는 것을 선이라고 정의했기 때문이다. 그런데 '대부분'이라는 표현은 여기서 사실상 '모든 이'라는 효과를 갖는다.

찬사의 대상이 되는 것 역시 선이다. 왜냐하면 어떠한 사람도 좋지 않은 것에 찬사를 보내지는 않기 때문이다. 적들(낮은 수준의 도덕을 지닌 사람들)이 찬사를 표하는 것 역시 선이다. 만일 어떤 사태로 인해 고통을 겪었던 사람들조차 그 사태에 찬사를 보낸다면, 거기에는 만장일치의 동의가 있는 것이다. 왜냐하면 그들로부터 이러한 고백을 받아낼 수 있기 때문이다. 이는 자신들의 친구들이 비난하는 자들은 도덕성이 낮은 자들이며, 자신들의 적들이 비난하지 않는 사람들은 도덕성이 높은 자인 것과 마찬가지이다.

신중한 남자든, 덕이 있는 남자든 혹은 덕이 있는 여자가 바람직한 것으로 판단한 것들은 가령 율리시스에 대한 아테나의 편애, 헬레나에 대한 테세우스의 편애, 알렉산드리아 왕에 대한 여신들의 편애, 아킬레우스에 대한 호메로스의 편애 등이 있다. 대개 선호되는 대상들이란, 우리가 말한 것들, 우리의 적들에게 나쁜 것들, 우리의 친구들에게 있어 좋은 것들, 가능한 모든 것들을 의미한다. 그런데, 가능한 사태들에는 두 종류가 있다. 일어날 수 있는 것과, 쉽게 일어나는 것이 바로 그것이다. 우리가 어려움 없이 혹은 많은 시간을 들이지 않고 행할 수 있는 모든 것들이 쉬운 것들이다. 왜냐하면 어려움이란 얼마만큼의 노고와 시간을 들였는지에 따라 정의되기 때문이다. 한편 사람들이 바라는 대로 일어나는 것들이 있다. 그런데 사람들은 악이 아닌 것을 원하거나, 악에서 기인하는 선보다는 차라리 덜 악한 것을 원한다. 이러한 것들은 벌을 두려워하지 않거나, 그 벌이 가벼울 경우에 일어난다.

우리가 우리만의 고유한 것으로 소유하고 있는 것들은 다른 어떠한 사람도 가지고 있지 않는 것, 특별한 것들이 있을 수 있다. 왜냐하면 이와 같이 명예는 훨씬 위대한 것이기 때문이다. 우리의 태생과 권능에 의해 주어진 것들, 그리고 어린 아이들에 비해 우리에게 부족한 것들은 우리와 잘 어울리는 것들이다. 왜냐하면 우리도 역시 그것들을 행하려고 마음먹었기 때문이다.

쉽게 실행에 옮겨질 수 있는 것들이 있다. 왜냐하면 그것들은 가능한 것들이고, 쉽기 때문이다. 그것들은 또한 모든 사람들, 혹은 대부분의 사람들 혹은 우리와 비슷한 사람들 혹은 우리보다 못한 사람들도 해냈던 것들이기 때문이다.

친구들에게 만족감을 가져다주고, 적에게 불쾌감을 주는 것, 혹은 우리가 존경하는 사람들이 하고자 하는 것들이 있을 수 있다.

사람들이 재능을 보인 것들과 풍부한 경험들 역시 있을 수 있다. 왜냐하면 사람들은 그러한 것들을 훨씬 더 쉽게 성취할 수 있을 거라고 믿기 때문이다. 교양 수준이 낮은 사람들이 할 줄 모르는 것들 역시 있을 수 있는데, 그것들은 더욱 칭찬 받을 만한 것들이기 때문이다.

우리가 원하는 대로 얻게 되는 것들이 있을 수 있다. 왜냐하면 그러한 것들은 단순히 바람직해 보이는 것이 아니라, 매우 좋은 것이기 때문이다. 특히 각각의 사람들은 취향에 따라 그것들을 좋은 것들로 여기기 때문이다. 가령 이기고자 하는 자는 승리를 차지하려는 취향을, 명예를 원하는 자는 명예를 획득하려는 취향을, 돈을 원하는 자는 돈을 모으려는 취향이 있으며, 그 외의 경우도 마찬가지이다.

이러한 것들은 좋은 것과 유용한 것에 관한 다음 장의 논의에 전제들이 될 것이며, 이로부터 우리는 그 논거들을 이끌어내야 한다.

7장. 선과 유용한 것

좋은 것과 유용한 것의 상대적 정의

좋은 것과 유용한 것의 유용성에 관해 전적으로 동의한다고 했을 때, 우리들은 종종 최상의 유용성에 관하여 이의를 제기할 수 있기 때문에, 지금부터는 최고의 선과 가장 유용한 것을 다루어야만 한다. 그러므로 과잉이라는 말이 어떤 것이 좀 더 초과된 것이라는 점을 받아들여야 하며, 초과된 것 전체는 모두 과잉이라는 말 속에 포함된다는 점도 받아들여야 한다. 게다가 더욱 크고, 그 수가 더욱 많다는 것은 적은 것과 상대인 개념이다. 크고 작음, 많고 적음은 평균과 상대적인 개념이다. 큰 것은 평균 이상의 것이고, 작은 것은 평균 이하의 것이다. 많고 적음의 문제도 역시 마찬가지다.

동일한 유형에서의 상대성

따라서 우리는 선을 다른 어떤 것에 대해서가 아니라 그 자체로 그리고 그 자체에 대해서 바람직한 것으로 이해한다. 즉 모든 사람들이 바라는 것, 만일 이성과 신중함을 갖추고 있다면, 모든 사람들이 선호할 만한 것, 이러한 선을 생산해내기에 알맞은 것, 그 선을 유지하기에 적합한 것, 그 계기에 있어서도 선한 것, 이러한 연관 관계에 있어서도 선한 것 등이 바로 선에 해당한다. 왜냐하면 추구되는 목표가 곧 목적이기 때문이며, 이러한 목적은 모든 나머지 것들의 목표가 되기 때문이다. 그리고 개인적인 선은 이와 같은 특성들을 상대적으로 개인에게 부여하는 것이기 때문에, 좋은 것들이 더 많다는 것은 필연적으로 하나보다는 더 많은 선이며, 더 적은 수의 좋은 것들보다 더 많은 선을 의미한다. 그런데 단위와 적은 수라는 것은 다수에 포함된다는 조건에서 그러하다. 따라서 다수인 것은 실제로 초과된 것을 의미하고, 그것에 포함된 수는 초과되어 있는 것이다.

두 종류 간의 상대성

만약 한 종류의 가장 큰 부분이 다른 종류의 가장 큰 부분보다 상위의 것이라면, 첫 번째 것은 두 번째 것보다 우위에 있는 것이다. 마찬가지로 첫 번째 종류가 두 번째 종류보다 상위에 있을 때, 첫 번째 것의 가장 큰 부분은 두 번째 것의 가장 큰 부분보다 상위에 있게 된다. 예를 들어 가장 위대한 남자가 가장 위대한 여자보다 더 위대하다면, 일반적으로 남자들은 여자들보다 위대하다는 것이다. 그리고 만일 일반적으로 남자들이 여자들보다 위대하다면, 역시 가장 위대한 남자는 가장 위대한 여자보다 더 위대하다는 것이다. 종류들의 우위와 그 종류에 속한 표본들의 우위는 비례적이다.

상관관계

마찬가지로 한 종류에 속한 표본들이 다른 어떤 종류와 상관관계에 있을 때, 그 역은 성립하지 않는다. 상관관계는 동시적이거나, 후행적이거나, 잠재적일 수 있다. 결과의 유용성은 다른 항의 유용성 속에 포함되어 있다. 산다는 것은 건강하다는 것과 동시적인 상관관계를 이루지만, 건강하다는 것은 산다는 것과 동시적인 상관관계를 이루지는 않는다. 안다는 것은 배운다는 것과 후행적인 상관관계에 있다. 남에게 맡긴 물건을 횡령한다는 것은 귀중품을 훔친다는 것과 잠재적인 상관관계에 있다. 왜냐하면 귀중품을 훔친 사람은 위탁물을 횡령할 수 있기 때문이다.

두 항과 세 번째 항과의 비교

세 번째 항목보다 큰 두 항목들 중 가장 커다란 항목은 세 번째 항목을 넘어선 항목이다. 왜냐하면 가장 큰 항목은 반드시 두 번째 항목보다는 더 크기 때문이다.

두 항목에 대한 비교

더 큰 하나의 선을 만들어내는 것들은 더욱 중요하다. 이를 우리는 더 큰 선의 생산적인 원인으로 간주한다. 마찬가지로 더 큰 하나의 선에 의해 만들어진 것은 아주 중요하다. 왜냐하면 건강한 것이 즐거운 것보다 바람직하고, 더 큰 하나의 선이라 한다면, 건강은 즐거움보다도 훨씬 중요하기 때문이다. 그 자체로 바람직스러운 것은 바람직스럽지 않은 것보다 더욱 중요하다. 가령 원기는 건강한 것보다 더욱 중요하다. 왜냐하면 건강한 것은 원기와는 달리, 그 자체에 목적을 가지고 있지 않기 때문이다. 그런데 우리는 선이 그 자체에 목적을 가지고 있는 것으로 말한 바 있다. 목적인 것은 목적이 아닌 것보다 더욱 중요하다. 목적이 아닌 것은 사실 다른 것을 위한 것인 반면, 목적인 것은 목적 자체를 위한 것이다. 가령 운동한다는 것은 신체의 좋은 '아비투스'를 목적으로 한다. 더욱 중요한 것은 타인이나 다른 것들을 덜 필요로 하는 것이다. 왜냐하면 그것들은 그 자체로 충분하기 때문이다. 그래서 필요한 것들이 그 수가 적고 쉬울 때, 이러한 필요성이 줄어든다. 마찬가지로 저것이 이것 없이 존재하지 않거나, 존재할 수 없는 반면에, 이것은 저것 없이도 존재하거나, 존재할 수 있다. 왜냐하면 이러한 두 개의 항 중에서 그 자체로 충족될 수 있는 항은 다른 항을 필요로 하지 않는 항이다. 이때 그 항은 명백히 더 큰 하나의 선이 된다.

기원과 원인

하나의 사태가 기원이고, 다른 사태가 기원이 아닐 경우, 그리고 하나의 사태가 원인이고, 다른 사태는 원인이 아닌 경우, 그 이유는 동일하다. 왜냐하면 원인과 기원이 없다면, 하나의 사태가 존재하거나 발생하는 것은 불가능하기 때문이다. 두 개의 기원이 있을 경우, 가장 중요한 기원으로부터 기인한 것이 더욱 중요하다. 또한 두 개의 원인이 있을 경우에도 가장 중요한 원인에서 온 것이 더욱 중요하다. 반대로 두 기원들 가운데 더 중요한 것의 기원은 더 많은 중요성을 지니며, 두 원인들 가운데서도 역시 더 중요한 것의 원인은 더 많은 중요성을 갖는다. 따라서 우리가 앞서 말한 바와 같이, 하나의 사태는 두 가지 방식으로 더욱 중요하게 나타날 수 있다는 점이 명백하다.

만일 하나의 사태가 하나의 기원이라면, 그리고 다른 사태가 그 사태의 기원이 아니라면, 첫 번째 사태가 더욱 중요하게 보일 것이다. 그리고 첫 번째 사태가 하나의 기원이 아니라면, 두 번째 사태는 하나의 기원이 아닌 하나의 목적이 된다는 것은 당연하다. 왜냐하면 가장 중요한 것은 목적이지, 기원이 아니기 때문이다. 그렇기 때문에 칼리스트라테스를 고소했던 레오다마스는 조언하는 사람이 집행하는 사람보다 죄가 더 많다고 말했던 것이다. 왜냐하면 만일 조언이 요청되지 않았다면, 행위는 이루어지지 않았을 것이기 때문이다. 반대로 카브리아스를 비난하면서 레오다마스는 집행했던 사람이 조언했던 사람보다도 더 죄가 크다고 말했다. 왜냐하면 형을 집행하는 사람이 없었더라면, 그 어떠한 집행도 이루어지지 않았을 것이기 때문이다. 사실 음모의 목적은 행위에 있는 것이다.

흔치 않은 것은 과잉인 것보다 훨씬 더 큰 가치를 갖는다. 가령 쇠보다는 금이 더 큰 가치를 갖지만, 그 유용성은 덜하다. 금을 획득한다는 것은 곧 더 큰 재화의 획득을 의미하는데, 왜냐하면 금을 획득하는 것이 더욱 어려운 것이기 때문이다. 하지만 이와는 달리, 과잉인 것은 흔치 않은 것보다 더 큰 가치를 갖기도 한다. 왜냐하면 그 사용이 훨씬 더 광범위하기 때문이다. '자주'라는 말은 '드문'이라는 말보다도 더 많은 가치를 지닌다.

대개 가장 어려운 것은 가장 쉬운 것보다 더 큰 가치를 지닌다. 왜냐하면 그것은 훨씬 드물기 때문이다. 이와는 달리, 가장 쉬운 것은 가장 어려운 것보다 더 많은 가치를 지닌다. 왜냐하면 가장 쉬운 것은 우리가 원하는 바에 부합하기 때문이다.

여전히 반대항은 더욱 중요한 것이며, 상실된 부분은 눈에 더욱 잘 띈다. 그래서 미덕은 미덕이 아닌 것보다 더욱 중요하며, 악덕은 악덕이 아닌 것보다 더욱 중요하다. 왜냐하면 미덕과 악덕은 모두 목적이기 때문이다. 그 외의 나머지 것들은 목적이 아니다. 작품들을 더욱 아름답게 하거나 더욱 추하게 하는 것들은 그 자체로 중요한 것들이다. 거꾸로 결점들과 미덕들이 크면 클수록 작품들은 더욱 중요해진다. 왜냐하면 그 결과들은 원인들과 기원들에 비례하며, 또한 원인들과 기원들 역시 결과들에 비례하기 때문이다.

같은 맥락에서, 과잉을 더욱 바람직한 것과 더욱 아름다운 것으로 만드는 것은 더욱 중요하다. 가령 시각적 예민함은 후각적인 예민함보다 더욱 낫다. 실제로 시각은 후각보다도 더욱 나은 것이다. 그리고 친구와의 우정에서 나타나는 과잉은 돈에 대한 애착에서 나타나는 과잉보다 더욱 아름다운 것이다. 따라서 친구와의 우정은 돈에 대한 애착보다 더욱 아름다운 것이다. 역으로 더 좋은 것들의 과잉은 더욱 좋은 것이고, 더 아름다운 것들의 과잉은 더욱 아름다운 것이다.

마찬가지로 더욱 아름답고 더욱 좋은 것을 욕망하는 것이 더욱 아름답거나 더욱 좋은 것이다. 왜냐하면 더 강렬한 충동적 욕망들은 더욱 중요한 대상들을 갖기 때문이다. 보다 아름답고 보다 좋은 대상들에 대한 욕망은 같은 이유로 더욱 좋은 것이고, 더욱 아름다운 것이다.

학문에 있어 더욱 훌륭하고, 더욱 고양된 질료들은 마찬가지로 더욱 훌륭하고 더욱 고양된 것이다. 실제로 이러한 것들이 학문이기도 하고, 학문의 대상인 진리의 차원이기도 하다. 각각의 학문은 그 고유한 영역 내에 정리되어 있다. 더욱 아름답고 더욱 고양된 대상을 갖는 학문은 같은 이유로 그 대상들과 비례 관계를 이룬다.

신중한 사람, 모든 혹은 대부분의 사람들, 대중 혹은 권위 있는 사람들이 좋거나 혹은 더욱 중요한 것으로 판단했거나, 판단할 수 있는 것은 필연적으로, 또는 절대적으로, 신중함을 토대로 했다는 점에서 그럴 수밖에 없다. 하지만 이러한 추론은 공통적이며, 나머지 사항들에도 동일하게 적용된다. 왜냐하면 본질, 수, 그리고 양들이야말로 학문과 신중함이 정의 내릴 수 있는 것들이기 때문이다. 하지만 우리가 앞서 언급했던 것은 선들에만 적용되는 것이다. 왜냐하면 우리는 사태들이 신중함의 대상이 된다는 가정 하에, 각각의 사태는 그 자체를 목적으로 선택할 것이라고 정의한 바 있기 때문이다. 그러므로 신중함을 더욱 좋은 것으로 진술한 것은 명백히 많은 가치를 지니게 된다.

마찬가지로, 절대적이든 또는 상대적이든 최상의 것에 속하는 것들은 더욱 중요한 것들이다. 가령 용기는 활력보다도 더 큰 가치를 지닌다. 마찬가지로 더욱 훌륭한 사람이 절대적으로든 상대적으로든 선호하게 되는 것이 더욱 가치가 있다. 예를 들어 불의를 겪는다는 것은 불의를 범하는 것보다도 더욱 가치가 있다. 왜냐하면 보다 정의로운 자가 선호하는 것은 바로 그러한 것이기 때문이다.

또한 가장 즐거운 것은 가장 즐겁지 않은 것보다도 더욱 가치가 있다. 왜냐하면 모든 존재는 쾌락을 추구하고, 그 쾌락을 맛보고자 하는 충동적인 욕망을 가지고 있기 때문이다. 이러한 용어들을 통해 우리는 선과 목적을 앞서 구분한 바 있다. 두 욕망들 중에 가장 커다란 욕망은 힘이 덜 드는 욕망 혹은 아주 오랫동안 지속되는 욕망이다. 더욱 아름다운 것은 덜 아름다운 것보다 가치가 있다. 왜냐하면 아름다운 것은 즐거운 것이거나, 그 자체로 바람직스러운 것이기 때문이다. 사람들이 스스로를 위해 혹은 친구들을 위해 바라는 모든 것들은 보다 큰 선에 해당한다. 그들이 가장 하려고 들지 않는 모든 것들은 더욱 커다란 악덕에 해당된다.

그리고 보다 항구적인 것들은 덜 항구적인 것들보다 가치가 있다. 더욱 확고한 것은 덜 확고한 것보다 가치가 있다. 항구적인 것들의 우월성은 우리가 그것을 사용하는 기간으로 측정된다. 확고한 것들의 우월성은 우리가 그것들을 사용하고자 하는 욕망으로 평가된다. 사실 우리가 욕망한다고 했을 때, 그것은 확고부동한 선을 보다 오래 사용한다는 것을 의미한다.

문법적 상관관계

같은 맥락에서 논리적으로 등위적인 개념들과 유사한 굴절 변화에 의해 의미화된 개념들 간의 상관관계는 다른 모든 사태들에도 적용된다. 예를 들어 '용감하게'라는 말이 '온건하게'라는 말보다 더욱 아름답고 바람직스럽다면, '용기'이라는 말은'온건'이라는 말보다도 바람직스러운 것이고, '용감한'이라는 말도 역시 '온건한'이라는 말보다 더욱 바람직스러운 것이다.

만장일치로 선호되는 것은 그렇지 않은 것보다 더욱 가치가 있다. 마찬가지로 다수가 선호하는 것은 소수가 선호하는 것보다 더욱 가치가 있다. 왜냐하면 우리는 모든 사람이 욕망하는 것을 선으로 정의했기 때문이다. 따라서 더 많이 욕망의 대상이 되는 것은 더욱 중요한 것이 된다. 경쟁자들, 적들, 그리고 자격을 갖춘 재판관들 또는 그 재판관들이 판단하기에 자격이 충분하다고 생각되는 사람들이 선호하는 것들에 있어, 앞의 두 경우는 만장일치의 확정에 준하며, 마지막 경우는 권리와 판단 능력을 갖춘 재판관들의 경우에 해당한다.

배제된다는 것은 일종의 실추를 의미하기 때문에, 때로는 모든 사람이 동참하고 있는 선이, 때로는 그 어떤 사람 그리고 극소수만이 동참하는 선이 보다 중요해지기도 한다. 왜냐하면 이러한 선은 매우 드물기 때문이다. 그리고 더욱 찬사 받을 만한 것들은 더욱 중요한 것인데, 왜냐하면 그것은 보다 아름다운 것들이기 때문이다. 그리고 우리가 더욱 큰 명예를 부여하는 것들 역시 더욱 중요한 것들이다. 왜냐하면 명예란 하나의 평가이기 때문이다. 그리고 더욱 중한 형벌을 처벌받는 것 역시 더욱 중요한 것이다. 모든 이로부터 인정받거나 겉으로 드러나는 위대함보다도 더욱 위대한 것들은 중요한 것이다.

동일한 것은 부분으로 나누어보면 그 수가 더욱 많아 보인다. 왜냐하면 동일하게 부분으로 나뉜 것들의 수는 그 부분을 통칭하는 하나의 더 큰 수보다도 우월해 보이기 때문이다.

에피카르모스의 작품에서도 볼 수 있듯이, 분석에 있어서도 같은 이유로 결합과 축적(또는 중첩)에 의한 동일한 효과가 도출되고 있다(왜냐하면 결합은 결합을 늘려가면서 그 우월성을 보여주기 때문이다). 이러한 사실은 마치 기원이나 중요한 사태들의 원인처럼 나타나고 있다.

더욱 어렵고, 더욱 드문 것이 보다 큰 가치를 지니기 때문에, 상황, 연령, 장소, 시간, 그리고 능력이 그 사태들을 증폭시킨다. 실제로 행위가 비슷한 사람들의 능력, 연령, 역량 등의 한계들을 넘어섰다면, 또한 행위가 이러저러한 조건들 혹은 어떤 특정한 시간과 장소에서 이루어졌다면, 그 행위는 아름답고 유익하고, 정당한 것들일 뿐만 아니라 그 반대항을 이루는 것들도 위대한 것이다.

마찬가지로 이피크라테스는 그가 어디에서 떠났고 어느 곳에서 성장했는지에 관해 말하면서 자기예찬을 아끼지 않았다. 타고난 것이 얻은 것보다도 더욱 가치가 있다. 왜냐하면 타고나는 것이 더욱 어렵기 때문이다. 그래서 "나의 유일한 스승은 바로 나다"라고 말한다.

이러한 사실은 중요한 것 중에서도 가장 중요한 부분에 해당한다. 보다 유용한 것들은 보다 큰 가치를 지닌다. 가령 노년과 질병에 있어서 유용한 것들이 그러하다. 이 두 가지 경우에 있어서 우리가 계획하고 있는 목적에 좀 더 근접해 있는 것이 더욱 큰 가치를 지닌다. 또한 개인에게 유용한 것이 절대적으로 유용한 것보다 더욱 선호될 수 있다. 한편 가능한 것이 불가능한 것보다 더욱 큰 가치를 지닌다. 왜냐하면 가능한 것은 우리에게 득이 되며, 불가능한 것은 그렇지 않기 때문이다. 삶의 목표에 속하는 것들 역시 우리에게 득이 되는데, 왜냐하면 목적에 가장 근접해 있는 것들이 목적들 중에서도 가장 높은 차원에 속하는 것이기 때문이다.

진리에 부합하는 것들은 공론에 부합하는 것들보다 우월하다. 공론에 따라 구별될 수 있는 표지는 다음과 같다. 행위가 무시되어도 될 만한 것이라면, 행위를 선택하지 않을 수도 있는 것이다. 그렇기 때문에 선행을 받았다는 것은 선행을 수행해야 한다는 것보다도 선호될 수 있을 것이다. 왜냐하면 우리는 선행을 받기를 원할 것이기 때문에, 선행은 부지불식간에 행해지게 된다. 그렇지만 만일 그 누구도 선행을 알아주지 않는다면, 사람들은 선행을 베풀기를 원치 않을 것이다. 또한 사람들이 선호하는 외적 현실의 모든 것들은 더욱 가치를 지닌다. 왜냐하면 그러한 것들은 진리와 매우 깊은 관계를 맺고 있기 때문이다. 흔히 말하길, 정의(正義) 그 자체는 거의 가치를 지니지 못한다. 왜냐하면 정의롭다고 여겨지는 것이 정의로운 것보다 선호되기 때문이다. 옷을 잘 차려 입는 것 또한 마찬가지이다.

여러 방면에서 더욱 유용한 것들이 있다. 가령 생활, 행복한 삶, 즐거움, 훌륭한 행동들의 실현에 있어 더욱 유용한 것이 여기에 해당한다. 때문에 부와 건강은 가장 중요한 선으로 여겨진다. 왜냐하면 그것들은 앞서 말한 모든 것들을 포함하고 있기 때문이다. 보다 고통스럽지 않으면서 즐거움을 동반하는 것이 있다. 왜냐하면 여러 개는 하나보다 가치가 있기 때문이다. 여기에는 우월함이 자리 잡고 있는데, 이는 바로 즐거움과 고통이 없다는 두 가지의 선을 의미하기 때문이다. 이 두 가지 요소들에 제3의 요소가 첨가되는데, 합을 더 크게 만드는 것이야말로 무엇보다 중요하기 때문이다. 현재 드러나 있는 것은 모른 채 지나간 것보다 더욱 가치가 있다. 왜냐하면 현실은 지나간 것보다 명백한 것이기 때문이다. 그렇기 때문에 만일 사람들이 부자라고 인정한다면, 부자라는 것은 더욱 큰 선처럼 여겨지게 될 것이다. 왜냐하면 우리가 매우 애착을 갖는 것은 유일하거나, 또 다른 요소를 동반하기 때문이다. 가령 애꾸눈인 사람과 정상인 사람에게서 눈을 떼어낸다고 했을 때, 고통이 같지 않은 것은 바로 이러한 이유 때문이다. 왜냐하면 애꾸눈의 사람은 자신이 그토록 간직하고 있었던 눈을 떼어냈기 때문이다.

우리는 거의 모든 전제들을 나열했다. 따라서 이 전제들로부터 조언과 만류를 위한 증거들을 끌어내야 할 것이다.

8장. 정치체제

정치체제를 익혀야할 필요성

설득과 적절한 조언을 위해 더욱 중요하고 효과적인 것은 모든 정치체제를 아는 데 있으며, 이러한 정치체제를 관습, 제도, 이익 등과 구별하는 데 있다. 모든 사람들이 이익 때문에 설득 당하지만, 이익은 정치제도를 수호하는 것이기도 하다. 게다가 최고 통치기구의 권한 행사는 최고의 권한을 갖고 있으며, 정치체제에 따라 다양하게 나타난다. 따라서 정치체제의 수만큼이나 최고 통치권의 행사하는 수가 존재한다.

네 가지의 정치체제

정치체제에는 민주주의, 과두정치, 귀족정치, 군주정치 등의 네 가지가 있다. 결과적으로 최고의 통치권, 즉 최종적으로 결정할 수 있는 권한은 항상 시민의 일부 혹은 시민 전체의 손에 달려 있다.

정의

민주정치는 제비뽑기에 의해 행정 관직을 분배하는 정치체제이며, 과두정치는 납세액에 따라, 그리고 귀족정치는 교육 수준에 따라 행정 관직을 분배하는 정치체제를 의미한다. 나는 교육이 법률에 의해 정해진 것이라고 생각한다. 교육제도에 충실한 사람들은 귀족정치에서 행정 관직을 수행하는 사람들이다. 우리는 필연적으로 그들 중 귀족들을 찾아볼 수 있으며, 귀족정치라는 명칭은 여기에서 유래한다. 군주정치는 그 명칭이 알려주듯이, 한 사람이 모든 것들에 대한 통치권자임을 의미한다. 군주정치의 형태는 두 가지인데, 우리는 어떤 위계질서에 따르는 형태를 왕정이라 하고, 권한의 한계가 없는 형태를 전제정이라 부른다.

목적

각각의 정치체제가 추구하는 목적들을 간과해서는 안된다. 왜냐하면 우리가 선호하는 모든 것은 그 목적과 관련 되어 있기 때문이다. 민주정치의 목적은 자유이고, 과두정치의 목적은 부에 있다. 귀족정치의 목적은 교육과 제도에 관련되어 있으며, (…) 전제정치의 목적은 전제군주의 신변을 보호하는 데 있다. 그러므로 각각의 수립된 정치체제의 목적에 관련된 것들 중 관습들, 제도들, 이익들 사이의 구별이 필요하다는 점은 분명하다. 왜냐하면 사람들의 선택에 깊이 관여하는 것은 이익이기 때문이다.

웅변가의 성격

증거들은 증명적일 뿐만 아니라, 윤리적인 담화를 통해 제시되기 때문에(우리는 웅변가에게 신뢰를 보내는데, 왜냐하면 웅변가는 어떠한 특정한 성격, 즉 때로는 덕이 있어 보이거나, 때로는 호의적으로 보이거나, 때로는 이 두 가지 성향을 동시에 보여주기 때문이다), 각각의 정치체제들에 고유한 특징들을 지니고 있어야만 한다. 왜냐하면 개개의 정치체제가 지닌 특징과의 부합은 각각의 특징에 따라 많은 설득적인 요소가 있다는 사실을 의미하기 때문이다. 이러한 특징들은 개인적인 성격들과 동일한 방식으로 드러난다. 왜냐하면 그러한 특징들은 선호도에 따라 나타나며, 이러한 선호도는 목적에 따라 좌우되기 때문이다.

토론적 장르의 요약

조언을 할 때 미래 혹은 현재의 어떠한 목적을 목표로 삼아야 하는가? 어떠한 전제들로부터 유용성에 관한 증거를 끌어내야만 하는가? 나아가 우리는 어떠한 방법, 어떠한 방식으로 정치체제들과 관련한 특징들과 제도들에 대한 논거들을 마련해야 하는가? 앞에서 이와 같은 사항들을 우리가 처한 현재의 상황에만 결부시켜 언급했다. 왜냐하면 이미 『정치학』에서 이와 관련한 구체적인 사항들을 다루었기 때문이다.

9장. 제시적 장르

제시적 장르의 주제들은 무엇인가?

8장의 연장선상에서 미덕과 악덕, 아름다움과 추함에 대하여 이야기해보자. 왜냐하면 이러한 것들은 칭찬을 하거나 비난하는 사람에게 있어서는 목적이 되기 때문이다. 이러한 주제들을 다루면서 앞서 우리가 이차적 증거를 이룬다고 했던 특징, 즉 사람들이 우리에게 부여하는 이러저러한 특징의 이유들을 하나하나 제시하게 될 것이다. 사실 우리가 우리와 타인들을 미덕과 관련하여 믿을 만한 가치가 있는 것으로 제시할 수 있는 것도 같은 방식을 통해서이다. 왜냐하면 우리는 인간 혹은 신뿐만 아니라, 생물이 아닌 대상, 그리고 처음으로 이 세상에 나타난 동물에 대해서도 진지하게 혹은 그렇지 않게 칭송하는 일이 종종 벌어지기 때문에, 이러한 주제들에 대한 동일한 방식의 전제들을 준비해야만 한다. 따라서 그것들에 대해서 적어도 하나의 예증을 통해 말할 수 있어야만 한다.

아름다운 것의 정의

아름다운 것이란 그 자체로 바람직한 것이자, 예찬 받을 만한 것이다. 또는 아름다운 것은 좋은 것이기 때문에 좋은 것은 즐거운 것이다.

미덕, 미덕의 요소

만일 아름다운 것이 앞서 말한 것으로 이루어져 있다면, 미덕은 필연적으로 아름다운 것이다. 왜냐하면 미덕은 좋은 것이기 때문에 칭찬할 만한 것이다. 미덕은 아마도 선을 획득할 수 있는 능력이자, 보존하기 위한 능력일 것이다. 또한 미덕은 많고 중요한 이러한 모든 종류의 봉사들을 할수 있는 능력이다.

미덕의 요소들에는 정의, 용기, 절제, 너그러움, 관대함, 후함, 부드러움, 실제적 지혜, 그리고 사변적 지혜 등이 있다. 그 중에서도 가장 중요한 것들은 필연적으로 타인에게 가장 유용한 것들이다. 왜냐하면 미덕은 베푸는 능력이기 때문이다. 또한 우리는 특히 공정하고 용기

있는 자를 높이 평가한다. 용기는 전쟁에서 필요한 덕목이며, 정의는 전쟁뿐만 아니라 평화 시에도 유용한 덕목이다. 후한 인심의 경우는 다음과 같다. 이러한 미덕을 갖춘 자는 계산하지 않고 돈을 쓰며, 돈을 얻을 때에도 모든 것에 우선해서 돈을 탐하는 다른 사람들과 다투지 않는다.

정의는 미덕인데, 이러한 정의라는 덕목에 따라 사람들은 합법적인 재화들을 소유한다. 반면 부정의는 악덕인데, 왜냐하면 타인의 소유를 법률을 위반하면서까지 자신의 것으로 만들기 때문이다.

용기는 위험한 상황들에서 법률이 명하는 바에 따라 선한 행동들을 행하게 하는 미덕이며, 우리들로 하여금 법률에 따르게 하는 것이

기도 하다. 비겁함은 그 반대항을 이룬다.

절제 또한 미덕의 요소인데, 절제라는 덕목 때문에 사람들은 육체적 쾌락과는 상대적으로 법이 요청하는 '아비투스'에 이르게 된다. 무절제는 그 반대항을 이룬다.

후함은 돈과 관련하여 베푸는 성향을 일컫는다. 인색함은 그 반대항을 이룬다.

관대함은 크게 베풀 수 있는 미덕을 뜻한다. 영혼의 빈약함은 그 반대항을 이룬다.

너그러움은 지출에 있어서 그 규모를 결정짓는다. 빈약함과 옹졸함은 그 반대항을 이룬다.

실천적 지혜는 지성의 덕목으로, 우리가 행복이라는 견지에서 앞서 언급한 선과 악에 대하여 잘 조언할 수 있는 능력을 의미한다. (…)

미덕에 관한 지표와 작품

일반적인 미덕과 악덕에 대해서, 그리고 그 세부적인 요소들에 관해서는 이제까지 충분히 언급됐다. 나머지 다른 경우에 대해 찾아보는 것도 그리 어려운 일은 아니다. 실제로 미덕을 만들어 낼 수 있는 모든 것이 필연적으로 아름답다는 사실은 자명하다(왜냐하면 아름다운 것이란 미덕에 속하기 때문이다). 때문에 미덕에서 기인하는 모든 것들은 미덕의 지표들이자, 작품들이다.

칭송 받을 만한 행동들

선과 불가분의 관계에 있는 속성들 혹은 작품들의 특징들을 보여주는 모든 것과 지표들은 아름답기 때문에, 용감한 행동과 지표 혹은 용감하게 행해진 모든 행동들은 아름답다는 사실이 필연적으로 뒤따른다. 올바른 행동들과 올바르게 행해진 행동들의 경우도 마찬가지이다(하지만 그것들은 환자에게는 해당되지 않는다. 사실 정의는 '공정하게'라는 말이 항상 아름다운 것에 대응되지 않을 수도 있는 유일한 미덕이다. 만일 우리가 처벌을 받을 경우, '공정하게'라는 말은 '공정하지 않게'라는 말보다 추한 것이다). 이는 다른 미덕의 영역에서도 마찬가지이다.

명예가 대가로 주어지는 행위는 아름답다. 돈이 뒤따르는 행위들보다 명예가 뒤따르는 행위들이 더 낫다. 선호의 대상이 될 수 있는 행위들 중에서도 자신을 위한 것이 아닌 행위들, 절대적으로 좋은 행위들, 자신의 이익을 돌보지 않고 국가를 위해 행하는 행위들 등이 바로 그러하다. 모든 재화들은 자연에 의해서 주어지는 것이며, 그것들은 한 개인에게 국한되지 않는다. 왜냐하면 개인에게 국한된 모든 재화는 이해관계가 얽힌 목적을 갖기 때문이다. 사후에 소유할 수 있는 재화는 살아 있는 동안 소유할 수 있는 재화보다 더 낫다. 왜냐하면 살아 있는 동안의 재화는 이해관계가 얽힌 목적을 더욱 많이 가지고 있기 때문이다. 타인을 위해 만든 작품들 역시 그러하다. 왜냐하면 그 작품들(이 말은 '행위' 또는'행위의 결과'라는 두 가지를 동시에 의미한다)에는 더욱 커다란 이해관계가 있기 때문이다. 자기 자신을 위한 것이 아닌 타인을 위해 얻은 모든 성공 역시 마찬가지이다. 자신이 자선가로서 획득한 재화들 역시 그러하다. 왜냐하면 이는 정의로운 행동들이기 때문이다. 선한 행위들도 그러하다. 왜냐하면 그러한 행위들에는 이해관계가 없기 때문이다. 사람들이 부끄러워하는 재화들에 반대하는 행위들도 그러하다. 왜냐하면 사람들은 말과 행동과 부끄러울 만한 의도들에 대해 수치심을 느끼기 때문이다. 그렇기 때문에 다음의 알세우스의 시구 "나는 고백하고 싶었으나, 신중함이 나를 만류했다."에 대해 사포는 다음과 같이 답한다.

만일 네가 고귀하고 아름다운 욕망을 가졌다면, 그리고 너의 말이 무례함을 숨기기 위해 모든 것을 흐리지 않았다면, 수치는 너의 두 눈을 멀게 하지 않을 것이다. 너는 솔직하게 공정한 것에 대해 말했어야만 했다.

이러한 것들에 대해 우리는 두려움이 아닌, 불안을 느끼게 되는데, 이러한 감정은 평판과 관계있는 재화들에 대해 느끼는 감정이다.

많고 적음의 일반적 논거

자연이 가장 고양된 등급을 매겼던 사람들의 미덕은 아주 훌륭한 것이며, 그들의 행위 역시 그러하다. 가령 남자의 미덕과 행위 들은 여자의 그것보다 훌륭하다. 우리 자신보다도 타인에게 더욱 도움이 되는 미덕들은 공정하고 정의로운 것들을 아름다운 것으로 만든다. 적에 대한 복수는 화해하는 것보다 더욱 아름다운 것이다. 왜냐하면 복수는 정당하기 때문이다. 정당한 것은 아름답고, 그렇기 때문에 용기있는 남자는 열세에 놓이고 싶어 하지 않는다. 승리와 명예는 훌륭한 것이다. 사실 그것들은 비록 헛될지라도 욕심 내볼 만한 것들이다. 그래서 그것들은 최상의 미덕임을 증명해준다. 훌륭한 것들은 기억할 만한 행위들이고, 더욱 훌륭한 것들은 마땅히 기억돼야만 하는 행위들을 의미한다. 우리 이후에도 영원히 남을 행위들, 그 결과로써 명예를 얻게 되는 행위들, 비범한 행위들, 오직 우리에게만 해당되는 행위들 등은 매우 훌륭한 것들이다. 왜냐하면 이러한 행위들은 더욱 기억할 만한 것들이기 때문이다. 결실이 없는 선들도 그러하다. 왜냐하면 그것들은 자유인에게 보다 적합하기 때문이다. 각각의 민족 고유의 관례들과 각각의 민족에게 호의적으로 받아들여지는 모든 지표들이 그러하다. 예를 들어 스파르타에서는 긴 머리를 소유하는 것이 아름다운 것이며, 이는 바로 자유인의 지표가 된다. 사실 머리가 긴 채로, 노예 일을 하는 것은 쉽지 않다. 기계를 다루는 일에 종사하지 않는 것은 아름다운 것이다. 왜냐하면 자유인은 타인을 위해 살지 않기 때문이다.

근사치와 거짓 추리

비난뿐만 아니라 찬사에 있어서, 실재에 매우 근접한 특성들은 실재의 특성과 동일한 것으로 다루어야만 한다. 예를 들어, 조심스러운 행동을 냉철하다거나 음흉한 것으로, 단순한 것을 정직한 것으로, 감각이 무딘 것을 조용한 것으로, 그리고 경우에 따라서 비슷한 특성들 중에서도 가장 기분 좋은 선택을 하는 것 등이 바로 그러하다. 또한 성마른 사람, 화를 잘 내는 사람을 솔직한 사람으로, 거만한 사람을 당당하고 대담한 사람으로, 극단에 치우친 사람을 그것에 걸맞은 미덕을 갖춘 자로 표현하는 것 또한 그러하다. 무모한 자들을 용기 있는 자로, 낭비벽이 있는 자를 자유주의자로 표현하는 것도 그 예가 될 수 있으며, 대부분의 사람들이 믿고 있는 것이 바로 그러한 것들이다. 동시에 사람들은 원인으로부터 거짓 추리의 결론을 추론해낸다. 왜냐하면 어떤 사람이 필요하지도 않은데 자신을 위태롭게 하는 경향이 있다면, 그것을 행하는 것이 훌륭한 일 때에는 아주 많은 준비가 되어 있는 것처럼 보이기 때문이다. 처음 만나는 사람들에게 손을 내민다면, 그의 친구들에게도 그렇게 할 것이다. 사실 이러한 행위는 모든 사람에게 친절하게 보이는 미덕의 과잉이 된다.

청중의 편견

우리가 찬사를 보낼 때에는 청중을 고려해야만 한다. 소크라테스가 말했듯, 아테네 사람들 앞에서 아테네를 칭찬하기란 어렵지 않다. 각각의 청중에게는 명예로운 것을 말해야만 한다. 가령 스키티아인, 라코니아인, 혹은 철학자들은 이러한 청중들의 예가 될 수 있다. 그리고 일반적으로 훌륭한 것의 반열에 오른 특성들은 보다 드높여야만 한다. 왜냐하면 사람들은 호평 받는 것이 아름다움에 가까운 것이라고 믿기 때문이다.

일치 관계

그리고 각자에게 일치 관계에 있는 모든 것들 역시 아름다운 것이다. 가령 어떤 이의 행위가 자신의 조상들이나 과거 행동들에 부합하는 행위를 한다면 바로 여기에 해당한다. 왜냐하면 명예라는 유산을 늘리는 것은 행복에 도움이 될 뿐만 아니라 아름답기 때문이다. 마찬가지로 행위가 행위자의 입장에서 기대하는 것보다도 좋고 더욱 아름다운 것이라면, 이 역시 아름다운 것이다. 갑작스런 행운이 주어졌을 때에도 그는 신중함을 잃지 않으며, 불행 속에서도 관대함을 보여주거나, 성장해나가면서 보다 착해지고 조화로운 성격을 갖게 된다. 다음의 이피크라테스의 말 "나는 어디를 떠나왔고, 어디에서 자라났단 말인가!"은 그 연장선상에 있다.

의도

찬사가 행동에서 비롯되고 교양인의 특성이 선택에 따라 행동하는 데 있듯이, 행위자는 선택에 따라 행동한다는 점을 보여줄 필요가 있다. 또한 행위자가 종종 일관되게 행동했다는 점을 제시하는 것은 유용하다. 우연의 일치와 운명적인 것은 의도적인 행위로 해석해야만 한다. 왜냐하면 만일 우리가 유사한 여러 행위를 한다면, 그 행위들은 미덕과 의도의 지표인 것처럼 보일 것이기 때문이다.

예찬과 찬사

예찬은 미덕의 위대함을 밝혀주는 하나의 담론이다. 따라서 행동들에 덕이 있음을 보여주어야만 한다. 찬사는 행위들을 그 대상으로 한다(환경들은 설득에 기여하는데, 예를 들어, 귀족이나 교육 등이 바로 이에 해당된다. 좋은 부모에게서 좋은 아이들이 태어난다든지, 성격이 교육 수준에 걸맞게 된다는 것 등은 사실임직하다).

그렇기 때문에 우리는 행동으로 옮긴 사람에게 찬사를 보낸다. 행위들이 '아비투스'의 지표들이고, 우리가 그는 훌륭한 행위들을 완수할 만한 성격의 소유자라고 확신하게 된다면, 비록 그가 훌륭한 행위들을 완수하지 못했을지라도 예찬할 수 있다. '시복'과 '축복'은 모두 동일한 개념이지만, 예찬과 찬사의 경우와는 다르다. 행복이 미덕을 포함하고 있듯이, '축복'은 예찬과 찬사를 포괄하고 있다.

예찬과 조언의 상호 변환

예찬과 조언은 동일한 종에 해당된다. 조언의 내용은 동일할지라도 그 형식이 바뀌었다면, 그 조언은 찬사가 된다. 그러므로 우리는 어떠한 행동을 완수해야 하고, 또 어떠한 성격을 가져야만 하는지를 알고 난 다음, 그 내용들에 관하여 이야기해 나감으로써 그 표현들을 바꾸고 변환시켜야만 한다. 예를 들어 우리는 운에 기댈 것이 아니라, 우리 자신만을 이용해야 하는 것이다. 이러한 방식으로 말하는 것이 조언에 해당된다. 우리는 '그 사람이 운에 맡겨진 것을 이용하지 않았고, 스스로에게 맡겨진 것만을 이용했다'라고 말하면서 예찬을 하게 될 것이다. 따라서 당신이 조언하고자 할 때, 칭찬할 수 있는 것을 보도록 하라. 이러한 표현은 옹호해야 할 것을 옹호하지 말아야 할 것으로 대체했을 때에는 필연적으로 그 반대가 될 것이다.

확대

확대의 여러 가지 방법을 사용해야만 한다. 예를 들어 혼자 행했을 경우, 혹은 첫 번째 행동을 한 사람이었을 경우, 혹은 동일하게 행동한 사람이 거의 없을 경우, 혹은 다른 사람보다도 더욱 폭넓은 방식으로 행동했을 경우 등이 이에 해당된다. 왜냐하면 이 모든 상황들은 훌륭한 것이기 때문이다. 마찬가지로, 여러 고려 사항들은 시간과 상황에서 비롯되며, 이러한 사실이 예기치 못한 행동에서 나타날 때 더욱 훌륭한 것이 된다. 그러한 성공은 동일한 행위의반복에 의해 얻어진다. 왜냐하면 동일한 행위는 매우 중요한 것처럼 보일 수 있으며, 운에 의한 것이기보다는 행위자의 주도로 나타나기 때문이다.

격려와 명예는 행위자에 의해 상상되고 이루어진다. 히폴로쿠스와 같은 사람이야말로 찬사를 받는 첫 번째 사람으로 꼽을 만하다. 광장에 설치된 동상은 하르모니디우스와 아리스토기톤와 같은 이들에게 어울린다. 반대의 경우들도 마찬가지이다. 행위자가 스스로 상당히 폭넓은 주제를 제시하지 못한다면, 그를 다른 사람들과 비교해 보아야만 한다. 그것이 바로 이 소크라테스가 행했던 바이다. 왜냐하면 그는 법정 변호에 익숙하지 않았기 때문이다. 그러나 이러한 비교는 유명한 사람들과 함께 비교돼야만 한다. 왜냐하면 이러한 비교가 확대와 아름다움을 만들어내기 때문이고, 재능 있는 사람들보다도 더 훌륭한 작가처럼 보여야만 하기 때문이다. 이러한 확대는 논리적으로 예찬에 포함되는데, 왜냐하면 그것은 우월성을 보여주고, 모든 우월성은 훌륭한 것이기 때문이다.

그러므로 우리가 어떤 사람을 유명한 사람들과 비교할 수 없다면, 적어도 그를 다른 사람들과 비교해야만 한다. 왜냐하면 우월성이란 미덕을 드러내주는 것과 같기 때문이다.

🏛 다양한 장르에 알맞은 논거들

일반적으로 모든 웅변적 장르에 공통된 형식 가운데에서, 확대는 제시적 장르에 가장 적합하다. 왜냐하면 제시적 장르는 모든 사람들이 동의하는 행동을 그 대상으로 하기 때문이다. 따라서 그러한 행위에 중요성과 아름다움을 부여하기만 하면 된다. 한편 예증들은 토론적 장르에 적합하다. 왜냐하면 우리는 과거를 통해서 미래를 예측하고 판단하기 때문이다. 그리고 수사적 삼단논법은 사법적 장르에 알맞다. 해명되지 않은 행위는 무엇보다도 원인에 대한 조사와 증명이 이루어져야만 한다.

바로 이것이 거의 모든 예찬과 비난의 근원이 된다. 마찬가지로 칭찬하거나 비난하기 위해 고려돼야만 하는 사항들은 찬사와 모욕의 원천이 된다. 이러한 개념들이 확립되면, 그 반대항은 뚜렷해진다. 사실 비난은 대립되는 이유들에서 비롯되기 때문이다.

10장. 사법적 장르

분류

고소와 변호를 다루면서, 생략삼단논법이 얼마나 많은 전제들로부터, 그리고 어떠한 종류의 전제들로부터 도출돼야만 하는가 하는 문제는 우리가 앞 장에 이어 다루고자 하는 내용이다. 우리는 다음의 세 가지 문제를 고려해야만 한다. 첫째, 우리가 부당함을 저지르게 되는 이유의 본질과 그 수, 둘째, 부당함을 저지르게 되는 아비투스들, 셋째, 부당함을 범하는 사람들의 성격과 '아비투스들'등이 바로 그것이다. 더 깊은 논의에 들어가기에 앞서, 부당한 행위가 무엇인지 정의를 내려보기로 하자.

부당한 행위의 정의

1) 위법성

법률을 위반하면서 자신의 의지에 따라 해를 입히는 경우를 상정해 보자. 법률은 때로는 특수한 것이기도 하지만, 때로는 보편적이기도 하다. 나는 특수한 법률이 각 도시국가들을 지배하고 있는 성문법이고, 보편적인 법률이 비록 성문화되지는 않았을지라도, 보편적인 동의에 의해 인정된 법률이라고 생각한다.

2) 책임

의지적인 행동들은 사람들이 자신이 행한 바를 알고 있고, 그것에 강요되지 않은 채 완수된 행동들을 의미한다. 모든 의지적인 행동들이 선호에서 비롯된 것은 아니지만, 선호에서 비롯된 모든 행동들은 의식적인 행동들이다. 왜냐하면 그 어떤 이도 자신이 선호하는 것을 무시하지는 않기 때문이다.

의도의 동기

법률을 위반할 때, 비열한 짓을 저지르거나 남을 해하고자 하는 의도의 원인은 악덕과 방탕에 있다. 더구나 하나 혹은 여러 악덕을 지닌 자들은 악덕의 대상에 따라 부당해지기 때문이다. 예를 들어 수전노는 돈 때문에, 방탕한 자는 쾌락 때문에, 유약한 자는 안이함 때문에, 겁쟁이는 위험 때문에(왜냐하면 비겁한 자들은 위험에 처하게 되면 겁에 질려 자신의 동료들을 저버리기 때문이다), 야심가는 명예 때문에, 성마른 자는 화 때문에, 승리를 열망하는 자는승리 때문에, 복수심으로 가득 찬자는 복수 때문에, 경솔한 자는 정당함과 부당함을 혼동하기 때문에, 파렴치한 자는 사람들의 의견을 무시하기 때문에 그러하다. 이는 각자가 자신이 지닌 악덕의 대상과 서로 관련되어 있다는 점에서 나머지의 경우들도 마찬가지이다.

하지만 이러한 모든 관점은 일부는 미덕에 의해, 또 다른 일부는 정념에 의해 명백해진다. 그러므로 우리에겐 어떠한 목적과 어떠한 '아비투스', 그리고 어떠한 성격의 소유자에게서 부당함이 범해지는지를 밝히는 일만 남았다.

부당한 행위의 외적인 원인

우선 부당함에 처하게 될 경우, 우리가 따를 수밖에 없는 일시적인 충동과 반감을 구별해보자. 다음의 사항은 분명하다. 즉 고소인은 그 상대자인 피고인에게서 이웃에게 부당함을 저지르게 된 모든 사람들이 느끼는 충동들의 수와 특징들을 찾아내야만 하며, 반면에 피고인은 자신과 어울리지 않는다고 생각되는 일시적인 충동들의 특징과 수를 보여주어야만 한다. 그런데 이러한 모든 인간 행위의 원인에는 외적인 원인과 내적인 원인이 있다. 행위자 자신이 그 원인이 아닐 경우, 행위는 운이나 필연성에서 기인한다. 그러므로 이러한 필연성은 때로는 폭력이기도 하고, 때로는 본성이기도 하다. 그 결과 행위자의 외적 요소인 모든 행동의 원인 중 일부는 운으로부터, 또 다른 일부는 본성으로부터 비롯된다. 그 외의 다른 행위들은 강요로부터 비롯된다.

내적 원인

행동의 원인은 행위자의 내부에 있으며, 그 행동에 책임이 있는 행위자의 일부는 습관에서, 또 다른 일부는 충동에서 기인한다. 충동은 때로는 숙고된 것이기도 하고, 때로는 숙고되지 않은 것일 수도 있다. 의지란 하나의 선을 향한 충동이다(왜냐하면 우리는 우리가 선이라고 믿고 있는 것만 원하기 때문이다). 숙고되지 않은 충동들은 분노와 욕망이다. 따라서 모든 행동은 필연적으로 행운, 본성, 제약, 습관, 숙고, 분노, 욕망 등과 같은 일곱 가지의 원인을 가지고 있다.

피상적인 다른 원인

나아가 연령이나 아비투스, 혹은 또 다른 이유들에 따른 행동들의 구분은 무수히 많을 수 있다. 실제로 젊은이들이 화를 내거나 욕심을 부릴 때, 그렇게 행동하게 만드는 것은 그들의 젊은 혈기가 아니라, 분노와 탐욕 때문인 것이다. 부와 가난 역시 행동의 동기는 되지 않는다. 가난한 자에게는 돈에 대한 욕망이 있을 수 있는데, 그것은 돈이 없기 때문이며, 부자들에게는 넘치는 쾌락에 대한 욕망이 있을 수 있는데, 그것은 그들이 쾌락을 얻을 수 있기 때문이다. 따라서 행동의 요인은 부와 가난이 아니라, 그들을 행동하도록 만드는 욕망인 것이다.

정당한 사람들이나 부당한 사람들이나 소위 자신의 아비투스에 따라 행동하는 모든 이들은 위에서 언급한 이유들에 따라 행동하게 될 것이다. 그들은 계산이나 정념에 의해 행동하게 될 것이다. 하지만 정직한 성격과 정념은 어떤 이들을 행동하게끔 만드는 요인이며, 그 반대의 성격과 정념들 역시 또 다른 이들을 행동하게끔 만든다. 그럼에도 불구하고 어떤 아비투스들은 어떤 상관관계를 가지며, 또 다른 아비투스들은 또 다른 상관관계를 가질 수 있을 것이다. 예를 들어 절제하는 자의 절제는 바람직한 것들을 다루기 때문에 여론과 정직한 욕망을 그 상관관계로 갖는 반면, 무절제한 자의 무절제는 동일한 대상을 다루면서도 반대의 결과들을 갖는다.

그러므로 이러한 구분을 잠시 접어두고, 사람들의 다양한 자질이 일반적으로 어떠한 결과를 가져오는지 검토해보자. 아마도 우리가 흑인이거나 백인, 키가 크거나 작다면, 우리가 말했던 어떠한 결과들도 규칙적으로 도출되지는 않는다. 하지만 우리가 노인이거나 젊은이, 정당한 자이거나 부당한 자라면, 거기에는 차이점이 존재한다. 일반적으로 사람들의 성격을 차이 짓는 것은 모든 우연성들에서이다. 예를 들어 성격들 간의 차이는 우리가 부자인지 가난한지, 운이 있는지 운이 없는지와 같은 생각에 따라 뚜렷하게 드러날 것이다. 우리는 이러한 점을 뒤에서 다루기로 하고, 지금은 우선 다른 문제를 살펴보자.

외적 원인

1) 운

원인이 결정되지 않은 채 행해진 것들은 운에 의한 것이다. 그런데 이렇게 행해진 것들은 하나의 목적을 위해 이루지는 것이 아니며, 그렇다고 항상 발생하거나, 대부분의 경우에 발생하거나, 규칙적으로 발생하는 것도 아니다. 그 특징은 분명 운에 대한 정의로부터 도출된다.

2) 본성

내적이고 규칙적인 원인을 가지고서 행해진 것은 자연적이다. 왜냐하면 이렇게 행해진 것들은 항상 혹은 거의 언제나 동일한 방식으로 발생하기 때문이다. 본성에 반하는 행위들에 있어서도, 그 행해진 것들이 자연적인 원인에 의해 생겨나는지 또는 다른 원인에 따라 생겨나는지를 구체적으로 설명할 필요는 없다. 운은 이러한 행위들의 원인으로부터 생겨날 수 있기 때문이다.

3) 제약

행위자들이 스스로 완수한 행위들은 제약에 기인한다. 따라서 그러한 행동은 행위자들의 욕망이나 계산에 반하여 나타나는 것이다.

4) 습관

사람들이 행하는 모든 것은 습관에 기인하는 것이기 때문에 종종 그렇게 행한 것이다.

5) 계산

우리가 행하는 것은 그것이 유용하기 때문인데, 유용한 것이나 목적, 또는 목적에 도달하는 수단으로 여겨지는, 위에 열거된 선들의 행위는 계산에 따른 것이다. 왜냐하면 거기에는 무절제한 사람이 유용성을 내세워 행하는 몇몇 행위들이 있기 때문이다. 그러나 이때 무절제한 사람은 유용성이 아니라, 자신의 쾌락을 위해 행동한다.

6) 분노

격노와 분노는 복수심을 가진 행위의 원인들이다. 복수와 징벌에는 차이점이 있는데, 징벌은 피행위자를 목표로 하며, 복수는 자기만족을 모색하는 행위자를 목표로 삼는다. 우리는 정념들을 다루면서 분노는 무엇으로 이루어지는지를 알게 될 것이다.

7) 욕망

사람들은 분명 기분 좋은 모든 것들을 행하는데, 이는 욕망에 의한 것이다. 습관적이고 관례적인 것은 기분 좋은 것들에 속한다. 왜냐하면 본래 즐겁지 않은 많은 행위들은 사람들이 거기에 익숙해 졌을 때 기꺼이 이루어지기 때문이다.

그러므로 요약하자면, 우리 안에 원인이 있는 모든 행위들은 좋은 것이거나 혹은 좋은 것으로 보일 수 있으며, 기분 좋은 것이거나 기분 좋은 것으로 보일 수도 있다. 그래서 우리의 내부에 그 원인이 있는 모든 행동들이 자발적으로 행해지듯, 그리고 우리의 외부에 원인이 있는 행동들이 비자발적으로 행해지듯이, 자발적인 모든 행위는 실제로든 표면적이든 간에 좋은 것들 혹은 기분 좋은 것들이라고 말할 수 있다. 그래서 나는 실제적이거나 표면적인 악으로부터의 해방, 혹은 아주 큰 악을 아주 작은 악으로 바꾸는 것을 선들 중의 하나로 생각한다(왜냐하면 바로 그러한 것들은 선호할 만한 것이기 때문이다). 마찬가지로 나는 실제적이고 표면적인 고통스러운 것들의 해방과 보다 많은 형벌을 보다 적은 형벌로 대체하는 것이 기분 좋은 것이라고 생각한다.

따라서 유용한 행위와 기분 좋은 행위들의 수와 특징들을 정의해야만 한다. 그런데 우리는 유용한 것에 관해서는 토론적 장르를 다루면서 이미 언급한 바 있다. 이제 기분 좋은 것에 관하여 논의하도록 하자. 각각의 관점에 대하여 우리는 엄정한 방식은 아닐지라도, 모호하지 않은 충분한 정의들로 받아들여야 할 것이다.

11장. 쾌락

정의

쾌락은 한정된 종에 대한 영혼의 움직임이자 자연 상태로의 전적이고 감각적인 회귀이며, 고통은 쾌락의 반대항이라는 것을 전제로 받아들이자. 쾌락이 바로 이렇게 구성된다고 했을 때, 위에서 언급한 일시적인 성향을 낳게 하는 것은 기분 좋은 것이며, 한편 그것을 파괴하거나 상반된 상태를 일으키는 것이 고통스럽게 하는 것임은 분명하다.

본성에 적합한 쾌락

따라서 필연적으로 본성에 따르는 것은 대부분의 경우 기분 좋은 것이며, 본성에 따라 발생한 사태들이 그 고유한 본성에 충실했을 경우에는 특히 그러하다. 이는 습관의 경우에서도 마찬가지이다. 사실 그렇게 되면 습관적인 것은 자연적인 것처럼 나타난다. 왜냐하면 습관은 본성과 어느 정도 유사성이 있기 때문이다. 실제로 '종종'이라는 표현은 '항상'이라는 말과 가깝게 쓰이는데, 항상은 본성의 영역에 해당하며, 종종은 습관의 영역에 속한다.

또한 제약의 결과가 아닌 것은 기분 좋은 것이다. 왜냐하면 제약은 본성과 상반된 개념이기 때문이다. 또한 필요에 의해 행한 것은 고통스러운 것이기 때문에 필요 때문에 강제된 모든 행동은 당연히 거북한 것이다.

근심, 전념, 집중적인 노력 등은 고통스럽다. 왜냐하면 이러한 것들은 습관적일 수 없는 필요와 제약의 결과들이기 때문이다. 그러므로 습관은 이러한 것들을 기분 좋게 만들어 준다. 필요와 제약의 반대항은 기분 좋은 것들이다. 가령 편안함, 손쉬운 일, 근심 없는 일, 놀이, 여가활동, 수면 등은 기분 좋은 것에 속한다. 왜냐하면 그것들 중에 어떠한 것도 필요와는 관련이 없기 때문이다. 우리가 내재적 욕망을 지니게 되는 모든 것들은 기분 좋은 것이며, 고로 이러한 욕망은 기분 좋은 것을 향한 충동이다.

육체적이고 지적인 욕망

욕망들 중에 어떤 것은 비이성적이며, 또 어떤 것은 이성적이다. 나는 정신적 개념으로부터 나오지 않은 것을 비이성적인 욕망으로 이해한다. 그런 것들은 자연적인 것들로, 가령 식욕, 배고픔, 굶주림, 갈증과 같이 육체로부터 기인하는 것을 의미하며, 이때 욕망의 종류는 각각의 음식 종류에 해당하며, 이는 취향, 사랑의 쾌락, 그리고 일반적으로 촉각 및 후각, 청각, 시각 등에 관련된 욕망들에서도 마찬가지이다. 우리는 일련의 설득의 결과로 겪게 되는 욕망을 이성적인 욕망이라고 한다. 왜냐하면 우리가 보고 싶어 하는 공연이나 갖고 싶어 하는 물건들이 많이 있기 때문이다. 이것은 사람들이 우리에게 기분 좋은 것이라고 말하고 설득시켰기 때문이다.

상상력과 기억에 기인하는 지적 쾌락

쾌락을 경험하는 것은 하나의 인상을 느끼는 것이며, 상상력이란 허약한 감각이기 때문에, 추억과 희망은 항상 우리가 회상하는 것, 바라는 것에 대해 상상력을 동반한다. 사정이 이러하기 때문에, 쾌락이 추억과 희망에서 동시에 발생한다는 사실은 명백하다. 왜냐하면 감각은 그 자체가 하나의 쾌락이기 때문이다. 결과적으로 모든 기분 좋은 것들은 감각에서는 현재이고, 추억에서는 과거이고, 희망에서는 미래로 남아 있다. 왜냐하면 우리는 현재를 느끼고, 과거를 추억하며, 미래를 희망하기 때문이다. 우리가 추억할 수 있는 것은 기분 좋은 것인데, 그것에는 그 일이 생겨났던 그 순간에 기분 좋았던 것뿐만 아니라, 그렇지 않았던 것 혹은 어떤 선한 것, 좋은 것이 뒤따르게 되어 훗날 기분 좋게 된 일들도 포함된다. 때문에 한번 목숨을 건진 사람이 자신에게 닥쳤던 위험들을 회상하는 것은 기분 좋은 일이다. 심지어 인간은 자신이 얼마나 많은 시련을 겪었고, 얼마나 많은 행동들을 완수했는지를 회상하면서, 자신이 겪은 과거의 고통들을 즐기기까지 한다.

이러한 이유에는 어려움을 겪지 않으려는 쾌락도 있기 때문이다. 우리가 바라는 것들은 기분 좋은 것들이다. 왜냐하면 그러한 것들이 있다는 것이 크나큰 기쁨과 유용성을 가져다 주는 듯하고, 그 유용성에 어떠한 고통도 뒤따르지 않는 듯할 때 그러하기 때문이다. 대개 기쁨에서 만들어지는 모든 것은 종종 희망하거나 회상하기에 가장 기분 좋은 것들이다. 바로 그러한 이유 때문에 분노에 관한 호메로스의 시에서도 볼 수 있듯이 화를 내는 것도 기분 좋은 일이 될 수 있는 것이다. 왜냐하면 복수하지 못할 것 같은 사람에게는 그 누구도 화를 내지 않으며, 우리보다 힘이 우월한 사람에게는 화내지 않거나, 화를 덜 내게 되기 때문이다.

대부분의 욕망은 어떤 쾌락을 동반한다. 왜냐하면 사람들은 자신들이 쾌락을 겪었다는 사실을 회상하며, 쾌락을 겪게 될 것이라는 것을 간절히 바라기 때문이다. 예를 들어, 열병에 걸려 갈증으로 고통받는 자들은 자신들이 물을 마셨던 사실을 회상하고, 물을 마시게 될 거라는 사실을 희망함으로써 쾌락을 얻는다. 마찬가지로 연인들은 항상 사랑 받는 대상에 대해 말하고, 그의 모습을 떠올리며, 연인에게 바치는 시를 지음으로써 쾌락을 얻는다. 왜냐하면 이러한 모든 방법들을 통해 연인들은 사랑하는 사람이 현존 하고 있다는 환상을 서로에게 심어주기 때문이다. 항상 사랑은 이런 식으로 시작된다. 사람들은 현존에서뿐만 아니라, 이별의 고통이 뒤따르는 부재하는 연인에 대한 추억에서도 쾌락을 맛본다. 이처럼 어떠한 쾌락 없이 애도와 한탄은 일어나지는 않는다. 고통은 우리가 그리워하는 사람을 더 이상 볼 수 없다는 데 있으며, 쾌락은 그 사람을 회상하고, 어느 정도 볼 수 있고, 그의 행동들과 특징들을 마음속으로 그리는 데 있다. 따라서 시인이 "모든 사람은 가슴 속에서 눈물의 욕망이 솟아오르는 것을 느낀다"와 같이 말하는 것은 당연하다.

복수 역시 기분 좋은 것이다. 왜냐하면 얻을 수 없기 때문에 고통스러워하는 것은 얻을 수도 있다는 사실 때문에 기분 좋은 것이다. 분노를 느끼는 사람들은 결코 복수할 수 없다는 극도의 고통을 경험한다. 그러나 그들은 복수를 할 수도 있다는 희망에 만족한다.

이긴다는 것은 기분 좋은 것이다. 이는 야심가들뿐만 아니라, 모든 사람에게도 마찬가지이다. 여기에는 우월성의 상상력이 생겨나기 때문이며, 이러한 상상력은 모든 사람들이 어느 정도 강한 욕망을 갖고 있는 것이다. 그리고 사람들이 이기는 데서 쾌락을 얻듯, 전쟁 놀이와 논쟁 놀이는 필연적으로 기분 좋은 것들이다(왜냐하면 사람들은 그런 놀이를 하는 가운데 종종 이길 수도 있기 때문이다). 오슬로, 공놀이, 주사위놀이, 체커 놀이들도 마찬가지이다. 어떠한 노력을 요하는 놀이에서도 역시 마찬가지이다. 어떤 놀이는 사람들이 거기에 익숙하지 않기 때문에 기분 좋은 것이 되며, 또 다른 어떤 놀이는 기마 수렵과 온갖 종류의 사냥들처럼 처음부터 기분 좋은 것이 될 수 있다. 왜냐하면 거기에는 투쟁이 있고, 승리가 있기 때문이다. 바로 이러한 점이 그것에 익숙하고 능력을 갖춘 자에게 궤변과 논쟁을 기분 좋은 것으로 만드는 것이다.

마찬가지로 명예와 좋은 평판은 무엇보다도 가장 기분 좋은 것들이다. 왜냐하면 각자는 자신이 덕이 있는 자의 자질들을 소유하고 있다고 믿기 때문이다. 특히 그가 진실하다고 믿고 있는 사람들이 자신을 인정해줄 때는 더욱 그러하다. 그런데 사람들은 멀리 있는 사람보다 가까이 있는 사람을 진실한 사람으로 생각하며, 낯선 사람보다는 친한 사람들 혹은 동료들을 더욱 진실하다고 믿는다. 후손들보다는 동시대를 살고 있는 사람들, 감각이 부족한 사람들보다는 감각이 있는 사람들, 적은 수의 사람들보다는 많은 수의 사람들에 대해서도 마찬가지이다. 사실 우리가 열거했던 사람들은 아마도 그 반대항에 해당하는 사람들보다는 더욱 진실할 것이다. 우리에게 크나큰 경멸을 상기시키는 사람들의 명예나 견해는 어린 아이나 짐승들처럼 우리를 완전한 무관심에 이르게 한다. 적어도 우리가 이러한 견해 자체에 대해 걱정한다면, 그것은 또 다른 이유에서일 것이다.

친구 역시 기분 좋은 것들 가운데 하나이다. 왜냐하면 사랑한다는 것은 사랑 받는 것과 마찬가지로 기분 좋은 것이다(포도주를 사랑하는 사람은 항상 포도주를 마심으로써 기쁨을 느낀다). 사랑을 받는다는 것은 풍부한 감정을 가진 모든 사람들이 바라는 선을 소유하고 있다는 상상에서 생겨난다. 그리고 한 친구로부터 사랑 받는다는 것은 자기 자신 안에서 그리고 자기 자신에 의해서 애정의 대상이 된다는 것을 의미한다. 찬사를 받는 것 역시 기분 좋은 것이다. 왜냐하면 존경받는다는 것은 이미 그 자체로 하나의 즐거움이기 때문이다.

아첨과 아첨꾼은 우리를 기분 좋게 한다. 왜냐하면 아첨꾼은 찬사를 보내는 자와 친구의 면모를 보여주기 때문이다. 사람들은 동일한 것들을 여러 차례에 걸쳐 행함으로써 쾌락을 얻는다. 왜냐하면 소위 습관적인 것은 기분 좋은 것이기 때문이다. 변화한다는 것은 기분 좋은 것이다. 변화한다는 것은 사실 자연 상태로의 회귀를 의미한다. 이는 곧 이미 정해진 아비투스를 항상 과도하게 지니고 있는 동일한 것의 영속적인 반복을 의미한다. 이러한 사실은 "모든 것에 있어서 변화는 기분 좋은 것이다."와 같이 표현된다.

그래서 시간의 간격은 사물과 인간과 행동에 즐거움을 가져다준다. 시간의 간격은 우리를 현재로부터 변화시킬 수는 있지만, 그 시간의 간격들에서만 이루어지는 변화는 매우 드물다.

지적이고 정신적인 또 다른 쾌락

배운다는 것과 감탄한다는 것은 대체로 기분 좋은 것들이다. 감탄한다는 것은 간절히 바란다[배운다]는 것을 함축하고 있으며, 결과적으로 감탄할 만한 것은 간절히 바랄만한 것을 의미한다. 또한 배운다는 것은 곧 자연의 상태로 되돌아가는 것을 의미한다.

선행하는 것과 그 선행을 받아들이는 것 등은 기분 좋은 것들이다. 선행을 받아들이는 것은 곧 우리가 간절히 바라는 것을 얻는 것이기 때문이다. 선행하는 것은 곧 우리가 지향하는 두 가지 목표인 소유와 최상의 상태를 의미한다. 그리고 사람들은 선행을 함으로써 즐거움을 갖게 되기 때문에, 사람들은 이웃을 바른 길로 인도하고, 불완전한 것들을 완전하게 함으로써 기쁨을 누리게 된다.

배운다는 것과 찬사를 보낸다는 것이 기분 좋은 것들이듯이, 같은 차원의 것들도 역시 필연적으로 그러하다. 예를 들어, 그림, 조각, 시에서의 모방들, 그리고 일반적으로 원본이 그 자체로 기분 좋은 것은 아닐지라도 모든 훌륭한 모방물은 기분 좋은 것들이다. 왜냐하면 원본이 만족할 만한 것이 아니었기 때문이다. 그러나 우리는 다음과 같이 추론할 수 있다. 이것은 곧 저것이며, 결과적으로 우리는 이러한 사실에서부터 어떤 것을 배운다. 예기치 못한 일과 위험을 겪은 후에 얻은 구원도 역시 기분 좋은 것들이다. 왜냐하면 거기에는 찬사를 보낼 만한 많은 대상들이 있기 때문이다.

자연에 조응하는 것은 기분 좋은 것이고, 동종의 것들은 그것들 사이에서 자연적인 관계를 맺고 있기 때문에, 모든 동종의 것들과 모든 유사한 것들은 대개 기분 좋은 것들이다. 가령 인간은 인간끼리, 말은 말끼리, 젊은이는 젊은이들 끼리에서처럼 말이다. 따라서 다음과 같은 속담들이 가능하다. "사람들은 동갑일수록 서로 만족한다." 사람들은 항상 자신과 유사한 사람들을 찾는다." 동물은 동물을 알아본다. 어치는 어치 옆에 앉는다."'등과 같은 종류의 모든 속담들이 여기에 해당한다.

사람들은 항상 자신과 유사한 사람과 동종의 사람을 사랑하고, 이러한 감정의 절정은 자기 자신에 대해 각자가 경험하는 것이기 때문에, 모든 사람들은 분명 어느 정도 자신만의 고유한 사랑을 갖게 마련이다. 왜냐하면 이러한 모든 관계들은 특히 개개인에게 있어 자기 자신에 대해 존재하기 때문이다. 그런데 모든 사람들이 고유한 사랑을 갖고 있듯이, 모든 이들은 필연적으로 자기 고유의 것들, 예를 들어 자신의 작품이나 담론을 기분 좋은 것들로 삼는다. 또한

그들은 흔히 자신에게 아첨하는 사람들, 자신들을 사랑하는 사람들, 자신들의 명예를 드높여주는 사람들, 그리고 자신들의 자식들을 사랑한다. 왜냐하면 그들의 자식들은 곧 그들의 작품이기 때문이다. 불완전한 것들을 완전한 것들로 만드는 것 또한 우리를 기분 좋게 하는 것이다. 왜냐하면 이때부터 그것들은 우리의 작품이 되기 때문이다.

또한 명령하는 것이 매우 기분 좋은 일인 것처럼, 현자로 인정받는

것 역시 기분 좋은 것이다. 실제적인 지혜는 명령에 적합하며, 한편 사변적 지혜는 찬사를 보낼 만한 가치가 있는 수많은 대상들의 학문이 된다. 게다가 사람들은 대개 야망을 갖고 있기 때문에, 타인을 비난하고 그에게 명령하는 것은 필연적으로 기분 좋은 일이다. 시인이 "사람들은 서로 환심을 사려고 비위를 맞추고, 하루의 대부분을 자신이 잘하는 일에 능력을 발휘한다."고 말했듯이 탁월한 평판을 얻는 것 역시 기분 좋은 일이다.

마찬가지로 일련의 휴식과 같은 놀이와 웃음은 기분 좋은 것들에 속하듯이, 웃음을 자아내는 사람과 담론과 행위 같은 것들은 필연적으로 기분 좋은 것들이다. 웃음을 자아내는 것들은 특히 『시학』에 "기분 좋은 것들에 대한 우리의 논의는 이로써 충분하다."라고 정의되어 있다.

고통스러운 것들은 그것의 반대항에 속한다.

12장. 행위자와 피행위자의 아비투스

행위자의 아비투스

고통스러운 것들은 부당한 행위의 목적들이다. 이제부터 어떠한 아비투스에서, 또 어떠한 사람에게 부당한 행위들이 일어나는지 논의하도록 하자.

가능한 것의 공론

사람들은 자신에게 가능한 것이라고 생각되거나, 자신의 행위가 드러나지 않을 때, 혹은 그 행위가 드러나더라도 처벌의 대상이 되지 않거나, 처벌을 받더라도 그 처벌이 자신의 이익이나 자신이 염려하고 있는 사람들의 이익보다도 경미하다고 판단될 경우 등에서 악을 행한다. 우리는 계속해서 어떤 종류의 행위들이 가능한지 혹은 불가능한지에 관해 이야기할 것이다. 왜냐하면 바로 여기에 모든 종류의 담론에 적용되는 일반 공론이 있기 때문이다.

부당 행위의 성향을 띤 행위자

처벌을 받지 않으면서 부당 행위를 저지를 수 있다고 생각하는 사람들은 웅변적인 사람들, 행동하는 사람들일뿐만 아니라, 많은 소송을 경험한 사람들이다. 또한 친구들도 많고 부유한 사람들도 그러하다. 특히 부당 행위를 저지를 수 있다고 믿는 경우는 그들 자신이 위의 조건들에 포함될 경우이다. 그렇지 않다면 그들은 위 조건을 충족시키는 친구나 하인, 공모자를 갖고 있을 경우이다. 이러한 방법들 덕택에 그들은 발각되지도 않고, 처벌받지도 않은 채 행동할 수 있다. 이는 그들이 희생자나 재판관들의 친구일 경우에도 마찬가지이다. 왜냐하면 친구들 사이에서 벌어진 부당 행위에 대해서는 어떠한 주의도 기울이지 않으며, 더구나 그들은 소송을 걸기 전에 합의에 이르기 때문이다. 게다가 재판관들은 자신들의 친구들에게 우호적이기 때문에, 무죄를 선고하거나, 매우 가벼운 처벌만을 선고한다.

비난의 대상이 되는 사람과 반대되는 성격의 소유자들은 드러날 위험이 거의 없다. 예를 들어 난폭 행위에 관련된 약자들, 혹은 간통 행위와 관련된 가난하고 추한 사람 등이 여기에 해당된다. 마찬가지로 완전히 드러나는 행위들이나 모든 이들이 보는 가운데 벌어진 행위도 발각될 위험이 거의 없다. 왜냐하면 사람들은 그러한 행위들을 예방하기 위하여 어떠한 주의도 기울이지 않으며, 대개는 어떠한 사람도 감히 그러한 행위들을 저지를 것이라고는 생각하지 않기 때문이다. 어느 누구도 감히 행동할 수 없을 정도로 위대하고 근엄한 행위들도 역시 발각되지 않는다. 왜냐하면 사람들은 그러한 행동들에 대해서는 경계의 눈초리를 보내지 않을 것이기 때문이다.

모든 사람들이 질병만큼이나 부당 행위에 주의를 기울이는 것은 습관적인 것들에 관해서이다. 하지만 그 누구도 결코 걸린 적이 없는 질병에 대해서는 대비하지 않는다. 어떠한 적도 갖지 않거나 그 반대로 많은 적들을 갖고 있는 자들은 부당 행위를 저지를 수 있다고 생각한다. 전자의 경우에 해당되는 이들은 사람들이 자신을 경계하지 않기 때문에, 자신의 행동이 드러나지 않을 거라고 생각한다. 한편 후자의 경우에 해당되는 이들도 부당 행위가 드러나지 않는데, 그 이유는 자신의 경계 대상인 자들이 감히 부당 행위를 시도했을 거라고는 생각할 수 없기 때문이다. 왜냐하면 그들은 발각되는 위험을 감수하지는 않을 거라는 나름대로의 방어 수단을 내세우기 때문이다.

다음에 열거할 사람들은 부당 행위를 저지를 수 있다고 생각하며, 또한 자신의 부당 행위가 발각되지 않을 거라고 믿는다. 이를테면 자신들의 행위를 숨기는 수단, 즉 술책이 나 어떤 장소 등을 갖고 있는 자들. 생각의 방식이 기발한 자들. 자신들의 행위가 눈에 띌 지라도 판결을 모면하거나 유예 기간을 얻을 수 있거나 재판관을 매수할 수 있는 방법을 가진 자들. 자신들이 벌금형을 언도 받더라도 지불의 의무를 모면하거나, 긴 유예 기간을 얻을 수 있는 자들. 가진 것이 없기에 잃을 것도 없는 자들. 자신에게 주어지는 이익이 확실하거나, 많거나, 눈앞에 있는 자들. 형량이 가볍고, 불확실하며, 형기가 늦춰져 있는 자들. 폭정에서나 볼 수 있듯이 형벌이 자신들에게 주어진 이익보다는 적은 자들. 기껏해야 그 처벌이 단순한 비난에 그치는 반면, 확실한 이득을 가져오는 범법 행위를 범한 자들. 반대로 부당 행위들을 통해 어떠한 찬사를 받게 된 자들. 예를 들어 제논의 경우에서처럼, 아버지나 어머니의 복수를 한꺼번에 갚게 된 경우와 그 처벌이 벌금이나 추방 혹은 비슷한 종류의 다른 처벌에 국한될 경우 등이 이에 해당된다.

왜냐하면 사람들은 이득과 명예라는 두 동기들과 그에 준하는 두 가지 아비투스에 따라 부당 행위들을 저지르게 되기 때문이다. 하지만 모든 사람들이 동일하지는 않으며, 심지어 정반대의 성격을 갖고 있기도 하다. 즉 어떤 이들은 이득을 위해 명예를 포기하고, 어떤 이들은 명예를 위해 이득을 포기한다. 종종 발각되지 않았거나, 처벌받지 않은 자들, 그리고 종종 실패를 겪은 자들은 전쟁에서와 같이 성격상 똑같은 행동을 반복하는 자들이다. 처벌은 나중 일로 미루고, 즉각적인 쾌락을 맛보려는 자들. 즉각적인 이득은 취하고 처벌은 훗날로 미루는 자들. 바로 이러한 자들이 무절제한 자들이며 이러한 성향이야말로 모든 충동적 욕망의 대상들로 확대되는 것이다. 반대로 형벌과 처벌이 즉각적인 반면, 절제하는 자들과 분별력을 갖춘 자들이 추구하는 쾌락과 이익이 눈앞에 있지 않으며 긴 기간을 요한다고 생각하는 자들. 우연이나 필연에 의해, 혹은 본성이나 습관에 따라 행동할 수 있을 것 같은 자들. 그리고 부당 행위가 아닌 실수를 범할 것 같은 자들. 관대함을 얻어낼 수 있는 자들. 그리고 어떤 필요를 요하는 자들이 있을 수 있는데, 그 하나는 가난한 사람들에게서처럼 필수 불가결한 것에 대한 필요가 요구되는 자들이며, 다른 하나는 부자들에게서처럼 필요 이상의 것에 대한 필요가 요구되는 자들이 그것이다. 매우 평판이 좋은 자들과 매우 평판이 좋지 못한 자들의 경우도 마찬가지인데, 전자는 사람들이 죄가 있다고 믿지 않을 것이기 때문이며, 후자는 여전히 평판이 안 좋을 것이라고 생각하기 때문이다.

부당 행위에 처해 있는 피행위자

부당 행위를 저지르는 사람들, 그리고 다음과 같은 성격을 보여주는 부당 행위들이 우리가 비난하는 아비투스들이다. 삶에 필요한 것, 쓸데없이 과잉된 것 혹은 감각의 향유를 위해 우리가 갖지 못한 것을 소유하고 있는 사람들. 우리 가까이 있는 이들은 물론이고 멀리 있는 사람들 또한 그러한 아비투스에 해당된다. 가까이 있는 사람들의 경우 즉각적인 조치가 가능하지만, 멀리 있는 사람들의 경우, 칼레도니아의 주민(보스포루스 연안의 비티니아라는 도시)을 침입했던 해적들처럼, 그 처벌이 늦추어질 수밖에 없다.

주의를 기울이지 않고, 감시의 범위에 포함되지 않으며, 신뢰 가는 사람들 모르게 행동하는 것은 쉽다. 태만한 사람들도 부당 행위에 노출되기 쉬운데, 왜냐하면 정의를 추구하는 사람들은 부지런한 사람이기 때문이다. 소심한 사람 역시 여기에 해당되는데, 왜냐하면 그들은 이익 앞에 적극적이지 않기 때문이다. 미시아의 노획물이라는 속담에서도 볼 수 있듯이, 한 번도 무언가를 얻어 보지는 못하고 늘 많은 이들에게 피해만 받은 사람들. 전혀 피해 받은 적이 없거나, 자주 피해 받은 자들 모두는 경계의 대상이 되지 않는다. 왜냐하면 전자는 자신들이 해를 입은 적이 없다고 말하며, 후자는 사람들이 자신들에게 더 이상은 해를 입힐 수 없을 거라고 말하기 때문이다.

모함을 당한 자들, 또는 모함의 대상이 되는 사람들도 부당 행위에 노출되기 쉬운데, 왜냐하면 이러한 경우에 놓여 있는 사람들은 판결의 두려움 때문에 소송이 일어나지 않기를 바라며, 설사 소송을 할지라도, 재판관들을 설득시킬 수 없기 때문이다. 증오와 질시의 대상이 되는 사람들이 이러한 부류에 해당된다. 자신을 공격한 사람에게 혹은 그의 조상들에게 혹은 공격한 사람이 마음에 두고 있었던 이들에게 자신들의 조상, 바로 그들이 혹은 그들의 친구들이 악행을 저질렀거나, 악행의 의도를 가지고 있었다는 점을 핑계로 내세울 수 있는 사람들. 이것이 바로 악의에는 꼭 핑계가 따른다는 속담이 말해주는 바이다.

적들과 친구들도 부당 행위에 노출되기 쉽다. 그 대상이 친구라면 부당 행위는 쉽게 저질러질 수 있으며, 적들이라면 부당 행위가 즐겁게 행해질 수 있을 것이다. 친구가 없는 자들, 말이나 행동에 자신이 없는 사람들은 소송을 걸지 않거나 대충 타협하여 결코 끝장을 보는 일도 없다. 소송 혹은 벌금 납부에 소요되는 기간이 불필요한 것이라고 여기는 사람들, 가령 외국인들 혹은 그에 준하는 사람들도 그러하다. 그들은 싼값에 타협하며, 소송을 쉽게 취하한다. 많은 부당 행위를 저지른 사람, 혹은 그가 겪는 부당 행위들을 똑같이 저지른 사람들도 부당 행위에 쉽게 노출될 수 있다. 왜냐하면 그가 습관적으로 저지른 동일한 부당 행위를 다른 사람에게 행하는 것은 조금도 죄가 되지 않기 때문이다. 예를 들어 내가 말하고자 하는 것은 습관적으로 법을 어기는 사람에게 매를 가한다는 것이다. 이미 우리에게 악행을 저질렀거나 악행의 의도를 갖고 있었던, 혹은 우리에게 악행을 저지를 의도를 갖거나 분명히 우리에게 악행을 저지르려고 할 사람들도 부당 행위에 쉽게 노출될 수 있다. 따라서 그런 행위 모두가 즐거운 것, 좋은 것이며, 거의 불법적이지 않은 것처럼 보인다.

우리 친구들에게 혹은 우리가 존경하는 사람들에게 쾌락을 가져다줄 악행을 행하는 사람들, 혹은 우리가 사랑하거나 우리를 지배하는 사람들, 혹은 일반적으로 우리의 삶을 통제하는 권위를 갖고 있는 사람들도 부당 행위에 쉽게 노출될 수 있다. 어떤 이들에 대한 우리의 행위가 용인될수 있는 그러한 관계를 갖고 있는 사람들도 부당 행위에 쉽게 노출될 수 있다. 우리가 불평해야만 했던 사람들과 우리와 이미 갈등을 겪은 사람들도 부당 행위에 쉽게 노출될 수 있다. 예를 들면 디온에 대한 칼리푸스의 행위가 그러하다. 이러한 행위 방식은 거의 범죄처럼 여겨지진 않는다. 더 이상의 토론이 불가능하다고 생각됐을 때, 우리가 미리 선수 치지 않는다면 다른 사람들이 범죄 행위의 대상으로 삼을지도 모를 사람들도 역시 부당 행위에 쉽게 노출될 수 있다. 그래서 소위 에네시테무스는 노예로 삼았고, 자신의 구상을 예측했던 겔론에게 집값을 부쳤던 것이다. 우리가 쉽게 회복시킬 수 있다고 생각되어, 여러 정당한 행동들이 완수되는 과정에서 해를 끼치게 되는 사람들도 부당 행위에 쉽게 노출될 수 있다. 따라서 데살리아의 야손은 많은 정당한 행위들을 완수하기 위해서는 몇몇 사소한 부당한 행동들을 해야만 한다고 말한다.

모든 사람들 혹은 대부분의 사람들이 습관적으로 저지르는 위법 행위 역시 같은 맥락에 있다. 왜냐하면 사람들은 자신들의 행위가 용인될 것이라고 믿고 있기 때문이다. 감추기 쉬운 위법 행위들도 있다. 빨리 소비해버릴 수 있는 물건들, 가령 먹어버릴 수 있는 것, 그 형태나 색깔 또는 구성 요소들을 쉽게 변화시킬 수 있는 사물들, 여러 곳에 분산시키기 쉬운 것 등에 대한 위법 행위가 그러하다. 또한 사람들이 쉽게 운반할 수 있는 것, 또는 은닉처에 숨겨 놓을 수 있는 것, 구별하기 쉽지 않은 것, 예전에 범인이 소유하고 있었던 수많은 물건들과 매우 흡사한 것 등에 대한 위법 행위도 마찬가지이다. 희생자가 신고하기에 수치스러운 불법 행위들, 예를 들어 가족에 의해 혹은 자기 자신이나 자식들에 의해 여자들이 당한 수모가 여기에 해당된다. 소송광이 아니고서야 소추하지 않을 위법 행위들은 거의 중요하지 않으며, 용서받을 수 있는 것들이다.

바로 이러한 것들이 대부분 위법자들의 아비투스이며, 그들의 위법 행위가 보여주는 특징이자 희생자들의 특징들 그리고 그들이 위법 행위를 저지르게 하는 동기들이다.

13장. 유죄성의 평가

위법 행위들 간의 차이점

다음과 같은 사항들을 출발점으로 삼아, 정의에 반하는 모든 행위들과 부합하는 행위들을 구별하도록 하자. 우리는 두 가지 법률과 두 종류의 사람들에 관련하여 정당한 것과 부당한 것을 이미 정의한 바 있다.

자연법 혹은 성문법에 따른 차이점

나는 법률이 개별법과 공통법으로 이루어져 있다고 생각한다. 개별법은 각각의 민족에 따라 정의된 것이며, 이러한 법률은 불문법일 수도, 성문법일 수도 있다. 반면 공통법은 자연법이다. 왜냐하면 모든 사람들에게는 그들 간에 공동체나 어떠한 계약이 존재하지 않을지라도, 예지 가능한 것으로써 자연적이고 공통적인 것으로 느껴지는 정의와 부정의의 개념이 존재하기 때문이다. 바로 이는 소포클레스의 안티고네가 말한 바와 같은데, 그녀는 금지를 어기고, 폴리니스를 숨겨준 사실이 정당했다고 확신한 것이다. 왜냐하면 거기에는 현재에도 과거에도 속하지 않는 법률, 영원하고 그 누구도 기원을 알 수 없는 법률인 자연법이 있기 때문이다.

이러한 자연법을 통해 엠페도클레스는 생명체에 대한 살해 행위를 금하고 있기도 하다. 왜냐하면 우리는 이러한 행위가 어떤 생명체에 대해서는 정당하고, 또 다른 생명체에 대해서는 정당하지 않다고 주장할 수 없기 때문이다. 『메세니아의 여인』에서 알키다마스가 "보편법은 거대한 대지는 물론이고 먼 곳에까지도 퍼져 나가는 에테르를 통해 사방으로 확대된다."고 말했던 것처럼 말이다.

개인 혹은 공동체에 따른 차이점

사람들에 따라, 두 개의 경우가 구별된다. 우리는 공동체나 공동체의 구성원들 중 한 개인에 따라 우리가 해야 하는 것과 우리가 삼가해야 하는 것을 구분했다. 이와 같이 우리는 두 종류의 부당한 행위들과 정당한 행위들을 유일하고 특정한 구성원에 대해서든, 혹은 공동체에 대해서든 완수할 수 있다. 가령 간통을 범하거나 폭력을 행하는 사람은 특정한 구성원에 대해 위법 행위를 저지르는 것이다. 종군을 거부하는 사람은 공동체에 대해 위법 행위를 저지르는 것이다.

위법 행위는 자발적인 행위이다

이와 같이 모든 위법 행위들은 공동체에 대한 위법 행위와 한 구성원 혹은 구성원들의 소집단에 대한 위법 행위로 구분되기 때문에, 소송을 제기하기 이전에, 경험한 부당 행위에 대한 우리의 정의를 되짚

어봐야 한다. 부정행위를 겪는 것은 행위자에 의해 자발적으로 행해진 부당한 행위들로 인해 고통 받는 것을 의미한다. 왜냐하면 우리는 앞서 부당한 행위를 자발적인 행위로 정의했기 때문이다. 피해를 받은 사람들은 필연적으로 손해를 입으며, 의지와는 상관 없이 손해를 입기 때문에, 우리는 그 손해가 무엇으로 이루어지는지 선례를 통해 명백하게 알 수 있다. 앞서 우리는 좋은 행동과 나쁜 행동을 그 자체로 정의한 바 있으며, 그것들이 완벽한 원인을 갖고 행해질 경우 자발적이라는 점을 언급한 바 있다. 따라서 모든 소송의 이유에는 공동체 혹은 그 구성원이 관계되어 있으며, 행위자는 무지에 의해 자신의 의지에는 반하여, 혹은 자신의 의지에 의해 의식적으로 행동한다. 이 중에서도 후자의 경우는 의도적이거나 혹은 정념의 영향을 받아 행동이 이루어진다.

우리는 정념을 다루면서 분노에 대해서 이야기하게 될 것이다. 우리는 앞서 어떠한 행위가 의도적인 것들이며, 어떠한 아비투스가 그 행위들을 전제로 하는지를 언급했다.

의도에 따른 위법 행위들 간의 차이점

피의자는 자신이 저지른 행위들은 인식하고는 있지만, 자신에게 주어진 죄과와 그 죄과가 담고 있는 위법 행위는 알아차리지 못하는 경우가 종종 있다. 가령 피의자가 가져갔을 뿐이지 훔치지는 않았다거나, 처음으로 때렸을 뿐, 모욕하지는 않았다고 고백하는 경우가 그러하다. 마찬가지로, 여인과 거래를 했을 뿐, 간통을 저지르지는 않았다고 고백하는 피의자. 도둑질의 장본인이기는 하지만, 불경죄를 저지르는 사람은 아니라고 고백하는 피의자(왜냐하면 훔친 물건이 신에 속한 것이 아니었기 때문에). 토지를 잠식했을 뿐, 공공의 영역을 침범하지는 않았다고 고백하는 피의자. 적들과 협의를 했을 뿐, 배반하지는 않았다고 주장하는 피의자. 이러한 이유들 때문에 위법 행위가 있었는지 없었는지를 보여주고자 할 경우, 법률문제를 밝혀내기 위해서는 도둑질, 모욕, 간통에 대한 상이한 정의들을 내려야만 한다.

이 모든 경우에는 다음과 같은 논의가 이루어져야 한다. 행동이 부당하고 악의적인 것인지 혹은 그 행동이 부당하지 않은 것인지 실제로 악의와 부당한 행위를 행하는 것은 의도이다. 그런데 행위와 마찬가지로 이러한 종류의 명칭들은 그 의도를 의미한다. 예를 들면, 모욕이라는 명칭과 도둑질이라는 명칭이 그러하다. 왜냐하면 모욕한다는 것은 모든 경우에 있어 누군가를 때리는 것이 아니라, 예를 들어 우리가 때리는 누군가의 불명예나, 때리는 자의 쾌락이라는 특정한 목적을 갖고 때리는 것을 의미한다. 몰래 가져가는 것이 항상 도둑질하는 것을 의미하지는 않는다. 도둑질은(우리가 훔친 이에게) 손해를 입히려는 의도가 있어야 하며, 물건을 가로채고자 하는 의도가 있어야만 한다. 다른 경우들에 있어서도 이와 마찬가지이다.

🏛 법률에 명시되지 않은 위법 행위

흔히 말하길, 행위에는 정당한 행위들과 부당한 행위들과 같은 두 종류가 있다(일부는 법률에 명시되어 있지만, 또 어떤 것들은 그렇지 않다). 우리는 법률이 말하는 것들을 다루었다. 법률에 언급되지 않은 것들에는 두 종류가 있는데, 한 종류는 비난과 찬사, 멸시와 존경, 만족감 등이 적용되는 미덕과 악덕의 가장 높은 차원을 이룬다. 가령 선행가로 인정받기, 그리고 그가 우리에게 행한 봉사를 다시 그에게 되돌려주기, 그의 친구들을 도와주는 것과 같은 행위들이 여기에 해당된다. 한편 특별법 혹은 성문법에서 언급되지 않는 부분에 해당하는 행동들이 다른 한 종류를 이룬다.

공정성

공정한 것은 정당한 것처럼 보이긴 하지만, 성문법을 초월한 정당한 것이다. 성문법에서 언급되지 않는 부분들은 입법자들이 원했던 것들도 있고 원하지 않았던 것들도 있다. 입법관이 회피하는 경우의 소송은 비자발적인 것이며, 정의할 수 없고 보편적인 것도 아니지만, 대부분의 판례에서 가치 있고 일반적인 판결을 어쩔 수 없이 사용할 수밖에 없는 경우의 소송은 자발적인 것이다. 이러한 모든 소송을 결정하는 것은 쉽지 않다. 왜냐하면 소송의 수가 무한하기 때문이다. 예를 들어 칼에 부상 입지 않으면서, 칼의 크기와 형태를 자세히 설명하기란 불가능하다. 왜냐하면 그 모든 것을 열거하기에는 시간이 충분하지 않기 때문이다. 소송의 수가 무한함에도 불구하고 법률을 제정해야만 한다면, 어쩔 수 없이 일반화하여 말할 수밖에 없다. 그러므로 어떤 이가 손을 들어 누군가를 때릴 때, 만일 그가 칼의 고리를 잡고 있었다면, 그는 성문법의 영향 하에서는 죄를 지은 것이 된다. 하지만 실제로, 그는 죄인이 아니다. 공정한 것은 바로 이러한 사실을 구성한다.

공정성에 관련된 행위

만일 공정성이 우리가 위에서 언급한 것이라면, 우리는 어떤 종류의 행위들이 공정성에 의해 평가돼야 하는지, 어떤 행위들이 그렇게 평가되어서는 안 되는지, 또한 어떤 종류의 사람들이 공정하다고 평가받을 자격이 있는지를 분명하게 알 수 있다. 비난해야 할 행위들은 공정성이 없는 것이다. 실수들과 위법 행위들을 동일하게 처벌해야 한다고 평가해서는 안 된다. 불운도 역시 마찬가지다. 그래서 우리는 악의 없이 우리의 예들과 반대되는 행위를 소환한다. 실수란 예측 가능한 것이지만 악에 의해 촉발되지는 않는다. 위법 행위들이란 전체적으로 예측되는 것이며 악의적인 것들이다. 왜냐하면 탐욕을 원인으로 갖고 있는 것들은 악을 근원으로 갖기 때문이다.

공정한 사람은 어떻게 재판하는가

공정하다는 것은 인간의 약점에 관대하다는 것이다. 그것은 법률이 아니라 입법자를 고려해서이고, 법전의 문구가 아니라, 법전을 만든 사람의 정신을, 행위가 아니라 의도를, 부분이 아닌 전체를, 그리고 피의자의 현재 상태가 아니라 그가 항상, 대부분의 경우 어떠한 모습이었는지를 고려하는 것이다. 또한 공정하다는 것은 악보다도 선이 우리에게 행하게 한 것을, 그리고 우리가 베푼 봉사들보다도 우리가 받은 선행을 상기하는 것이다. 그것은 부당한 것을 알아낼 줄 아는 것이며, 행동보다는 말로써 갈등이 해결될 수 있다는 데 동의하는 것이다. 공정하다는 것은 법정의 판단보다는 오히려 중재자를 통한 화해를 선호하는 것을 의미한다. 왜냐하면 재판관은 오직 법만을 보는 반면, 중재자는 공정성을 보기 때문이다. 게다가 중재자는 공정성에 힘을 실어주기 위해서만 개입되기 때문이다. 공정성에 속한 행위들에 관해서는 이러한 정의들로 충분할 것이다.

14장. 위법 행위에 관련된 중대성

가중정상(加重情狀) : 도덕적 가치

위법 행위는 중대한 부당성에 기인할수록 더욱 가중된다. 그렇기 때문에 사소한 위법 행위들도 매우 커다란 심각성을 띨 수 있다. 칼리스트라테스가 신전 건축가들에게 3오볼을 상납한 행위를 이유로 멜라노푸스를 고소했던 것이 바로 그 예이다. 정의의 관점에서 볼 때, 그 상황은 반대가 된다. 그래서 이러한 위중한 위법 행위들은 보다 작은 위법 행위들에 잠재되어 있는 것이다. 왜냐하면 상납된 돈의 반을 훔친 자는 그 어떠한 범죄를 저지를 수 있기 때문이다.

피해의 중대성

따라서 우리는 피해의 정도에 따라 위와 같은 관점에서 위법 행위의 심각성을 결정한다. 그런데 그 위법 행위에 상응하는 처벌은 없으며, 설사 있다손 치더라도 그 처벌은 너무 미약하다. 이러한 위법 행위에 대한 해결책 또한 없다. 왜냐하면 그 위법 행위를 다시 복구한다는 것은 어렵기도 하고, 심지어 불가능하기 때문이다. 이러한 위법 행위는 희생자가 직접 법정에서 처벌을 하는 것이 불가능하다. 왜냐하면 그러한 위법 행위는 복구 불가능한 것이기 때문에, 사실상 판결과 벌만이 그 해결책이 된다.

만일 부당함을 겪은 피행위자 자신이 그 위법 행위로 인하여 심한 벌을 받게 된다면, 범죄를 일으킨 사람이 훨씬 더 엄중한 처벌을 받게 되는 것은 당연하다. 예를 들면, 모욕감을 느껴 자살한 에우크테몬 사건에 대해 말하면서 소포클레스는 자신이라면 피해자가 스스로 결심했던 처벌보다 더 작은 처벌을 결심하지는 않았을 것이라고 말하고 있다.

위법 행위의 희귀성

이는 위법 행위를 범한 사람이 유일했거나 처음으로 저질러진 위법 행위, 또는 극소수의 사람들만이 저질렀던 위법 행위를 말한다. 이런 위법 행위의 반복은 과오에 의해서 빈번하게 나타난다(또는 그러한 반복이 과오를 가중시킨다). 사람들은 위법 행위에 대한 예방책들과 처벌 방식을 찾고자 노력했으며 만들어냈다. 예를 들어 아르고스에서는 위법 행위를 저지른 사람이 있을 경우에는 그에 해당하는 어떤 법률을 제정하여 처벌했으며, 그러한 위법 행위를 저지른 여러 사람들이 다수일 경우에는 감옥을 만들어서 처벌했다. 범죄가 야만적일수록 더욱 중한 형벌을 내렸다. 마찬가지로 오랫동안 치밀하게 계획된 범죄일수록 더욱 중한 형벌을 내렸다. 이러한 범죄에 대한 이야기는 동정심보다는 오히려 두려움을 야기하고 있다.

위법 행위의 수사학적 확장

수사학이 사용할 수 있는 확장은 다음과 같다. 즉 피의자는 많은 의무 사항들, 예를 들어 법정에서의 선서, 오른손으로 악수하기, 서약의 표시, 외국 여성들과의 결혼 등을 폐지했거나 위반했다. 그렇게 해서 유일한 하나의 위법 행위가 여러 개의 위법 행위로 확대됐다. 범죄를 저질러 처벌을 받고 있는 곳에서 위법 행위를 저지르는 것에 대한 가중처벌은 위증자들의 경우에도 해당한다. 만일 법정에서까지 감히 범죄를 저지른 사람이라면 어디에서든지 그러한 범죄를 저지르지 않았겠는가? 그러한 사람들이 가장 치욕적인 이들이다. 은인에게 위법 행위를 했을 경우, 즉 자신의 은인에게 해를 끼치는 것, 그 은인에게 마땅히 해야 할 선을 행하지 않는 것 등과 같은 부정행위는 매우 심각한 것이다.

불문법을 위반한 위법 행위

불문법에 반하는 것은 아주 심각한 일이다. 왜냐하면 불문법은 반드시 따라야 하는 것은 아니지만 거기에는 정당성을 확보하기 위한 훌륭한 특징이 있기 때문이다. 그래서 성문법은 구속력이 있으나, 불문법은 그렇지 않다. 그러나 성문법의 위반은 또 다른 논거의 대상이 된다. 즉 무서운 결과들과 형벌들이 막을 수 없는 논거는 역시 법률이 처벌하지 못하는 위법 행위들을 저지르는 것이다.

바로 이러한 것이 위법 행위의 중대성의 크고 작음에 대하여 말하는 것이다.

15장. 기술외적 증거

기술외적 증거의 목록

우리가 앞서 언급한 것에 이어, 우리는 기술외적이라고 말하는 증거들을 일별해 보고자 한다. 이러한 기술외적 증거들은 사법적 장르에는 특징적이다. 그 특징은 다섯 가지가 있다. 법전, 증인의 증언들, 계약, 고문에 의한 진술, 당사자들의 선서 등과 같은 다섯 가지이다.

법전

우선 법률에 대해서 말해보자. 조언을 하기도 하며 만류하기도 하면서 고소나 변호할 때 우리는 법률을 사용해야만 한다.

1) 성문법을 어떻게 논박하는가

만약 성문법이 우리가 관련된 소송에 불리하다면, 좀더 공평하고 좀 더 공정한 공통법에 도움을 받아야 한다는 것은 자명하다. "가장 분별력 있는 정신으로"라는 표현은 성문법을 엄격하게 적용하지 않는 것을 의미한다. 공평하다는 것은 항상 일관되며 변화가 없다는 것이다. 공통법도 자연에 따른 것이기 때문에 마찬가지로 일관되며 변화가 없다. 반면에 성문법은 종종 변화한다. 이러한 점에서 소포클레스의 『안티고네』의 "오늘의 것도 어제의 것도 아닌 법률은 영원한 것이다 (…) 나는 그 누구의 의지도 두려워할 필요가 없기에, 이러한 법령들을 반드시 지킬 의무가 없었다."와 같은 표현을 찾아 볼 수 있다. 안티고네는 크레온의 법은 어겼지만 불문법을 어기지는 않았으며 자신의 오빠를 매장했다고 하면서 스스로를 변호한다.

공정한 것이 사실이고 유용하다 할지라도, 공정해 보이는 것은 그렇지 않다고 말해야만 한다. 그러므로 성문법은 하나의 법률이 아니다. 왜냐하면 성문법은 법률의 기능을 완성시키지는 못하기 때문이다. 재판관은 화폐 검사관의 역할을 하며, 공정한 것에서 진정한 것과 저급한 것을 파악하는 임무를 띠지 않는가! 그는 성문법보다 불문법을 적용하고, 지켜나가는 매우 정직한 사람이지 않은가! 또한 그 법률이 익히 알려진 또 다른 법률 혹은 그 법률 자체와 모순이 있는지의 여부를 확인해야만 한다. 가령 체결된 모든 계약들이 유효하다는 사실을 어떤 법률이 규정하고 있을 때, 다른 법률안은 그 법률에 반하는 계약들의 체결을 금하게 된다. 따라서 그 법률이 모호한 것인지 아닌지를 살펴보아야만 한다. 법률이 우리에게 이익이 되기 위해서는, 즉 공정함과 유용함 중 어떤 방향을 취할 것인가는, 법률이 일치할 수 있는지, 그리고 선택된 법 해석을 사용할 수 있는지에 달려 있는 것이다. 또한 그러한 법률 발의의 동기가 됐던 상황들이 더 이상 존재하지 않고, 그 법률이 계속 존속하는 경우에는 그 사실을 증명해야 하고, 이러한 방식을 통해 법률을 논박하는 데 노력해야만 한다.

2) 성문법을 어떻게 옹호할 것인가

반대로 성문법이 우리의 소송에 유리한 것이라면, "가장 분별력 있는 정신으로"라는 문구는 불리한 판결을 법률로 만들게 하는 데 목적이 있는 것이 아니라, 재판관이 법률이 뜻하는 바를 간과했을 경우, 거짓 선서로부터 재판관의 정당성을 밝혀주는 데 있다. 어느 누구도 절대선을 선호하는 것은 아니지만, 자신에게 득이 되는 것은 선호하지 않는가! 법률이 없는 것과 법률이 있음에도 사용하지 않는 것에는 어떠한 차이도 없지 않은가! 다른 기술들에서 자신들이 "의사보다도 더욱 솜씨가 좋다"고 주장한들 무슨 소용이겠는가! 그렇기 때문에 명령하는 사람에게 복종하지 않는 습관은 의사의 실수보다 더 해로운 것이다. 법률보다 더 현명해지려고 하는 것은 엄밀히 말하면 우리가 인용하고 있는 법률에서는 금지되어 있는 것들이 아닌가!

법률에 관해서는 이러한 구별들로 만족해야 할 것이다.

증인

증인들의 경우, 두 종류가 있는데, 구(舊) 증인들과 신(新) 증인들이 있다. 신 증인들 가운데에는 위험을 공유하는 사람들과 그렇지 않은 사람들이 있다.

1) 구 증인

나는 저명한 시인과 유명인 들을 구 증인들이라고 생각한다. 그들의 판단은 대중적인 평판에 해당하는 것이기 때문이다. 예를 들어 아테네 사람들은 살라민에 대해 호메로스를 증인으로 택하고 있으며, 최근에는 테네디아인들은 시지아인들에 대항한 코린토 지방의 페리안드르를 증인으로 삼았다. 클레오폰은 자신의 가문이 오래 전부터 몰락하게 됐다는 사실을 말하기 위해 솔론의 애가(哀歌)의 2행구로 크리시아스을 공격한 바 있다. 그렇지 않았다면, 솔론은 이러한 싯구 "부탁하건대, 빨간머리 크리시아스에게 자신의 아비의 말을 들으라고 전해주시오."를 짓기 않았을 것이다.

이러한 증거들은 과거에 근거하고 있으며, 미래의 경우 우리는 신탁 낭송자들을 떠올리게 된다. 가령 테미스토클레스는"숲으로 된 벽"을 인용하면서 전투는 바다에서 하라는 조언을 했다. 이러한 격언들은 여전히 우리가 앞서 언급한 것처럼 증거들을 이룬다. 예를 들어, 노인을 친구로 삼지 말라고 하는 사람들은 "결코 노인들에게 봉사하지 말라."는 격언에서 그 증거를 찾는다.

그리고 아비를 먼저 죽이고, 자식들도 죽이라고 조언하는 사람들도 "아비를 죽인 후에 자식들을 살려두는 일은 어리석은 짓이다."와 같은 격언에서 증거들을 찾는다.

2) 신 증인

최근의 증인들이란 어떤 관점에 관하여 어떠한 판결을 내린 저명한 사람들이다. 이러한 판결들은 같은 주제들에 대하여 이의를 제기하는 사람들에게 도움이 될 수 있다. 예를 들면, 법정 앞에서 에우불레우스는 아르키비우오스에 반대하는 플라톤의 말, 즉 도시에서 발전되고 있는 악행이란 바로 자신의 악을 고백하는 것이다라는 말을 사용하여 카레스에게 대항했다.

마찬가지로 어떤 사람들이 거짓 증언을 해서 죄가 있다고 생각한다면, 그들은 소송의 위험성을 공유하게 되는 사람들이다. 이러한 종류의 증인들은 그 사건의 실제에 관해서, 즉 그것이 사실이었습니까(혹은 아니었습니까), 그런 경우입니까 혹은 그렇지 않습니까에 대해서만 증언하며, 정당한지 혹은 부당한지, 유용한지 혹은 유용하지 않은지와 같이 사건의 특징에 대해서는 전혀 증언하지 않는다.

멀리서 증언하러 온 사람들은 이러한 질문들에 대하여 커다란 신뢰를 받을 만한 가치가 있는 사람들이다. 가장 믿을 만한 가치가 있는 사람들은 구 증인들이다. 왜냐하면 그들은 매수되지 않기 때문이다.

증언에 대한 논의

증인이 없는 사람들을 위해 가치를 부여하는 증언들과 관계하는 논거들은 다음과 같다. 사실임직한 것들에 따라서 판결해야만 한다. "가장 분별력 있는 정신으로"라는 문구의 의미가 바로 그것이다. 사실임직한 것들이란 돈을 위해 속일 수 없는 것이다. 또한 사실임직하다고 해서 누군가를 거짓 증언했다는 현행범으로 체포할 수는 없다. 증인이 있는데, 증인의 상대가 없는 경우에 단순한 사실임직함만을 가지고 법정에서 평가될 수는 없다.

만일 단순한 진술만으로 진리를 밝히는 데 충분하다면, 우리는 결코 어떤 증언들도 필요하지 않을 것이다.

증언의 대상

증언들은 일부는 소송인들을, 다른 일부는 상대자들을 그 대상으로 한다. 또한 증언들의 일부는 사실에 기초하고, 또 다른 것들은 당사자의 성격에 근거한다. 따라서 우리가 유용한 증거들을 찾아내는 데 아무런 문제도 없다는 것은 자명하다. 만일 사실에 기반하여 우리가 소송에 유리한 증언들을 만들어낼 수 없거나, 상대방의 소송에 반대되는 증언들을 만들어낼 수 없다 할지라도, 최소한 우리는 성격들과 정직함 혹은 상대방의 비열함으로부터 유리한 증언을 얻을 수는 있다. 우호적인 증인, 적의 있는 증인, 무관심한 증인에 대하여 좋거나, 나쁘거나, 평범한 평판을 받는 다른 논거들, 그리고 이러한 종류의 또 다른 차이들에 대해서는 생략삼단논법을 빌려온 동일한 일반 논거들에서 가져와야 한다.

계약

1) 소송에 유리한 계약

계약에 있어서, 담론들은 그 가치를 드높이거나 약화시키기 위해서, 혹은 신뢰하게 만들거나 거부할 수 있도록 하는 데 사용될 수 있을 뿐이다. 만일 담론들이 우리에게 유리할 경우, 그것들은 신뢰할 만하고, 최종적인 결정권을 갖는 것으로 사용될 수 있다. 그리고 만일 담론들이 상대방 에게 유리할 경우, 그것들은 신뢰받을 만한 가치가 없으며, 효과가 없는 것으로 간주될 수 있다.

계약을 신뢰하거나 거부하기 위해 사용돼야 할 수단들은 증인에 대해 사용돼야 할 수단과 정확히 동일한 것들이다. 계약이 야기하는 신뢰 관계는 서명자들 혹은 수탁자들의 특성에 달려 있는 것이다. 계약의 당사자들이 계약의 실재에 대해 동의할 때, 그 계약이 우리에게 유리할 때, 우리는 그 계약의 중요성을 부각시켜야만 한다. 즉 계약은 개별적이고 부분적인 법률이다. 그런데 계약들이 법률을 유효하게 만드는 것이 아니라, 법률이 적법한 계약을 유효하게만드는 것이다. 대개 법률은 그 자체가 하나의 계약이다. 결과적으로 계약에 충실하지 못한 자와 그 계약을 무효화시키는 자는 법률을 무효화시키는 것이다. 게다가 대부분의 쌍방 합의와 모든 자발적인 쌍방 합의들은 계약들에 따라 이루어진다. 그러므로 만일 우리가 이 계약들을 무효화시킨다면, 우리는 사람들간의 관계를 없애는 것이다. 여기서 적용되고 있는 모든 논거들은 명백하다.

2) 소송에 불리한 계약

만일 계약들이 우리에게 반대되며 상대방에게 유리한 것들이라면, 적합한 최초의 논거들은 우리의 소송과 반대되는 법률에 이의를 제기할 수 있게 해주는 것과 동일한 논거들이다. 비록 법률이 잘못 만들어졌고, 입법자가 실수를 했다 하더라도, 법률의 준수가 법률에 의한 것이 아니며, 불완전한 계약들에 대한 의무 사항이라고 생각하는 것은 부조리하다. 더구나 재판관은 법의 중재자가 아닌가. 따라서 하나의 계약의 문구를 고려하는 것이 아니라, 보다 공정한 것을 고려해야만 한다.

법은 기만이나 제약에 의해 왜곡되어서는 안 된다(왜냐하면 법은 자연적인 것이기 때문이다). 하지만 계약들은 갑작스럽고 강압적으로 이루어질 수 있다. 게다가 계약들이 성문법 혹은 보통법의 어떠한 조항들에 위배되는지를 살펴보아야만 한다. 또한 성문법 중에서도 자국의 법률 조항들과 외국의 법률 조항들에 어떠한 점이 위배되는지를 살펴보아야만 한다. 계약들이 과거 혹은 미래의 또 다른 계약들과 모순이 있는지 없는지, 그리고 최근의 계약들이 유효한지, 혹은 이전의 계약들이 더 이상 가치를 갖지 않는지도 살펴보아야 한다. 또한 앞서 체결한 계약들이 옳은지 또는 나중에 체결한 계약들에 속임수는 없는지를 살펴보아야 한다. 우리는 필요에 따라 두 의견들 중 하나를 지지하게 될 것이다. 재판관의 이익과 대립되는지의 여부와 이러한 종류의 모든 다른 논거들에 관심을 가져야만 한다. 그러게 되면 결국 이러한 모든 이유들은 손쉽게 발견될 수 있을 것이다.

고문

고문에 의해서 얻어진 자백들은 특수한 종류의 증거들이다. 이러한 자백들이 신뢰할 만한 것처럼 보이는 이유는 거기에는 어떠한 억압이 추가되기 때문이다. 따라서 이러한 주제와 대하여 가능한 논거들을 더 많이 지적하는 것은 그리 어려운 일이 아니다. 우리에게 그 논거들이 유리하게 작용할 경우에는 그것을 더욱 확대시킬 수 있다. 바로 여기에 진실을 말해주는 유일한 증거들이 있는 것이다. 하지만 그 논거들이 우리와는 반대되지만 상대방에게는 유리할 경우, 우리는 이러한 종류의 모든 자백에 대해 진실을 말함으로써 고문에 의한 자백이 갖는 효과를 없앨 수 있다. 왜냐하면 강압이 가해졌을 때, 우리는 진실한 것만큼이나 거짓된 것도 말할 수 있기 때문이다. 만일 우리가 끝까지 고문을 견뎌낼 수 있다면, 우리는 진실을 말하지 않을 것이며, 또한 고문에서 빨리 벗어나기 위해 쉽게 거짓 증언을 할 수 있을 것이다. 따라서 재판관들이 알고 있는 이러한 경우들에 반하는 선례들을 떠올릴 수 있어야만 한다. 고문에 의한 자백은 진실된 것이 아니라는 사실을 말해야만 한다. 실제로 고문에 매우 무감각한 사람들이 있는데, 이들은 바위처럼 단단한 피부와 강인한 정신력을 소유하고 있기 때문에 계속해서 그 문제를 견뎌낼 수 있다. 반면 비겁하고 용의주도한 사람은 고문 도구들을 보기 전까지만 확신을 가질 뿐이다. 따라서 고문의 경우에 있어 신뢰할 만한 것은 아무것도 없다.

선서

선서들을 다루면서 우리는 네 가지의 경우들을 구분해야만 한다. 첫 번째는 상대방에게 선서를 시키는 경우이고, 두 번째는 스스로 선서를 받아들이는 경우이며, 세 번째는 어느 누구에게도 선서를 시키지 않는 경우이며, 네 번째는 한 사람에게는 선서하게 하고 다른 사람에게는 선서를 시키지 않는 경우이다. 즉, 네 번째의 경우는 자신은 선서를 받아들이지 않으면서 상대방에게 선서의 기회를 주는 경우와 상대방에게 선서를 시키지 않으면서 자신은 선서의 기회를 갖는 경우가 있다. 또 다른 구분이 있을 수 있는데, 그것은 이미 소송인이나 상대방에 의해서 선서의 기회가 주어진 경우이다.

1) 선서를 시키지 않는 경우

우리가 선서를 시키는 않는 이유는, 사람들이 쉽게 거짓 선서를 하기 때문이다. 또한 맹세한 자는 그 맹세를 되돌릴수 없기 때문이며, 만일 상대방이 맹세하지 않았다면, 재판관이 그 상대방에게 유죄 판결을 내릴 것이라고 생각하기 때문이다. 또한 우리는 차라리 재판관을 전적으로 신임하는 것이 갖는 위험을 더욱 선호할 만한 것이라고 말할 수 있다. 왜냐하면 우리는 재판관들에 대한 믿음을 가질 뿐, 상대방에게는 전혀 믿음을 갖고 있지 않기 때문이다.

2) 선서를 수용하지 않는 경우

금전적인 문제에 있어서 선서하는 것은 선서의 가치를 실추시키는 것이라고 말함으로써 우리는 선서를 거부한다. 만일 우리가 정직하지 못한 사람이라면, 우리는 선서를 했을 것이다. 왜냐하면 부정직한 것에 대해서는 부정직한 것처럼, 아무것도 아닌 것에 대해 부정직한 것보다는 무언가에 대해서 부정직한 것이 더 낫다. 맹세를 하면, 우리는 소송에서 이길 수도 있을 것이고, 맹세를 하지 않으면 소송에서 이길 수 없을지도 모른다. 이와 같이 거부하는 것은 소송에서 덕을 얻을 수 있으나, 거짓 선서에 대한 두려움은 없을 것이다. 크세노파네스의 말은 여기에 적용될 수 있다. 이러한 시도는 부도덕한 자가 수다쟁이에게 하는 행동과 같지는 않다. 이는 마치 힘센 자가 약한 자에게 한 대를 때릴지 아니면 한 대 맞을지를 묻는 것과 같다.

3) 선서를 수용하는 경우

만일 우리가 선서를 수용했다면, 그것은 상대방이 아닌 자기 자신에게 믿음을 가지고 있다고 말할 수 있을 것이다. 제노판느의 표현을 다시 보건대, 여기에는 부도덕한 자가 선서를 시키든, 수다쟁이가 선서를 하든, 어떤 평등함이 있다고 말해야 할 것이다. 우리는 재판관들이 판결을 내리기 이전에 한번의 선서 기회를 주는 것이 옳다고 생각되는 소송에서 선서를 거부하는 것은 모순이라고 덧붙여 말할 수 있을 것이다.

4) 선서를 시키는 경우

만일 당신이 선서를 시킬 경우, 당신은 이것이 신의 뜻에 따르고자 하는 동정심의 증거이며, 상대방에게 그 자신 이외의 다른 재판관을 요구해서는 안 된다는 사실을 말해주어야 할 것이다. 왜냐하면 당신은 상대방에게 스스로 결정할 기회를 주는 것이기 때문이다. 또한 다른 재판관이 선서의 기회를 주는 것이 좋겠다고 생각되는 사건에서 선서를 거부하는 반박도 있다고 말할 수 있다.

이중의 경우

우리는 각각의 단순한 경우에서 어떻게 말해야만 하는지를 분명히 알고 있다. 그렇다면 우리는 변형된 경우에 있어서는 또 어떻게 해야 할지를 알아보자. 예를 들어 만일 사람들이 선서하라는 것을 받아들이기는 하지만, 선서를 시키는 것은 받아들이지 않을 경우, 또한 선서하고자 하지는 않지만, 선서를 시키는 경우, 또는 이러한 두 경우를 받아들이는 경우, 혹은 이러한 두 가지를 모두 원치 않는 경우 등이 그것이다. 여기에는 필연적으로 위에 언급한 여러 가지 경우들의 조합이 발생하기 마련이다. 따라서 이에 대한 논거들은 위에 나열된 논거들의 조합들이 될 것이다.

모순된 선서

만일 우리가 현재의 선언과 일치하지 않는 이전의 선언을 선서했다면, 거기에 거짓 선서란 없다고 말해야만 한다. 위법 행위를 범하게 하는 것은 바로 의지이며, 거짓 선서는 이러한 위법 행위 중 하나에 해당된다. 그런데 강제와 속임수에 의해 강요된 것은 비의지적인 것이다. 따라서 이점에 있어 거짓 선서는 마음속에 있을 뿐 입 밖으로 말해서는 안 된다는 결론이 내려진다. 그런데 상대방에 의해 선서의 형태로 행해진 선언들이 서로 모순된다면, 그것은 우리가 판단했던 것에 부합되는 것이 아니라, 완전히 뒤바뀐 것이라고 말할 것이다. 이것이 바로 재판관들이 법률을 적용하기 이전에 선언을 하는 이유이다. "재판관들은 재판을 하면서 당신들에게 선서의 내용을 지키라고 요구하지만, 그들 자신은 선서를 지키지 않는다."우리가 과장을 통해 나타낼 수 있는 모든 다른 논거들 역시 마찬가지이다. 기술외적인 증거들에 관해서는 이 정도로 충분할 것이다.

수사학 II

RHETORIC II

RHETORIC&POETICS

ARISTOTELES

1장. 어떻게 청자의 정신에 영향을 줄 것인가

우리는 『수사학』 1권에서 누군가에게 무엇인가를 조언하고 만류하기 위한 논증들과 무엇인가를 칭송하고 비난하기 위한 논증들, 누군가를 비판하고 자기 자신을 옹호하기 위한 논증의 기반을 제시했다. 또한 관련 증거들에 유용한 공론과 전제에 관해서도 살펴보았다. 실제로 각각의 담론들을 별도로 다루기 위해 사용되는 생략삼단논법은 대상에 대한 위와 같은 세 가지의 대상에 근거하고 있으며, 앞에서 열거된 명제들로부터 기인한다.

웅변가가 제시하는 관점

수사학의 목적이 하나의 판단 (사실상 우리는 조언들을 판단하며, 법정에서 내려지는 판결도 하나의 판결에 속한다)에 있다고 할 때, 논증과 그것을 설득력 있게 만드는 수단을 반드시 고려해야 한다. 뿐만 아니라 자신의 색채를 드러내어야 하며, 재판관 역시 결단력 있는 태도를 보여줄 필요가 있다. 누군가를 설득하기 위해서는, 특히 토의나 소송과 관련된 상황에서는 웅변가 자신이 확고부동한 관점을 갖고 있는 이처럼 보이는 것이 유리하며, 동시에 청중들에게도 자신들이 분명한 태도를 갖고 있다는 생각을 갖도록 만들어야 한다. 그렇게 함으로써 청중들로 하여금 웅변가에 대해 일정한 입장을 취하도록 해야 하는 것이다.

청중의 성향

토의에 있어서 웅변가가 보여주는 관점은 더욱 유용하다. 소송에서는 청중의 성향이 매우 중요하다. 어떠한 대상을 좋아하느냐 그렇지 않느냐에 따라, 그 대상에 대해 화를 내느냐 아니면 평온한 '아비투스' 속에 머물러 있느냐에 따라 같은 것도 다르게 보이기 때문이다. 이를테면 한 가지의 사태가 사람에 따라 완전히 다르게 보일 수 있으며, 다른 중요성을 가질 수도 있는 것이다. 어떤 사람을 좋아하는 사람은 자신이 판단해야 하는 자가 죄가 없거나, 혹은 거의 없다고 생각하기 마련이다. 반면 어떤 사람을 미워하는 사람은 정반대의 판단을 내릴 것이다. 기대하는 일이 기분 좋은 것이라면, 그것을 바라고 희망하는 자에게는 좋은 일이 될 것이다. 관심이 없거나, 기분이 좋지 않은 자에게는 정반대의 결과가 나타날 것이다.

웅변가의 신뢰성

웅변가들은 다음과 같은 세 가지 관점에서 신뢰감을 줄 수 있어야 한다. 우리의 신뢰성을 결정지을 수 있는 증명들을 제외한다면 세 가지 관점들이 유일한 기준이 된다. 즉 신중함, 미덕, 호의가 바로 그것들이다. 웅변가들이 어떠한 주제에 대해 말하거나 조언하면서 진리를 왜곡시킨다면, 그것은 이러한 세 가지 이유, 혹은 그 중의 한 가지 이유이기 때문일 것이다. 만일 신중함이 결여되어 있다면, 그들의 의견은 공허한 것이 될 것이다. 또는 정당하다고 생각하면서도 그들은 악의에 차서 자신들의 생각을 드러내지 않을 것이다. 또는 신중하고 정직하면서도 그들은 호의적이지 않을 것이다. 종종 가장 좋은 해결책을 알면서도 그것을 조언하지 않는 이유가 바로 여기에 있다. 이 외에 다른 경우는 있을 수 없다. 따라서 웅변가가 이 모든 자질들을 가지고 있는 것처럼 보인다면 그는 필히 청중들에게 신뢰감을 심어줄 수 있을 것이다.

성격

스스로가 신중하고 정직한 것처럼 보이게 만드는 방식들은 미덕들과 관련해서 우리 자신이 고결하다고 여기는 것에서 나오는 것이다. 실제로 이 같은 동일한 방식을 통해 우리 자신과 타인들은 스스로 이런저런 관점을 보여줄 수 있다.

정념

호의와 우정에 대해서는 정념과 관련지어 이야기해야 할 것이다. 정념은 사람들로 하여금 다양한 판단을 내리게 하는 원인들이며, 따라서 정념은 분노, 연민, 두려움, 그리고 이러한 종류의 모든 감정들과 마찬가지로 고통과 쾌락도 가지고 있다. 그 반대의 감정들도 마찬가지로 가지고 있다.

정념의 정의는 세 부분으로 구성되어 있다

정념을 다루는 방식은 다음과 같은 세 가지 방식으로 구분될 수 있다. 예를 들어 분노라는 정념에 대해서는 우선 어떠한 '아비투스' 속에서 사람들이 이러한 분노에 빠지게 되는지, 누구에 대해서, 그리고 어떤 주제에 대해서 분노하게 되는지의 세 부분이 있다. 이러한 세 조건들 가운데 한두 가지라도 결여되어 있다면 우리는 분노를 일으킬 수 없을 것이다. 또 다른 정념들에 있어서도 마찬가지이다.

앞선 분석에서 우리가 전제들에 대해 서로 다르게 서술했던 것과 마찬가지로, 우리는 정념들에 대해서도 동일한 방식을 적용할 것이며, 그 정념들을 위에 언급한 방식에 따라 구분할 것이다.

2장. 분노

정의

분노는 충동적이고 고통스러운 욕망이다. 그것은 누군가 우리의 인격이나 혹은 우리의 인격 혹은 우리와 가까운 사람들의 인격에 대해 근거 없이 경멸했을 때 가지게 되는 복수의 욕망이다.

바로 이러한 사실에 분노가 근거하고 있다면, 무엇보다도 우리는 특정한 한 개인, 예를 들어 크레온과 같은 사람에 대해 분노를 가지게 되는 것이지, 모든 사람에 대해 분노의 감정을 갖게 되는 것은 아니다. 그리고 우리 자신이나 우리와 가까운 사람들에게 행해진 특정한 한 행위에 대해 반대하거나 맞서고자 하는 것이다. 세 번째로 모든 분노의 감정에는 복수하고자 하는 기대에서 즐거움이 나타난다.

즐거움

사실 우리가 욕망하는 것을 얻게 되리라고 생각하는 것은 기분 좋은 일이다. 그런데 분명히 불가능한 것을 욕망하는 사람은 없다. 따라서 분노하는 사람은 가능한 것을 욕망하는 것이다. 이러한 점에서 분노에 대해 호메로스가 『일리아드』에서 언급한 이야기, "사람의 마음속에서 자라나는 분노는 한 방울씩 떨어지는 꿀보다 더욱 달다"는 맞다.

이러한 이유로 일련의 즐거움은 분노에 뒤이어 생겨난다. 왜냐하면 사람들은 마음속에 자신의 복수심을 가지고 살기 때문이다. 따라서 하나의 표상(表象)이 만들어지는데, 그것은 꿈의 표상과 거의 마찬가지로 즐거움의 원인이 된다.

다양한 경멸

경멸은 관심을 끌만한 가치가 없어 보이는 것에 관해 현재 실현되고 있는 의견이기 때문에(실제로 우리는 선과 악, 혹은 그것에 관련된 모든 것들을 깊은 관심을 끌만한 가치가 있다고 생각하는 반면, 가치가 없거나 무의미한 것에 대해서는 관심을 기울이지 않는다) 경멸에는 멸시, 모욕, 모독과 같은 세 종류가 있다.

멸시

무엇인가를 멸시하는 자는 경멸하는 자이다 (왜냐하면 우리는 가치 없다고 생각하는 모든 것, 혹은 경멸할 가치가 없는 것을 멸시하기 때문이다). 마찬가지로 모욕하는 자가 멸시하는 자가 되는 것은 분명하다.

모욕

사실 모욕은 자신의 이익을 위해서가 아니라, 타인을 방해하기 위해서 타인의 의지를 꺾는 것이다. 따라서 모욕하는 자는 자신의 이익을 추구하지 않기 때문에 경멸하는 자가 된다. 왜냐하면 모욕하는 자는 분명히 희생자가 자신에게 해가 된다고 생각하지 않으며 (그렇지 않다면 그는 희생자를 경멸하지 않고 두려워할 것이기 때문이다), 또한 그 희생자가 자신에게 눈에 띌 정도의 유용한 존재가 될 수 있다고도 생각하지 않기 때문이다. 그렇지 않다면 그는 희생자를 친구로 삼을 것이다.

모독

마찬가지로 모독하는 자는 경멸하는 자이기도 하다. 왜냐하면 모독은 상대방에게 수치심을 불러일으킬 수 있는 행위나 말로 이루어지기 때문이다. 물론 이 경우에 모독은 결과 그 자체나 단순한 즐거움 외에는 다른 목적을 가지고 있지 않다. 앙갚음하는 것은 모독하는 것이 아니라, 복수하는 것이다. 모독하는 자들은 복수의 행위를 통해 우월성을 확인하면서 즐거움을 느낀다. 때문에 어린이와 부자들이 흔히 모독에 심취하는 경향을 가지고 있다. 그들은 모독의 행위 속에서 자신의 우월성이 드러난다고 상상하는 것이다.

무례

모독에는 무례함이 포함되어 있다. 무례한 자는 경멸하는 자이다. 왜냐하면 우리는 선이나 악에 있어 아무런 가치도 갖지 못한 것에 대해서는 어떠한 존경심도 가지지 않기 때문이다. 예를 들어 『일리아드』에서 트로이 전쟁의 영웅인 아킬레우스가 분노하는 장면을 살펴보자.

> 그는 나에게 무례하게 굴었소. 전쟁의 수장으로서 내가 가져야 할 전리품을 자기 멋대로 가져가버렸소 (...) 마치 존경이 대상이 되지 못하는 망명자처럼 말이오.

아킬레우스가 분노했던 이유가 바로 여기에 있는 것이다. 흔히 사람들은 태생적 신분이나, 권력, 미덕에 있어서 자기보다 열등한 자들로부터 존경을 받을 권리가 있다고 생각한다. 일반적으로 하나의 동일한 영역에서 그들보다 더 우월한 위치에 있을 때 그러하다. 예를 들면 그것이 돈의 영역일 경우 부자들은 가난한 자들보다 우월한 위치에 있으며, 화술에 있어서는 구변이 좋은 사람이 그렇지 못한 사람보다 우월한 위치에 있다. 이것은 명령을 받는 자에 대한 명령하는 자의 우월성이며, 오직 복종할 따름인 자에 대하여 명령을 할 만한 위치에 있다고 생각하는 자의 우월성이다.

사실상 사람들은 자신이 우월하다는 감정 때문에 분개하곤 한다. 사람들은 자신에게 합당한 대우를 해야만 한다고 여기는 자들로부터 존경을 받고 싶어 한다. 바로 이러한 자들에게 우리는 선을 행했거나, 행하게 된다. 마찬가지로 우리로 인해 타인이 그럴 수도 있고, 우리와 가까운 사람이 그럴 수도 있다. 그리고 이러한 자들에게 우리는 호의적이고 싶어 하거나, 그러길 원했다.

분노에 적합한 아비투스

이 정의들은 이미 어떠한 아비투스 속에서, 어떤 사람에 대해서, 어떤 주제에 대해서 우리가 분노하는지를 명백히 보여주고 있다. 우리는 고통을 느낄 때 분노한다. 고통 받은 사람은 욕망의 장애물에 부딪친 사람이다. 그러므로 만일 우리가 어떤 욕망의 장애가 될 때, 예를 들어 목마른 사람이 아무것도 마실 수 못하는 상황을 만나게 된다면, 그 결과는 직접적이든 혹은 간접적이든 명백하게 같다.

일반적으로 우리의 행위에 반대하는 모든 사람들에 대해, 혹은 우리의 행위를 지지하지 않거나, 일정한 방식으로 우리의 욕망을 방해하는 사람들에 대해서 분노를 느끼게 된다. 만약 우리가 아프거나, 가난하거나, '분쟁 중에 있거나', 사랑에 빠졌거나, 갈증을 느낄 경우, 즉 충족시킬 수 없는 욕망에 사로잡혀 있을 경우, 우리는 화를 잘 내는 사람이 되기 마련이며, 특히 우리의 상황에 대해 무관심한 사람들에 대해 분노한다. 예를 들어 질병, 가난, 분쟁, 사랑, 등에 대해 경멸을 보내는 자들에 대해 분노한다. 이외에 우리의 다른 욕망들에 대해 무관심한 자들에 대해서도 분노한다. 왜냐하면 분노는 각 개인이 가지고 있는 열정을 통해 이르는 길과도 같기 때문이다.

우리는 기대했던 것과 다른 결과를 만났을 때 분노한다. 욕망하는 바가 실현되었을 때 더 큰 즐거움을 느끼는 것과 같이 예상치 않았던 일이 일어났을 경우 더 큰 고통을 갖게 되기 때문이다.

그렇기 때문에 계절, 시대, 성향, 나이를 막론하고 사람들은 쉽게 분노하는 것이다. 또한 장소나 순간을 막론하고 분노가 쉽게 일어나는 것도 같은 이유에서이다. 이러한 상황에 처해 있을수록 우리는 더욱 쉽게 감정에 지배를 받게 된다.

사람들

다음과 같은 상황 속에서 우리는 쉽게 분노하게 된다. 즉 우리를 비웃는 사람들, 우리를 웃음거리로 만드는 사람들, 우리를 조소하는 사람들에 대해 분노를 느끼는 것이다. 왜냐하면 그들이 우리를 모독하기 때문이다. 모독의 지표들인 모든 편견을 야기하는 사람들에 대해 우리는 분노한다.

한편 이러한 행위들은 필연적으로 어떠한 대가나 이익을 목적으로 하지 않는다. 왜냐하면 그러한 행위들은 근본적으로 모독하고자 하는 욕망에서 기인한 것들이기 때문이다. 가장 중요하게 여기는 것을 헐뜯고 멸시하는 자들에 대해 우리는 분노를 느낀다. 예를 들면 철학을 중요하게 여기는 사람은 그 철학에 대해 반대하는 말을 들었을 때 분개한다. 아름다움이나 그 이외의 다른 것에 대해서도 마찬가지이다.

만일 우리가 이러한 장점들을 전혀 가지고 있지 못하거나, 아니면 아주 조금만 가지고 있을 경우, 혹은 우리가 그러한 장점들을 가지고 있을 것이라고 여겨지지 못할 경우 우리의 분노는 더욱 커진다. 조소의 대상과 관련하여 우리가 조소를 보내는 사람보다 더 우월한 위치에 있을 경우 그것은 우리에게 아무런 관심의 대상도 되지 못할 것이다. 우리와 별 상관이 없는 사람들보다 우리에게 소중한 사람들에 대해 더욱 쉽게 분노를 느끼게 된다. 왜냐하면 우리는 그들로부터 무관심이 아닌, 애정 어린 보살핌을 기대하고 있기 때문이다.

흔히 존경이나 경의를 표하던 자들이 우리에 대해 다른 태도를 보일 경우 우리는 분노하게 된다. 이때 우리는 그들로부터 멸시받았다고 생각하기 때문이다. 그렇지 않다면 그들은 우리에게 예전과 마찬가지의 방식으로 경의를 표했을 것이기 때문이다. 우리가 베푼 호의에 대해 아무런 응답도 없는 자들과 은혜를 갚지 않는 자들에 대해 우리는 분노를 느낀다. 또한 우리보다 열등한 자들이 우리의 이익에 반하는 행동을 할 때 우리는 분노하게 된다. 왜냐하면 전자의 경우 그들은 마치 자신들이 열등한 사람들에 의해 원치 않게 호의를 받은 것이라고 생각하는 듯이 보이기 때문이며, 후자의 경우 역시 우리가 그들보다 열등하다는 듯이 보이기 때문이다.

어떠한 존경의 대상도 되지 못하는 자들이 우리에게 경멸을 나타내 보일 때, 우리의 분노는 더욱 강렬해진다. 이미 살펴보았듯이 분노는 경멸할 자격이 없는 자들로부터 경멸받았을 때 느끼게 되는 감정이기 때문이다. 즉 열등한 자들은 경멸의 권리를 가지고 있지 못하기 때문이다. 우리의 친구들이 우리에 대해 좋은 말이나 행동을 보여주지 못할 경우, 더 나아가 우리에게 해가 되는 말과 행동을 할 경우, 우리는 분노한다. 그들이 우리가 필요로 하는 것을 알아차리지 못할 경우가 그러하다. 예를 들어, 플렉시포스 안티포네스가 멜레아그로스에 대해 분노를 느낀 것도 같은 이유에서이다. 우리의 필요를 전혀 감지하지 못하는 것은 곧 경멸의 표시이다. 우리를 걱정해주는 사람은 우리에게서 멀어지지 않는다.

우리의 불행을 즐거워하거나, 우리가 불행한 일을 당함에도 불구하고 평정을 유지하는 자들에 대해 우리는 분노한다. 이것은 적대감이나 무관심의 표시이기 때문이다. 자신들이 우리에게 가한 고통에 대해 신경 쓰지 않는 사람들에 대해 우리는 분노한다. 우리에 대해 나쁜 소문을 전하는 사람들에 대해 느끼는 분노가 바로 그러한 것이다. 우리의 부족함을 보여주는 이야기나 장면을 쉽게 발설하는 사람들에 대해 우리는 분노한다. 이러한 자들은 무관심한 자들이나 적과 같기 때문이다. 우정이란 친구의 고통을 나누는 것이며, 친구의 결점을 보여주는 상황 때문에 함께 고통 받는 것이다.

또한 다음과 같은 다섯 부류의 사람들 앞에서 우리를 경멸하는 자들에 대해 분노를 느끼게 된다. 즉 우리와 경쟁 관계에 있는 사람, 우리가 칭송하는 사람, 우리가 칭송받고 싶어 하는 사람, 우리에게 존경심을 불러일으키는 사람, 우리에 대한 존경심을 갖게 되는 사람들이 그들이다. 만약 이러한 사람들 면전에서 경멸받는다면 우리의 분노는 더욱 커질 것이다. 우리가 보호해 주어야 할 사람들, 예를 들면 부모, 자식, 부인, 하인들에 대해 경멸하는 자들에게 우리는 분노를 느낀다. 우리에게 감사를 표시하지 않는 사람들에 대해서 분노를 느끼게 된다. 왜냐하면 그들의 경멸은 그들이 우리에게 빚지고 있는 것과 정반대의 것이기 때문이다. 우리의 진지한 관심사들에 대해 빈정거리는 사람들에 대해 우리는 분노한다. 이 때 빈정거림은 일종의 멸시이기 때문이다. 다른 사람들에게는 호의를 베풀면서 우리에게는 그렇지 않은 사람에 대해 우리는 분노한다. 왜냐하면 거기에는 우리가 다른 사람들이 다 받을 만한 호의에 적합하지 않다는 멸시의 감정이 포함되어 있기 때문이다. 망각 역시 분노를 야기할 수 있다. 예를 들어 실제로 무의미한 일이라 할지라도 이름을 잊은 경우가 이에 해당된다. 망각 역시 경멸의 표시이기 때문이다. 그것은 곧 무관심에서 연유하는 것이며, 무관심은 곧 경멸의 한 형태이기 때문이다.

전제의 사용

우리는 분노를 야기하는 사람들과 대상들, 우리가 분노를 느끼는 되는 상황들에 대해 살펴보았다. 담론이라는 수단을 통해 웅변가는 청중들을 분노를 느끼기에 적합한 상황 속으로 밀어 넣어야 하며, 자신의 적들을 바로 그 분노를 야기한 말이나 행동을 행한 죄인이자, 분노를 야기할 수 있는 특징들 중의 하나를 가진 자로 부각시켜야 한다.

3장. 평온함

구분

평온함의 과정은 분노의 과정과 정반대이다. 따라서 분노의 과정에서와 마찬가지로, 평온함에 대해서도 고유한 아비투스를 정의해야 할 것이다. 또한 우리가 평정심을 유지할 수 있게 해주는 사람들과 평온함에 이르게 하는 방법에 대해서 살펴보아야 할 것이다.

정의

평온함이란 분노의 상태에서 정상적이고 평온한 상태로 되돌아옴을 의미한다.

사람들

앞서 우리는 우리를 경멸하는 자에게 느끼는 분노를 살펴보았다. 또한 경멸이 의도적인 것이라는 사실도 살펴보았다. 이러한 점을 고려할 때 경멸을 행하지 않는 사람들, 혹은 행하더라도 무의식적으로 했던 사람들에 대해서 우리는 평온의 상태에 있을 수 있다는 사실은 분명하다. 마찬가지로 자신의 의도와는 반대로 행하게 된 사람들에 대해서도 평온함을 가질 수 있다. 혹은 분노를 일으킬 만한 행동을 하되 자기 자신에 대해서 그렇게 하는 사람들에 대해서도 그러하다. 왜냐하면 사람이 자기 자신을 경멸할 수는 없어 보이기 때문이다.

자신의 잘못을 인정하고 후회하는 사람들 중에서 우리에게 행했던 과오에 대한 뉘우침은 마치 우리의 분노를 멈추게 속죄와 같은 것이다. 우리가 하인들을 벌하는 방식이 하나의 예가 될 수 있다. 그들이 잘못에 대해 이의를 제기하거나 부인한다면 우리는 더 엄격한 처벌을 내릴 것이다. 하지만 그들이 자신들에게 내려진 처벌이 합당하다고 인정한다면 우리의 분노는 가라앉는다. 그 이유는 명백한 증거를 부인하는 데에는 경솔함이 자리 잡고 있기 때문이다. 경솔함은 곧 경멸이자, 멸시이다. 예를 들면 우리가 누군가를 크게 멸시한다고 할 때, 우리는 더 이상 그들에 대해 어떠한 정숙한 모습도 보이지 않을 것이기 때문이다. 우리 앞에서 겸손해 하고, 우리의 의견에 반대하지 않는 사람들에 대해서 우리는 평온할 수 있다. 이러한 그들의 태도는 우리보다 아래에 있다는 사실을 인정하는 것처럼 보이기 때문이다. 아래에 있는 자들은 우리를 두려워하며, 두려움이란 경멸과 양립할 수 없는 감정이다.

'개들이 앉아있는 사람들은 물지 않는다'는 사실을 통해서도 겸손한 모습이 분노를 잠재울 수 있다는 것을 확인할 수 있다. 우리가 중요하게 여기는 것을 중요하게 받아들이는 사람들이 그런 경우이다. 왜냐하면 아마도 그들은 우리를 중요하게 여기고 있으며, 멸시하지 않는다는 것을 보여주기 때문이다. 우리가 베푼 것보다 더 많은 호의를 우리에게 보여주는 사람들에 대해서 마찬가지로 평온함을 느낀다. 우리에게 간청하고 애원하는 사람들에 대해서도 그러하다. 왜냐하면 그들은 우리보다 보잘것없는 위치에 있기 때문이다.

정직한 사람들, 우리와 같은 부류의 사람들에게 모독이나 조소, 경멸을 보내지 않는 사람들에 대해서 우리는 평온하다. 대개의 경우 평정심의 조건들은 바로 분노를 일으키는 조건들과 반대되는 조건을 검토해보면 드러난다. 우리가 두려워하거나, 존경하는 사람들에게 우리는 분노하지 않는다. 왜냐하면 실제로 두려움과 분노를 동시에 느낄 수는 없기 때문이다. 분노에 차서 행동했던 사람들에게 우리는 분노하지 않는다. 이들에 대한 분노는 드러나지 않거나, 드러난다 하더라도 극히 미미한 것이다. 왜냐하면 그들은 경멸에 찬 행동을 했던 것처럼 보이지는 않기 때문이다. 실제로 아무도 분노하면서 경멸하지는 않는다. 왜냐하면 경멸은 고통스럽지 않은 것인 반면, 분노는 고통을 수반하기 때문이다. 또한 우리는 우리를 존경하는 사람들에 대해서도 분노를 가질 수 없다.

아비투스

분노의 아비투스와 대립되는 '아비투스', 즉 놀이, 웃음, 축제, 행복한 날, 성공, 의무의 완수, 그리고 일반적으로 볼 때 고통이 없는 상태, 누구에게도 모독을 주지 않는 즐거움, 정직한 희망 등에서 우리는 평온할 수 있다. 또는 시간이 많이 흘러 더 이상 분노를 느끼지 못하는 상태에서도 평온하다. 왜냐하면 시간은 분노를 멈추게 하기 때문이다. 만약 누군가에 대해 매우 강한 분노를 느끼고 있을 때, 그를 대신하여 다른 사람에게 먼저 복수를 하게 되면 그 분노는 가라앉게 된다. 예를 들어 필로크라테스가 분노한 백성들로부터 스스로를 보호하기 위해 아무 일도 하지 않는 이유를 설명하는 장면을 들 수 있다. 즉 "아직은 아니다." "그럼 무엇을 기다리는가?" "나 대신 누군가 다른 사람이 재앙의 먹이가 되기를 기다리고 있다." 타인에게 분노를 쏟아 부었을 때 우리는 평온함을 되찾게 된다.

역시 비슷한 예를 에르고필로스의 경우에서 볼 수 있다. 사실 아테네 시민들은 칼리스테네스보다도 에르고필로스에 대해 더욱 분노해 있었음에도 불구하고 칼리스테네스를 사형에 처한 다음 날 그를 사면해 주었다. 우리가 처형한 사람들을 통해 우리는 평온을 느낀다. 또한 우리가 분노에 못 이겨 그들에게 가했던 고통보다 더 많은 고통을 겪은 사람들을 통해서도 우리는 평온을 느낀다. 왜냐하면 그런 자들을 통해서 우리가 얻었다고 생각하는 것은 거의 복수와 다름없기 때문이다. 스스로 죄를 인정하고 정당하게 처벌받은 사람들에 대해서도 그러하다(정당한 일에 대해서는 분노를 가질 수 없다).

사실 우리가 당한 해악이 적합하지 않은 것일 경우 우리는 그것을 결코 인정할 수 없을 것이며, 오히려 분노만 더욱 격해질 것이다. 실제 벌을 내리기에 앞서 말로 질책하는 것도 이러한 이유에서이다. 이럴 경우 노예들도 자신들의 벌에 대해 적개심을 덜 갖게 되는 것을 볼 수 있다. 우리가 처벌하고자 하는 자들이 정작 우리 때문에, 우리의 복수에 의해 자신들이 고통 받는다는 사실을 알지 못한다고 생각할 때 평온함을 가질 수 있다. 앞서 명백하게 보았듯이 분노는 결국 한 개인에 대하여 나타나기 때문이다. 호메로스가 자신의 주인공에게 "그에게 대답하시오. 율리시즈가 곧 마을의 파괴자라고 말이오."라고 말하는 것은 일리가 있다.

마치 율리시스가 원래 복수를 당해야 할 이유가 없고 사이클로푸스는 자신의 눈이 멀게 된 것이 누구 때문이며, 무엇에 대한 복수였는지를 모르듯이 말이다. 결과적으로 우리는 우리의 분노를 느낄 수 없는 자들뿐만 아니라, 죽은 자들에 대해서 분노할 수 없다. 왜냐하면 흔히 말하기를 그들은 이미 지고의 시련을 당했으며, 분노한 사람들이 주고자 하는 고통이나 그와 비슷한 감정을 더 이상 느낄 수 없기 때문이다. 그래서 신들이 이미 죽은 자에 대한 아킬레우스의 분노를 멈추게 하고자 하는 장면에서 호메로스가 헥토르에 대해 "아킬레우스가 원한 속에서 모독하고 있는 자는 이미 아무 것도 느낄 수 없는 먼지에 불과하다."고 이야기했던 바는 역시 일리가 있다.

공론의 사용

청중들로 하여금 평온함을 갖게 하길 원하는 웅변가들은 앞서 살펴본 공론들로부터 논증들을 이끌어내어야 할 것이다. 웅변가는 자신들에 대한 청중의 분노를 가라앉힐 수 있어야 한다. 즉 그들을 두려움과 존경의 대상이 되게끔 할 수 있어야 하고, 청중들에 대해 호의를 베푼 사람이었다는 것을 보여주어야 하며, 한때 청중들의 의지와는 반대로 행동했지만 지금은 그러한 행동에 대해 크게 뉘우치고 있다는 사실을 부각시켜야 하는 것이다.

4장. 우정과 증오

정의

우선 우정과 좋아한다는 것이 무엇인지에 대해 정의를 내린 후, 어떤 사람을 좋아하게 되는지, 또한 어떤 사람을 증오하게 되는지, 그리고 그 이유는 무엇인지를 보아야 할 것이다. 좋아한다는 것은 우리 자신이 아닌 다른 누군가를 위해 우리가 선하다고 생각하는 것을 바라는 것이며, 가능한 한 그를 위해 이러한 선행들을 행하는 것이다. 우리를 좋아하고, 우리도 역시 좋아하는 사람이 우리의 친구이다. 서로에 대해 이러한 상태에 있는 경우에 우리는 친구라고 생각하게 된다.

우리는 어떤 사람을 좋아하며, 그 이유는 무엇인가?

위의 가설에 따른다면 우리의 행복으로 인해 즐거워하고, 오직 우리의 이익을 위해 우리가 받는 고통을 함께 나눌 수 있는 자가 우리의 친구이다. 모든 사람들은 자신이 원하는 바가 이루어졌을 때 즐거움을 느낀다. 반대의 경우에는 고통을 느끼는 것이 당연하다. 이러한 그들의 고통과 즐거움은 곧 그들의 의지를 보여주는 것이다. 좋고 나쁜 것에 대해 우리와 같은 생각을 가진 사람들, 그리고 우리가 우정을 나누거나 증오하는 사람들에 대해 역시 같은 감정을 가지고 있는 사람들이 우리의 친구이다. 왜냐하면 그들은 이러한 사람들에 대해 우리와 같은 것을 기대하기 때문이다.

자신에 대해서와 마찬가지로 다른 사람에 대해서도 동일한 희망을 품는 자가 곧 그의 친구이다. 우리는 우리 자신에게 뿐만 아니라, 우리가 관심을 가지고 있는 사람들에 대해서도 헌신하는 자들을 좋아한다. 특히 이러한 헌신이 아주 열정적이고 지대할 때, 그리고 매우 중요한 순간에 우리의 이익을 위해 이루어졌을 때 그러하다. 우리가 생각하기에 우리에게 유익이 되는 일을 바라는 사람들을 우리는 좋아하게 된다. 우리가 좋아하는 사람을 좋아하는 자들을 우리 역시 좋아하게 된다. 우리가 좋아하는 사람들이 좋아하는 사람들, 우리와 같은 적을 가진 사람들, 다시 말해 우리가 증오하는 사람들을 증오하고, 우리를 증오하는 사람들로부터 동일한 증오의 대상이 되는 사람들. 이러한 사람들은 명백히 우리가 좋다고 생각하는 것을 공유하는 사람들이다. 결과적으로 그들은 우리의 행복을 기원하며, 바로 이것이 친구가 될 수 있는 특징이다.

우리에게 금전적인 도움을 주거나 우리를 구해주는 사람들. 따라서 우리는 관대한 사람들, 용기있는 사람들, 정의로운 사람들을 공경하게 된다. 또한 우리는 타인을 이용하여 살지 않는 사람들, 즉 자신의 노동으로 살아가는 사람들, 그 중에서도 땅을 경작하여 살아가거나 아니면 사람을 교육하는 사람들이 이러한 사람들이라고 생각하게 된다. 절제하는 사람들, 이러한 사람들은 부정의(不正義)하지 않기 때문이다. 마찬가지 이유로 여러 곤란한 일에 휘말리지 않는 사람들을 우리는 좋아한다.

우리가 친구가 되길 원하는 사람들이 그들 역시 우리와 친구가 되고 싫어할 때 우리는 그들을 좋아한다. 미덕을 장점으로 가지고 사는 사람들, 즉 아주 고결한 미덕을 가진 사람들로부터, 우리가 칭송하거나 혹은 우리를 칭송하는 사람들로부터, 다시 말해 모든 사람들로부터 좋은 평판을 가지고 있는 사람들. 평생, 혹은 한 나절이라도 함께 보내고 싶은 사람들. 흔히 좋은 성격을 가지고 있고, 우리의 과오를 비판하려고 하지 않고, 다른 사람을 압도하려고 하지 않는 사람들, 분쟁을 좋아하지 않는 사람들이 이에 해당된다. 이와 반대로 호전적이고 우리와 싸움을 벌이는 사람들은 우리와는 반대되는 희망을 가진 것처럼 보이기 때문이다.

농담을 할 줄 알고, 농담을 받아들일 줄 아는 사람들. 이러한 사람들은 서로의 재치를 겨루며 절제된 농담들을 주고받는다. 우리가 가진 장점들, 특히 우리 자신이 가지고 있지 못하다고 생각하는 장점들을 들어 칭찬해주는 사람들. 삶의 방식과 마찬가지로 겉으로 드러나는 옷차림도 단정한 사람들. 우리가 범한 과오나 우리가 받은 도움을 이유로 우리를 비난하려고 하지 않는 사람들. 왜냐하면 대부분의 사람들은 비판적인 성격을 가지고 있기 때문이다. 원한을 품지 않고, 불만을 키우지 않으며, 언제나 화해할 준비가 되어 있는 사람들. 그들은 다른 사람들에 대해서와 마찬가지로 우리에게도 같은 방식의 호의를 갖고 있다고 여겨지기 때문이다. 타인을 비방하지 않는 사람들. 즉 이웃의 잘못이나 우리들의 잘못을 알려고 하지 않고, 단지 우리의 장점들만 보고자 하는 사람들. 덕 있는 사람들은 항상 이렇게 행동하기 마련이다. 성을 잘 내거나 여러 가지 일들을 마음에 품어두고 있는 자들에 맞서 대항하지 않는 사람들. 왜냐하면 그런 자들은 호전적인 성격을 보여주기 때문이다. 우리에 대해 믿음직한 '아비투스'를 가지고 있는 사람들. 예를 들면 우리를 존중하고, 우리를 정직한 사람으로 대하며, 우리와 함께 있을 때 즐거워하는 사람들. 특히 우리가 존중받고 정직하게 여겨지길 바라며 즐거움을 주기를 바라는 점에 있어서 우리에 대해 이러한 감정들을 가지는 사람들. 우리와 같은 부류이거나 우리와 동일한 관심사를 가진 사람들. 단 그들이 우리를 방해하는 일은 없어야 하며, 우리와 같은 삶의 방식을 가지고 있지 않아야 한다. 만약 그럴 경우에는 도기제조인들끼리 서로 다투는 상황이 될 것이다

우리와 같은 욕망을 가지고 있는 사람들을 좋아한다. 단 우리가 그들과 마찬가지의 이익을 볼 수 있어야 한다. 그렇지 않다면 앞의 경우와 마찬가지의 결과를 낳게 될 것이다. 우리가 신념에 따른 행위로 인해 수치심을 가지지 않아도 되는 아비투스를 유지하도록 해주는 사람들. 물론 이것이 그들에 대한 경멸에 의한 것은 아니어야 한다. 그 자체로 부끄러워야 할 일에 대해서는 수치심을 느끼도록 하는 사람들. 우리가 사랑하고 또한 사랑받고 싶기 때문에 경쟁하고 싶어지는 사람들. 즉 질투가 아닌 선의의 경쟁을 이끌어내고 싶은 사람들. 그들이 원하는 것을 이룰 수 있도록 우리가 도와주는 사람들. 물론 이 일이 우리로 하여금 더 큰 악을 범하게 하는 결과를 초래해서는 안 된다. 곁에 있을 때만큼이나 없을 때에도 친구들을 사랑하는 사람들. 죽은 사람들에 대해서 이러한 종류의 충실성을 가지고 있는 자들을 누구나 좋아하는 이유가 여기에 있다.

결과적으로 말해 우리는 자신의 친구들을 무척이나 좋아하며, 곤란에 빠진 친구들을 내버려두지 않는 사람들을 좋아하게 된다. 덕 있는 사람들 중에서도 그 미덕이 우정 속에서 드러나는 사람들을 좋아하게 된다. 우리에게 속마음을 감추지 않는 사람들을 또한 좋아하게 된다. 이러한 사람들은 자신들의 결점까지도 우리에게 고백하는 사람들이다. 앞서 보았듯이 친구 사이에서는 자기 신념에 따른 행위에 대해 부끄러워할 필요가 없기 때문이다. 즉 부끄러움을 느끼는 사람은 좋아하지 않는 사람이며, 반대로 부끄러움을 느끼지 않는 사람들이야 말로 좋은 친구가 될 수 있는 사람들이다. 우리를 불안하게 하지 않는 사람들, 그래서 우리가 경계하지 않아도 될 사람들을 좋아하게 된다.

누구도 자신이 두려워하는 사람을 좋아할 수는 없기 때문이다.

우정의 종류

우정에는 동료들 간의 우정, 한 집의 구성원들 사이의 우정, 한 가족 구성원으로서의 우정, 그리고 이와 비슷한 관계로 맺어진 모든 사람들 사이의 우정이 있다.

우정의 요인

우정은 우리가 간청하지 않았던 호의나 선행을 받았을 때 생겨난다. 즉 남몰래 이루어진 선행을 통해 생겨나는 것이다. 그렇지 않다면 그것은 선행을 베푼 자의 이익과 직접적으로 연관될 뿐 다른 어떤 동기도 없는 일이 될 것이다.

증오의 정의

증오와 그것이 생겨나는 과정에 대해서 우리는 우정과 정반대되는 이론을 끌어낼 수 있을 것이다. 증오를 불러일으키는 요인들은 분노, 모욕, 비방이다.

증오와 분노의 구별

우리는 앞서 분노가 우리의 인격과 관련된 공격으로부터 생겨난다는 점을 살펴보았다. 하지만 증오는 어떤 개인적인 동기 없이도 생겨날 수 있다. 만약 어떤 사람이 우리가 정말로 싫어하는 성격을 가지고 있다고 할 때, 그것은 우리가 그를 증오할만한 충분한 이유가 된다. 또한 분노는 항상 한 개인, 예를 들면 칼리아스나 소크라테스에게로 향한다. 하지만 증오는 계층 전체에 대해 품을 수 있는 감정이다. 사실상 모든 사람들이 도둑이나 밀고자를 증오하게 마련이다.

분노가 시간이 지남에 따라 치유될 수 있는 반면, 증오는 그렇지 않다. 분노가 고통을 주고자 하는 욕망이라면, 증오는 해를 입히고자 하는 욕망이다. 분노하는 사람이 이 고통의 증인이고자 하는 반면, 증오하는 사람에게 있어서 이러한 것은 아무 상관도 없다. 고통을 주는 것들은 모두가 지각 가능한 것들이다. 반면에 가장 큰 해를 입히는 것들은 가장 지각하기 어려운 것들이다. 즉 부정의나 광기가 그 예가 될 수 있다. 왜냐하면 악의 존재는 우리에게 어떤 실질적인 고통도 가져다주지 않기 때문이다. 분노가 고통을 동반하는 반면 증오는 그렇지 않다. 분노하는 사람이 고통을 느끼는 반면 증오하는 사람은 어떤 고통도 느끼지 않는다. 많은 경우에 있어서 분노하는 사람은 연민을 느낄 수 있다. 하지만 증오하는 사람은 결코 연민을 느끼지 못한다. 분노하는 사람이 자신의 분노를 불러일으킨 장본인 역시 고통을 받기를 바라는 반면, 증오하는 사람은 그 대상이 아예 존재하지 않기를 바란다.

구분의 유용성

이러한 정의를 통해 어떤 사람들이 실제로 적인지 혹은 친구인지를 구분할 수 있다. 그들이 실제로 우리의 친구가 아닐 경우, 위와 같은 정의를 통해 그들의 모습이 그대로 드러날 수 있을 것이다. 그들이 스스로 우리의 친구라고 주장한다면 이러한 정의에 입각에 그들을 논박할 수 있을 것이다. 그들이 분노나 증오에 의해 대립하고 있다면 그들의 분쟁을 두 가지 동기들 중 하나로 귀결시킬 수 있다.

5장. 두려움과 신뢰

정의

어떤 일에 대해서, 어떤 사람에 대해서, 어떤 아비투스에서 우리가 두려움을 느끼는지를 살펴보아야 할 것이다. 두려움이란 파괴나 고통을 야기할 수 있는 해에 대한 상상으로부터 생겨나는 고통이나 혼란을 말한다. 물론 우리는 모든 해악, 예를 들어 부당한 것이나 머리가 둔한 것 등에 대해서는 두려워하지 않는다. 우리가 두려움을 느끼는 경우는 심각한 고통이나 파괴를 야기할 수 있는 것에 대해서이다. 그리고 이러한 해악이 멀리 있는 것이 아니라 가까이 있고 즉각적인 것일 경우에 두려움을 느끼게 된다. 우리는 아주 멀리 떨어져 있는 해악에 대해서는 두려워하지 않는다. 예를 들어 모든 사람들이 자신이 결국 죽을 것이라는 사실을 알고 있다. 하지만 그 죽음이 가까이 임박해 있지 않는 한 사람들은 그것에 대해 염려하지 않는다.

두려움을 가져다주는 일

두려움이 이러한 점에 근거한다고 할 때 그것을 야기하는 일들은 우리의 삶을 파괴할 수 있거나 심각한 고통을 가져다 줄 손해를 일으킬 수 있는 큰 힘을 가지고 있는 것처럼 보여야 한다. 마찬가지로 우리는 그러한 일들의 징후만으로도 두려움을 느끼게 된다. 우리를 두렵게 하는 것은 가까이 있는 것이다. 두려운 일의 도래나 위험은 바로 이러한 점에 근거한다.

두려움을 가져다주는 사람

분노나 증오에 빠져있는 사람들이 우리에게 큰 해를 입힐 수 있을 경우에 우리는 그들을 두려워하게 된다. 그들이 우리에게 해를 입히기를 원한다는 사실이 명백하며, 그렇게 할 준비도 되어있기 때문이다. 예를 들면 우리에게 큰 해를 입힐 수 있는 부정의가 그러하다. 왜냐하면 부정의 부당하다는 것은 이론적인 선호에 의한 것이기 때문이다. 모독당한 미덕 역시 마찬가지이다. 미덕이 모독을 당했을 경우 그것은 큰 해를 입히고자 하는 의도로 향하게 마련이며, 우리의 가정에 의해서도 그럴 가능성이 충분히 있기 때문이다. 해를 입힐 수 있는 힘을 가진 자들이 두려움을 느낄 경우. 이러한 두려움에 사로잡힌 사람들은 앞선 경우들과 마찬가지로 행위를 할 준비가 되어있기 때문이다.

대부분의 사람들이 개인적 이익에 대한 욕망에 사로잡히거나 위험에 빠져 비겁해 질 때 선한 행동을 하기 어려운 것처럼, 타인의 처분에 맡겨져 있다는 것은 대부분 두려워할 만한 일이다. 즉 옳지 않는 행위의 공모자들이 우리를 겨냥할 때, 혹은 비겁한 자들이 우리를 위험 속에 내버려둘 때, 그것은 두려워할 만한 일이다. 부정의를 저지를 수 있는 힘을 가진 사람들은 그 부정의에 희생될 수도 있을 사람들에게는 두려움의 대상이 될 수 있다. 거의 모든 경우, 사람들은 그럴 능력이 있다면 항상 부정의를 행하기 때문이다. 마찬가지로 부당한 일을 당했거나, 당하고 있다고 생각하는 사람들은 두려움의 대상이 될 수 있다. 그들은 항상 복수의 기회를 노리고 있기 때문이다.

이미 부정의한 일을 저지른 바 있는 사람들이 여전히 그럴 힘을 가지고 있을 경우에도 그러하다. 왜냐하면 그들은 항상 자신들이 부정의한 일의 희생자가 되지 않을까 조심하기 때문이다. 결국 우리의 가설에 따르면 이러한 것이 두려워할 만한 일이다. 같은 일에 대해 우리와 대립하고 있는 사람들, 특히 두 명의 경쟁자가 같은 것을 동시에 얻을 수 없는 경우에 그들은 두려움의 대상이 될 수 있다. 왜냐하면 사실상 이러한 사람들과는 항상 투쟁 관계에 있게 마련이다.

우리보다 강한 자에 대해 두려움을 가지고 있는 사람들. 그들이 우리보다 강한 자들에게 해를 입힐 수 있다면, 당연히 우리에게도 해를 입힐 수 있기 때문이다. 같은 이유로 우리보다 강한 자들이 두려워하는 사람들도 또한 두려움의 대상이 될 수 있다. 우리보다 강한 자를 무력하게 만드는 사람들. 그리고 우리보다 약한 자들을 공격하는 사람들. 왜냐하면 그들은 이미 두려운 존재이거나, 특히 그들이 힘을 키운 다음에는 두려운 존재가 될 수 있기 때문이다. 우리가 해를 입혔던 사람들, 혹은 우리의 적이거나 우리와 대립하는 사람들 중에서도 쉽게 흥분하거나 솔직한 성격을 가진 사람들이 아니라, 오히려 조용하면서 연약함을 가장하고, 음흉한 사람들을 두려워해야만 한다. 그들은 공격이 임박했음을 알아차리지 못하게끔 하기 때문이다. 이러한 경우 공격은 결코 멀리 있지 않은 것이 사실이다.

두려움의 단계

회복할 수 없는 잘못으로 인해 생겨난 일일 경우 그것에 대한 두려움의 강도는 더욱 높아지게 마련이다. 왜냐하면 그러한 일들은 그 자체로는 회복의 가능성이 없기 때문이며, 혹은 그 일의 회복이 우리가 아닌 우리의 적대자들에게 달려있기 때문이다. 이처럼 도울 방법이 아예 없거나, 있어도 매우 어려운 일들이 있기 마련이다. 일반적으로 말해 타인들에게 영향을 미치거나 그들을 위협하면서 연민을 불러일으킬 수 있는 모든 것들은 두려워할 만한 일이다.

아비투스

이러한 것들이 가장 두려워할 만한 일이며, 실제로 우리가 두려워하는 일이라면, 이제는 우리가 어떤 '아비투스' 속에서 이러한 두려움을 느끼는 지를 살펴보아야 할 것이다. 두려움이 어떤 파괴적인 악행에 대한 예상과 동반하는 감정이라면, 스스로는 절대 손해를 입지 않을 것이며, 손해를 줄 수 있는 것이나 사물, 시간에 대해 두려움이 없는 사람들은 결코 이 감정을 느낄 수 없을 것이다. 따라서 두려움을 느끼는 사람들은 항상 스스로가 손해를 입을 수 있다고 생각하며, 손해를 줄 수 있는 일이나 사람, 시간 등을 염려해야 한다고 생각하는 사람들이다.

우연한 행운에 만족하는 사람들(이들은 또한 모욕적이고 경멸스러우며, 현명하지 못한 자들이다. 이러한 성격은 종종 사람이 부유하거나 힘이 세거나, 친구가 많거나, 권력을 가지고 있을 경우 가지게 되는 성격들이다), 그리고 두려워할 만한 모든 것을 이미 겪었다고 믿는 사람들, 따라서 마치 사형 집행인에 의해 형틀에 매어진 사람처럼 아무런 미래에 대한 희망도 없는 사람들은 자신이 고통받을 수 있다는 사실을 믿지 않는다. 두려움을 느끼기 위해서는 근심을 자아내는 대상에 대해 마음속에 구원의 희망이 있어야 한다. 두려움은 해방에 대한 희망으로 인도하지만 완전한 절망적인 상황에서는 그 무엇도 해방의 가능성을 가져다주지 못한다. 이러한 것들이 두려움의 지표이다.

전제를 이용하는 방법

결과적으로 청중들로 하여금 두려움을 느끼도록 할 필요가 있을 경우 우리는 그들이 고통받을 수 있는 상황에 노출되어 있다고 이야기함으로써 그들로 하여금 이러한 감정에 빠지도록 해야만 한다. 그들보다 더 위대한 사람들도 고통 받았다는 사실을 인식하도록 해야 한다. 또한 그들과 비슷한 사람들이 고통 받고 있다는 사실, 혹은 고통 받았다는 사실, 그것도 그들이 예상하지 못한 사람들로부터 예상치 못한 방법으로, 예상치 못했던 때에 고통 받았다는 사실을 보여주어야 한다.

신뢰의 정의

두려움의 본질, 두려워해야 할 것들, 두려움을 느끼게 되는 아비투스 등이 명백해진 이상, 마찬가지로 신뢰의 본질, 우리가 상대적으로 신뢰를 느낄 수 있는 대상들의 종류, 우리가 신뢰를 느끼는 상태 등도 명확해졌다... 왜냐하면 신뢰란 두려움의 대립 항이기 때문이다. 그것은 안도하게 해주는 것으로서 두렵게 하는 것의 대립항이다. 우리를 구해줄 수 있는 것들이 가까이 있다는 희망과 우리를 두렵게 하는 일들이 존재하지 않거나 혹은 멀리 있다는 희망은 항상 공존하는 것이다.

안도감을 주는 것

두려워할 만한 것들이 멀리 있거나, 우리를 구해줄 수 있는 일이 가까이 있다는 사실은 안도감을 준다. 마찬가지로 재기의 가능성이 있거나, 우리를 구해줄 수 있는 방법이 여러 가지이거나 결정적인 것일 경우, 혹은 그 둘 다인 경우 우리는 안도감을 느낄 수 있다. 우리가 어떠한 불의도 당하지 않았으며, 행하지도 않았을 경우, 우리에게 적대적인 사람들이 없을 경우, 혹은 있다 하다라도 그들이 힘이 없을 경우, 혹은 힘이 있다 하더라도 그들이 우리의 친구이거나 우리를 돌보아주는 사람들일 경우, 혹은 우리로부터 은혜를 입은 사람들일 경우 우리는 그들에 대해 안도감을 느낄 수 있다. 우리와 같은 이익을 보는 사람들이 수적으로 우위에 있거나 힘이 강한 경우, 혹은 그 둘 다인 경우 우리는 안도할 수 있다.

아비투스

우리가 신뢰를 느끼는 아비투스는 다음과 같은 생각들이다. 즉 우리가 많은 성공을 거두었다는 생각, 전혀 고통을 당하지 않았다는 생각, 혹은 여러 위험에 직면했지만 그것들을 잘 벗어났다는 생각 등이 그것이다. 다음과 같은 두 가지 이유에서 사람들은 위험에 무감각해질 수 있다. 위험을 아예 경험한 적이 없거나, 혹은 위험을 빠져나갈 방법이 있는 경우이다. 예를 들어 바다에서 위험에 처하게 되었을 때

신뢰감을 가지고 미래를 예측할 수 있는 사람은 폭풍우를 한 번도 경험해 보지 못했거나, 풍부한 경험을 통해 그것에 대항할 방법을 알고 있는 사람들이다. 우리와 비슷한 사람들, 우리보다 열등한 자들, 우리가 우월한 위치에 있다고 여겨지는 사람들에게 두려움을 주지 못하는 일에 대해서는 우리 역시 그러할 수 있다. 혹은 우리가 그들, 혹은 그들보다 우월한 사람들, 혹은 그들과 비슷한 사람들에 대해 우월한 입장에 있다고 여길 때도 그러하다. 우리가 여러 가지로, 그리고 대단히 우월하다고 생각할 경우, 즉 우리가 남에게 두려움을 줄만큼 우월하다고 여길 경우 또한 마찬가지이다.

우리가 많은 재산을 가지고 있을 경우, 신체적으로 힘이 있을 경우, 친구가 많고, 그것도 힘 있는 친구가 있을 경우, 가진 땅이 많을 경우, 군사적인 힘이 비축되어 있을 경우, 이 모든 경우 혹은 그 중에 가장 중요한 것을 가지고 있을 경우 우리는 두려움을 느끼지 않는다. 우리가 누구에게도 불의를 행하지 않았거나, 행했어도 아주 극소수의 사람에게만 그러했을 경우, 혹은 우리를 두려워하는 사람들에게 아무런 해도 입히지 않은 경우 역시 마찬가지이다. 일반적으로 우리가 신들에 대한 규례를 잘 지킬 경우, 특히 신들이 보내는 신호나 그들의 말에 복종할 경우에 그러하다. 왜냐하면 분노는 신뢰를 주기 때문이다. 한편 불의를 저지르지 않고 그것을 당하지도 않는 것은 분노를 야기하며, 불의한 일을 당한 사람들은 하늘이 구원해 줄 것으로 여겨진다. 그리고 어떠한 일을 시도함에 있어서 우리가 역경을 겪을 수 있다고 생각하지 않거나, 어떠한 역경도 겪지 않을 것이며, 겪더라도 이겨내리라고 생각하는 경우에 그러하다.

이상이 두려움이나 신뢰를 야기하기에 적합한 상황들이다.

6장. 수치심과 경솔함

정의

이제 우리는 어떤 종류의 일들이 수치심과 경솔함을 유발하는지, 누구에 대해서 이러한 감정들을 느끼게 되는지, 어떤 '아비투스' 속에서 그러한지에 대해 명백히 살펴볼 것이다. 수치심은 현재, 혹은 과거나 미래에 있어서 우리의 명성을 실추시킬 수 있어 보이는 악덕에 관한 고통과 혼란함이다. 경솔함은 동일한 악덕들에 대한 경멸이나 무관심이다.

주제

수치심이 앞서 정의됐던 바에서 유래하는 감정이라면 우리는 필연적으로 우리 자신, 혹은 우리가 관심을 가지고 있는 사람들에 대해, 수치스러운 모든 악행들에 대해 그런 감정을 느끼게 된다. 악덕에서 기인하는 행위들이 이와 관련된다. 예를 들어 방패를 집어 던지거나 도망가는 행위가 그것이다. 이러한 행위들은 비겁함에서 비롯되는 것이기 때문이다. 마찬가지로 누군가에게서 재산을 빼앗거나, 그들을 부당하게 대우하는 행위도 수치심을 야기하는 원인이 된다. 이러한 행위들은 불의에서 비롯되는 것이기 때문이다.

부적절한 장소에서 부적절한 시간에 사람들과 성관계를 맺는 행위. 이러한 행위는 방탕함에서 비롯되기 때문이다. 치사하거나 수치스러운 것으로부터 이득을 취하는 행위, 혹은 방어할 힘이 없는 사람들, 예를 들면 가난한 사람들이나 죽은 자들로부터 이득을 취하는 행위. 이러한 행위로부터 "죽은자에게서 약탈하다"는 속담이 유래했다. 이러한 행위들은 인색함으로부터 비롯되기 때문이다. 금전적인 도움을 줄 수 있음에도 하지 않을 때, 혹은 도움을 줄 수 있는 것보다 아주 적은 도움을 줄 경우. 우리보다 가진 게 적은 사람들로부터 도움을 받을 경우. 사람들이 우리에게 무엇인가를 부탁할 것이라고 여겨질 때 그들보다 먼저 무엇인가를 빌리는 경우. 사람들이 우리에게 무엇인가를 부탁하려고 할 때 먼저 요구하는 경우. 혹은 그 반대의 경우. 사람들이 어떤 것을 요구한다고 믿게 하기 위해 무엇인가를 빌려주는 경우, 또한 매정한 거절 이후에 아무 것도 아니었던 것처럼 행동하는 경우, 이러한 것들은 모두 인색함의 지표들이다. 사람들의 면전에서 그들의 미덕을 과도하게 칭찬하는 경우, 그들의 나약함에 대해 핑계를 대거나 누군가의 면전에서 그의 고통에 대해 과도하게 슬퍼하는 경우, 또한 이러한 종류의 다른 모든 행위들. 이러한 것들은 아첨의 징후들이다.

사치스럽게 살고, 더 잘 극복할 수 있으면서도 나이 많은 사람들보다도 더 피곤함을 견디지 못할 경우, 혹은 그러한 피곤함에 적응하지 못하는 경우, 이러한 모든 것들은 나약함의 징후이다. 다른 사람의 도움을 받는 경우, 혹은 종종 그러한 경우, 그리고 다름 사람들이 베풀어준 도움에 대해 오히려 비난하는 경우, 이 모든 것들은 야비함과 비천함의 징후이다. 자기에 관한 모든 것을 떠벌리고, 모든 것을 약속하는 경우, 또한 타인의 우월성을 자기 것인 체 하는 경우, 이것은 허풍에 속한다. 마찬가지로 도덕적인 결함으로부터 비롯된 행위들, 혹은 그것을 보여주는 지표가 되는 행위들, 그리고 그것과 유사한 행위들. 바로 여기에 수치심과 경솔함의 원인이 있다.

모든 사람들, 혹은 우리와 비슷한 모든 사람들, 혹은 대부분의 사람들이 공유하는 도덕적 미덕에서 벗어나 있는 경우. 여기서 우리와 비슷한 사람이라 함은 같은 민족이나 같은 도시국가에 속해 있거나, 같은 나이, 같은 가정에 속해 있는 경우, 일반적으로 우리와 동등한 자격을 갖춘 사람들을 의미한다. 예를 들어 그들이나 그들과 비슷한 모든 사람들과 같은 정도의 교육을 받지 못한 경우 그것은 수치심을 야기할 수 있다.

이러한 모든 결점들이 순전히 우리의 탓처럼 보일 경우 그것은 더욱 많은 수치심을 가져다준다. 만약 우리의 과거, 현재, 미래의 삶에 대해서 우리 자신이 책임을 져야 한다면 이러한 결점들은 그만큼 더 악덕에서 기인하는 것으로 보이게 마련이다. 불명예나 비난을 초래할 수 있는 행동들을 겪었거나, 겪고 있거나, 겪게 될 경우 우리는 수치심을 느끼게 된다. 자신의 몸을 다른 사람을 위해 봉사하는 도구로 사용하는 경향이 있는 사람들, 혹은 수치스러운 행위들과 연관된 사람들이 그러하다. 폭력을 당하는 것은 수치심을 야기하는 경우의 하나가 될 수 있다. 의도적이건 그렇지 않건 간에 방탕함과 관련된 행위들도 마찬가지이다. (폭력에 의해 강요된 행위들은 비자발적인 경우이다.) 이것은 이와 같은 행위들을 견뎌낼 용기가 없거나, 비겁함의 징후이며, 이러한 행위로부터 스스로를 방어할 능력이 없음을 보여주는 것이다.

사람들

수치심을 느끼는 주체들은 앞서 설명한 것과 유사한 특징들을 가지고 있는 자들이다. 그런데 수치심은 명예의 실추를 보여주는 것이기 때문에, 명예의 실추 그 자체의 문제인 것이지 명예 실추에 의한 결과들이 문제인 것은 아니고, 또한 사람들은 누구의 의견이냐에 따라 그 의견에 신경을 쓰기 때문에, 필연적으로 자신이 존중하는 사람들에 대해서 수치심을 가지기 마련이다. 그런데 사람들은 우리를 칭찬해주는 사람들, 우리가 칭찬해 마지않는 사람들, 우리가 칭찬을 듣고 싶어하는 사람들, 우리가 견줄만한 명예를 가지고 있는 사람들, 우리가 의견을 무시할 수 없는 사람들을 존중한다. 우리가 인정할 만한 덕을 가지고 있는 사람들, 또는 사람들이 본받고자 애쓸 만큼 많은 덕을 가지고 있는 사람들로부터 인정받을 수 있는 덕을 갖춘 모든 사람들을 칭찬하게 되며, 또한 그들로부터 칭찬을 받고 싶어한다. 예를 들어 사랑에 빠진 사람들의 경우가 그러하다.

우리는 우리와 비슷한 자들과 서로의 명예를 견주곤 한다. 그리고 우리는 실제적인 지혜를 가지고 있는 사람들의 의견에 관심을 가진다. 왜냐하면 그러한 사람들이 미덕을 갖춘 자들이라고 여겨지기 때문이다. 나이가 많은 사람들과 교양을 갖춘 사람들이 그러한 사람들이다. 우리는 그러한 사람들의 면전에서 드러나게 행한 행위에 대해 더욱 수치심을 느끼게 된다. 바로 이러한 사실로부터 "눈 속에 수치심이 담겨 있다"는 격언이 생겨난 것이다. 바로 이러한 이유로 우리는 우리 앞에 있는 사람, 우리에게 관심을 기울이고 있는 사람들 앞에서 더욱 수치심을 느끼게 된다. 이와 같은 두 경우에 있어서 우리는 타인의 감시를 받고 있기 때문이다.

우리에게 가해진 비난과 동일한 비난의 대상이 되지 않는 사람들에 대해서도 마찬가지다. 왜냐하면 그들의 의견의 우리의 의견과 상충되는 것은 명백하기 때문이다. 잘못을 저지른 사람들을 보았을 때, 그들에 대해 관용을 베풀 줄 모르는 사람들에 대해서도 그러하다. 흔히 말하기를 우리 자신이 저지른 일을 우리의 이웃이 똑같이 행했을 때, 우리는 그다지 분개하지 않는다. 같은 이유에서 우리 스스로가 금지하고 있는 일을 이웃이 행했을 경우 우리는 분명히 분개하게 된다. 험담을 하는 경향이 있는 사람들에 대해서도 또한 마찬가지이다. 사실상 믿지 않는 것과 말하지 않는 것 사이에는 아무런 차이가 없기 때문이다. 보통 부당한 일을 겪었던 사람들이 험담을 하는 경향을 갖게 된다. 이렇게 하면서 그들은 복수의 기회를 엿보고 있는 것이다. 그들이 만약 무고한 사람들에 대해서까지 험담을 한다면, 죄가 있는 자들에 대해서는 말할 것도 없다.

이웃의 잘못을 들추어내는 데 시간을 보내는 사람들에 대해서도 그러하다. 예를 들면 익살꾼과 희극 작가들이 그 예가 될 수 있는 사람들인데, 그들은 어떠한 의미에서는 험담을 하는 사람들이자, 수다쟁이들이다. 우리에게 한 번도 궁지에 몰린다는 느낌을 준 적이 없는 사람들도 있다. 이 사람들에게서 우리는 여전히 칭찬의 대상이다. 오히려 이러한 점과 관련하여 우리는 처음으로 우리에게 무엇인가를 간청하는 사람들 앞에서 부끄러움을 느끼게 된다. 왜냐하면 그들에게 있어서는 우리의 명성이 여전히 손상되지 않는 채로 남아있음을 느끼기 때문이다. 최근에 들어 우리와 친구가 되고자 하는 자들(그들은 우리에게 있는 장점만 보았을 뿐이다. 이러한 점에서 시라쿠스인들 대한 유리피데스의 대답도 정당하다고 할 수 있다), 그리고 우리의 옛 친구들 중에서도 우리의 잘못을 알지 못하는 자들이 이러한 경우에 속한다. - 실제로 사람들의 입에서 수치스러운 것이라고 회자되는 행위들에 대해서뿐만 아니라, 우리는 그러한 행위들의 징후에 대해서도 수치심을 느낀다. 예를 들면 사랑의 행위는 물론이거니와 사랑을 보여주는 징후들도 부끄러움을 유발할 수 있는 것이다. 부끄러운 일들을 행하는 것에서 뿐만 아니라 그것을 말하는 데에서도 우리는 수치를 느낄 수 있다. 마찬가지로 우리는 앞서 언급된 사람들에 대해서뿐만 아니라, 우리의 행동을 그들에게 가르쳐줄 사람들, 예를 들면 그들의 하인들이나 친구들에 대해서도 수치심을 가질 수 있다.

일반적으로 사람들로부터 진정성을 크게 의심받는 자들의 의견에 대해서 우리는 수치심을 느끼지 않는다(예를 들어 어린 아이들이나 짐승 앞에서 수치심을 느끼는 사람은 없다). 그리고 우리는 안면이 있는 사람들과 처음 보는 사람들 앞에서 동일한 종류의 수치심을 느끼지 않는다. 안면이 있는 사람들에 대해서는 실제적으로 수치스러운 일에 대해서 수치심을 느끼는 것이며, 우리와 멀리 떨어져 있는 사람들에 대해서는 관습과 관련된 일에 대해서만 그러할 뿐이다.

아비투스

다음과 같은 상황에서 사람들은 수치심을 느낄 수 있다. 우선 우리가 누군가에 대해서 수치심을 느끼는 것과 마찬가지의 아비투스에서 사람들이 우리를 대할 경우를 예로 들 수 있다. 다음과 같은 점에 주목하자. 그들은 우리가 찬사를 보내는 자들이거나, 혹은 우리에게 찬사를 보내는 자들, 혹은 우리가 찬사를 받고 싶어 하는 자들, 혹은 우리가 도움을 청하는 자들이다. 특히 마지막 경우에 있어서 만약 우리가 평판을 잃게 되면 어떠한 도움도 받을 수 없을 것이다.

이러한 자들 앞에서 우리가 수치를 느끼게 되는 이유는 그들이 우리를 보고 있기 때문이거나(고대 아테네의 식민지인 사모스의 클레루키아를 언급하면서 민중들 앞에서 다음과 같은 이유를 상기시켰던 것과 마찬가지이다. 시디아스는 아테네 사람들에게 헬레네인들이 그들을 둘러싼 채 바라보고 있으며, 따라서 그들이 취하게 될 방책들에 대해 단지 소문으로만 아는 것은 아니라는 점을 생각할 것을 요구하고 있다), 혹은 이러한 조건들을 갖춘 사람들이 우리의 곁에 있는 사람들이거나, 우리의 행실을 속속들이 알 수 있는 사람들이기 때문이다. 바로 이러한 이유에서 우리는 불행한 상황에 놓여져 있을 때, 예전에 우리들의 경쟁자였던 사람들에 의해 우리가 보여지는 것을 원치 않는 것이다.

사실상 경쟁자들은 찬사를 보내는 자들이다. 우리 자신에게, 혹은 우리의 선조들이나 우리가 혈연관계를 맺고 있는 사람들에 대해 아주 수치스러운 일들과 행위들의 책임이 우리에게 있을 경우 수치심을 느끼게 된다. 또한 일반적으로 우리가 존경심을 느끼는 사람들에 대해서도 마찬가지이다. 앞서 열거했던 여러 가지 경우 외에도 우리를 내세우는 사람들, 즉 우리가 그들의 훈육자였거나, 조언자였던 사람들도 이에 해당될 수 있으며, 동료들이나 우리와 서로 명예를 겨누는 사람들 앞에서도 우리는 수치를 느낄 수 있다. 그들로 인한 수치심은 우리로 하여금 어떤 행위들을 완수하게끔 하거나 혹은 여러 행위들에 제약을 가하게 된다. 우리의 행위에 대한 증인들과 함께 살거나 그들에 의해 바라보여질 경우 우리는 더욱 수치심을 느끼게 된다. 디오니시스에 의해 처형당하러 가는 길에 자신과 함께 죽으러 가는 자들이 도시의 입구를 지나며 얼굴을 가리는 것을 보며 시인 안티포네스가 이야기 한 것이 바로 이와 맥락이다. "왜 얼굴을 가리는가? 저 구경꾼들 중 어느 누가 내일 당신들을 보기라도 할까봐 두려운 것인가?"

수치심에 대해서는 지금까지 살펴본 바와 같다. 경솔함에 대해서는 이러한 여러 예들의 반대의 상황을 이야기하면 될 것이다.

7장. 호의

정의

어떤 사람들에 대하여, 어떤 경우에, 그리고 어떤 '아비투스' 속에서 우리가 호의를 가지게 되는지 살펴보아야 할 것이다. 어떤 것을 소유하고 있는 사람이 그것을 필요로 하는 사람에게 도움을 주도록 하는 감정이 곧 호의이다. 물론 이 경우 도움을 주는 사람은 어떤 보답이나 개인적인 이익을 바라지 않으며, 오직 도움 받는 자의 이익을 위해서 이러한 일을 행할 뿐이다. 다음과 같은 경우에 호의의 정도는 더욱 커진다. 도움 받는 자의 필요가 매우 급박한 경우, 도움의 정도가 갚기 어려울 정도로 큰 것일 경우, 혹은 매우 중요하고 어려운 상황에서 도움이 주어진 경우, 도움을 준 사람이 유일하거나, 첫 번째로 도움을 주었을 경우, 혹은 최고 수준의 도움이 주어졌을 경우가 그 예이다.

필요

강한 욕망들, 특히 그것이 만족되지 않았을 경우에 고통을 수반하는 욕망들이 이에 해당한다. 예를 들면 사랑과 같은 욕망들을 들 수 있다. 우리가 신체적인 학대나 위험 속에 있을 때 느끼는 욕망들. 위험을 무릅쓰거나 고통 중에 있는 사람이 욕망하는 것. 바로 이러한 이유에서 가난할 때, 혹은 추방당했을 때, 곁에서 아주 작은 도움이라도 준 사람은 그 상황과 필요의 중대함에 있어서 매우 호의적인 사람으로 기억되는 것이다. 예를 들어 뤼케이온에 돗자리를 가져다 준 사람을 들 수 있다. 따라서 그와 같은 필요들에 정확히 부응하는 도움이 주어져야 하며, 혹은 그에 준하거나 더욱 중요한 필요들에 부합해야만 한다.

논거의 기원

어떤 사람에게, 어떤 상황에서, 어떤 '아비투스' 속에서 호의가 생겨나는지 보았기 때문에 이러한 원인들로부터 적절한 논거들이 도출돼야 함은 명백한 사실이다. 우선 어떤 사람들이 어떤 고통을 느끼고 있거나, 어떤 필요를 느끼고 있음을 보여주어야 한다. 그리고 다른 사람들이 이러한 필요에 부응하는 일정한 도움을 주었거나, 주고 있다는 것을 보여주어야 한다. 마찬가지로 우리는 어떤 논거를 통해 호의를 베풀었다고 하는 자들로부터 그러한 평판을 빼앗을 수 있는지, 그리고 그들을 반대로 호의를 베풀지 않는 자들로 제시할 수 있는지를 보았다. 즉 자신의 이익을 위해 도움을 주거나 주었던 사람들(우리의 정의에 따르면 호의는 이러한 것이 아니다), 혹은 우연에 의해서나 강제에 의해서 도움이 주어졌을 경우, 혹은 알건 모르건 간에 어떤 도움을 준 것이 아니라 받았던 것에 대해 돌려주는 경우 등이 이에 해당된다. 왜냐하면 이러한 방식은 단순한 주고받기에 불과하기 때문이다. 이러한 조건들 속에서는 호의가 있을 수 없다.

호의의 범주

호의는 모든 범주들에 있어서 상대적으로 검토돼야 한다. 왜냐하면 호의의 원인은 본성, 양과 질, 시간, 장소 등이 모두 될 수 있기 때문이다.

비호의적인 것의 지표

사람들이 필요를 충족시켜 줄 최소한의 도움도 주지 않았을 경우나 우리의 적들에게 동일하거나 같은 가치를 가지고 있거나 혹은 더 큰 도움을 준 경우가 이에 해당된다. 이러한 도움은 오직 우리의 이익만을 위해 행해진 것이 아니기 때문이다. 혹은 도움을 준 사람이 자신의 도움이 별 가치가 없다는 것을 알고 있을 경우도 이에 해당된다. 자신이 필요로 하는 것이 가치가 없다고 생각하는 사람은 없기 때문이다.

8장. 연민

정의

우리는 호의와 호의와 호의적이지 않은 감정들에 대해 살펴보았다. 이제 어떤 종류의 일과 사람이 연민을 자극하는지, 그리고 어떤 성향을 가진 사람이 이 감정을 느끼게 되는지 알아보아야 할 것이다. 연민이란 파괴적이거나 고통을 주는 악덕이 그것을 당할 만한 이유가 없는 사람에게 행해지는 것을 목격한 것으로부터 연유하는 고통이다. 그리고 이러한 악덕이 가까이 있고, 자기 자신이나 가까운 사람들 중 한 명의 신상이 이러한 악덕에 고통을 받으리라고 예상될 경우에 연민을 감정을 느끼게 된다. 연민을 느끼기 위해서는 자기 자신이나 가까운 사람들 중 한 명의 신상이 어떤 악행, 우리가 앞서 정의 내렸던 바와 같은, 혹은 그와 유사하거나 거의 비슷한 악행에 노출되어 있다고 생각해야만 한다.

아비투스

도저히 회복될 수 없을 만큼 피해를 입은 사람들에게서는 연민을 찾아볼 수 없다(그들은 더 이상 고통을 당할 수 있다고 생각하지 않는다. 왜냐하면 이미 모든 고통을 소진해버렸기 때문이다.) 또한 최고 수준의 행복에 이르렀다고 믿는 사람들에게도 해당되지 않는다. 그들은 연민을 가지기 보다는 모독하는 감정을 가지게 되기 때문이다. 모든 행운을 소유하고 있다고 생각하는 사람들은 당연히 어떠한 악도 자신들에게 이르지 못할 것이라고 생각하며, 그것 역시 하나의 행운이라고 믿기 때문이다.

이미 고통을 겪어보았고 또한 악행을 벗어났던 경험이 있는 사람들은 본질적으로 자신들이 고통을 받을 수 있다는 사실을 믿게 된다. 예를 들면 인생에 대한 실질적인 지혜와 경험을 가지고 있는 노인들이나 약한 사람들, 나아가 매우 소심한 사람들, 교육받은 사람들이 이에 해당한다. 왜냐하면 그들은 예상을 할 줄 알기 때문이다. 부모나 자녀, 부인이 있는 사람들의 경우가 그러하다. 가족들은 그들 자신의 일부분으로서 앞서 열거한 악덕들로부터 고통받을 가능성이 있다. 마찬가지로 용기와 같은 정념, 예를 들면 분노나 대담함(이 경우 사람들은 미래를 예상하지 못한다)을 가지고 있지 않으며, 모독적인 기질을 가지고 있지 않지만(사실상 이들은 자신들이 고통받을 수도 있다는 점을 예상치 못한다), 이러한 극단적인 성향들 사이에 있는 사람들이 그러하다. 또한 아주 극심한 두려움을 느끼는 사람들도 역시 고통을 받는 사람들이 아니다. 흔히 아주 충격적인 일을 겪게 되면 사람들은 연민을 느낄 수 없다. 왜냐하면 이 경우 사람들은 자신의 고통에만 신경을 쓰기 때문이다.

세상에는 여전히 정직한 사람들이 있다고 믿는 사람들만이 연민의 감정을 느낄 수 있다. 그렇지 않은 사람은 다른 사람들이 겪는 불행이 모두 자업자득이라고 생각하기 때문이다. - 일반적으로 이러 저러한 악덕들이 자기나 가족 중의 한 사람에게 이를 수 있다는 점을 알고 있는 사람이나, 혹은 더 구체적으로 자기나 가족들에게 이러한 악덕들이 다가올 것을 예상하고 있는 사람들이 연민을 느낀다.

연민의 대상

1) 사물

우리는 어떠한 성향을 가진 사람들이 연민을 느끼는지 살펴보았다. 그러면 어떤 대상들이 그들의 연민을 자극하는지에 대한 고찰이 우리가 내린 정의, 즉 파괴적인 힘을 가진 모든 비통하고 고통스러운 일들이 연민을 자극할 수 있다는 정의를 증명해 줄 것이다. 마찬가지로 파괴의 원인이 될 수 있는 모든 사태들, 그리고 재산 문제와 연유된 모든 심각한 악덕들 역시 연민을 자극할 수 있다. 여러 형태의 죽음, 신체적 폭력, 학대, 늙음, 질병, 기아 등은 고통스럽고 파괴적인 것이다.

재산 문제에 기인한 악덕들은 친구를 잃거나, 남아 있는 친구의 수가 매우 적어지는 상황으로 이어진다(자신의 친구들이나 지인들로부터 떨어져 나가는 것은 연민을 자극하는 일이다). 추함, 육체적인 허약함, 불구, 그리고 이로부터 생겨나는 악덕을 당하는 사람들에 대해 우리는 선한 일이 생기기를 기대할 수 있다. 또한 이러한 악덕의 빈번한 반복도 그러하다. 악덕을 모두 겪고 난 이후에야 선이 찾아오는 경우, 이는 마치 디오피테스가 죽은 이후에 대왕의 하사품이 당도한 것과 같은 경우이다. 선한 것이라곤 조금도 경험해 보지 못했거나, 우리가 누리는 선을 누릴 수 없는 경우가 그러하다.

2) 사람

위에 언급한 사태들 그리고 그와 유사한 사태들에 대해 우리는 연민을 느끼게 된다. 연민의 대상이 되는 사람들은 우리와 매우 밀접한 관계에 있는 사람들이 아니라, 우리가 알고 지내는 사람들이다. 밀접한 관계를 가지고 있는 사람들의 경우 우리 자신의 고통을 받는 것과 마찬가지일 것이기 때문이다. 이러한 이유로 아마시스는 죽은 아들들에 대해서는 울지 않고, 자신에게 구걸하는 친구에 대해 눈물을 흘린 것이다. 친구의 경우는 연민의 대상이 되지만, 아들의 경우는 그 자체로 끔찍한 일이기 때문이다.

끔찍한 것은 연민과는 다른 감정이다. 끔찍함은 연민을 포함하고 있지 않으며, 종종 연민과는 반대되는 감정을 유발한다. 같은 이유로 우리는 위험이 가까이 다가왔을 경우 연민을 느끼지 못한다. 또한 우리는 나이, 성격, '아비투스', 지위, 가족 관계 등이 우리와 비슷한 사람들에 대해 연민을 가진다. 이와 같은 경우에 그들과 같은 역경을 느낄 수 있는 가능성이 더욱 커 보인다. 왜냐하면 일반적으로 우리가 앞서 두려움과 관련해 받아들였던 사실들과 반대되는 것은 특별한 증명을 거치지 않고도 받아들여야 하기 때문이다. 하지만 우리 자신이 두려워하는 모든 것들이 타인에게 일어날 경우 우리는 연민을 느끼게 되는 것이다.

가까이 있어 보이는 불행들이 연민을 자극하는 반면, 이미 일어났거나 혹은 오랜 시간 후에나 일어날, 따라서 예상할 수도 없고, 기억할 수도 없는 불행들은 전혀 연민을 자극하지 못하거나, 혹시 자극하더라도 아주 미미한 정도에 그칠 뿐이다. 따라서 연민을 자극하는 말에 덧붙여 목소리, 옷차림, 몸짓 등으로 그 말의 효과를 증대시키는 사람들에 대해 더 많은 연민을 가지게 되는 법이다. 이런 것들을 눈으로 확인할 경우 불행이 더욱 가까운 미래나 과거의 일인 것처럼 느껴지기 마련이다. 또한 최근에 일어났거나 곧 일어날 사태들은 더욱 강한 연민을 자극한다. 이러한 이유로 여러 지표들, 예를 들면 고통을 당한 사람의 옷차림이나 그와 유사한 것들이 연민을 자극할 수 있다. 마찬가지로 현재 고통을 당하고 있는 사람들, 예를 들면 죽어가고 있는 사람들의 행동과 말도 연민을 자극한다. 특히 연민을 자극하는 것은 정직한 사람들이 이와 같이 위급한 상황에 처해 있는 광경이다. 이 모든 경우들은 연민을 더욱 자극하기 때문이다. 왜냐하면 이러한 모든 경우는 우리 주변에서 발생하는 것이기 때문이고, 우리는 그 무고한 희생자가 그러한 운명을 당할 이유가 없다고 생각하며, 우리의 눈으로 직접 그 불행을 확인할 수 있기 때문이다.

9장. 분개

분개는 연민과는 다르다

연민을 느끼는 과정과 특히 대립되는 것은 우리가 분개라고 부르는 것의 과정이다. 무고한 사람들이 당하는 불행에 대해 느끼는 고통과는 반대로, 자격이 없는 사람들이 누리는 행복을 보며 고통을 느낄 수 있다. 사실상 이 감정들은 동일한 성격에서 생겨나는 것이다. 이 두 가지 감정은 정직한 성격을 가진 사람들이 느낄 수 있는 것이다. 이유 없이 불행을 당하는 사람들에 대해 몹시 슬퍼하고 연민을 느끼는 것과 마찬가지로 자격도 없이 행복을 누리는 사람들에 대해서는 분개하게 되는 것이다. 실제로 합당하지 않게 벌어지는 일은 부정의한 것이며, 바로 그렇기 때문에 우리는 분개의 감정을 특히 신들이 가지는 감정으로 이야기하곤 한다.

분개는 질투와는 다르다

질투 역시 마찬가지 이유로 연민과는 반대되는 감정이다. 따라서 질투는 분개와 더욱 가까워 보이며, 같은 성질의 감정으로 보이는 것 역시 사실이다. 하지만 질투와 분개는 다르다. 분명 질투 역시 행복과 관련하여 고통을 주는 감정이다. 하지만 그것은 자격 없는 행복에 대한 감정이 아니라, 우리와 유사한 사람들이 가지는 행복에 대한 감정이다.

무사무욕

어떠한 개인적인 이익을 추구하지 않고, 오직 이웃에 대한 염려만 있을 경우 바로 이러한 모든 감정들의 특징이 된다. 이러한 상태에서는 질투가 있을 수가 없는 반면, 분개나 두려움이 있을 수 있다. 두려움이 생길 수 있는 이유는 타인의 행복이 우리에게 유감스러운 결과를 가져올 수도 있을 경우에는 그것이 고통과 혼란을 야기하기 때문이다.

연관관계

대립적인 정념들이 이러한 감정들과 연관되어 나타난다는 것은 분명하다. 왜냐하면 부당한 불행에 고통받는 자는 합당한 불행, 예를 들면 친부 살해범 같은 살인자가 처벌을 당하는 것에 대해서는 즐거움을 느끼거나 적어도 아무런 고통도 느끼지 않을 것이다. 정직한 사람이라면 누구도 그런 자 때문에 슬퍼하지는 않을 것이다. 오히려 이러한 일들을 기쁘게 받아들일 것이다. 마찬가지로 정직한 사람은 합당하게 행복을 누리는 사람들을 보는 것에서 즐거움을 느낄 것이다. 결국 이 두 가지 경우는 모두 정의로운 일이며, 그렇기 때문에 정직한 사람에게는 기쁨의 원인이 되는 것이다. 그러한 사람은 반드시 자신의 동료에게 일어난 좋은 일이 자신에게도 올 수 있기를 기대하기 때문이다. 이러한 모든 감정들은 동일한 성격에 속한 것이다. 마찬가지로 반대되는 감정들은 반대되는 성격에 속한 것이다.

타인의 불행에 대해 즐거움을 느끼고 타인의 행복에 대해 질투를 느끼는 사람은 같은 사람이다. 타인에게 찾아온 좋은 일과 그가 가진 행복에 대해 고통을 느낀다면, 그 행복이 소멸되거나 빼앗길 때 즐거움을 느낄 것이다. 그렇기 때문에 이러한 모든 감정들은 연민의 감정에는 장애물이 된다. 연민은 이러한 감정들과는 다르며, 그 이유는 앞서 살펴본 바와 같다. 따라서 이러한 모든 감정들은 연민과는 거리가 먼 일들을 보여주기에 유용한 것들이다.

분개를 야기하는 사람과 대상

우선 분개를 가져오는 사람들과 대상들, 그리고 이 감정이 전제로 하고 있는 성향을 살펴보고 난 후 이러한 정의에 입각하여 또 다른 사항들에 대해서 검토해야 할 것이다. 이 작업은 앞서 행한 구분의 명확한 결과로 주어질 것이다. 분개가 부당한 행복을 누리는 사람에 대한 고통의 감정이라는 것을 인정할 때, 무엇보다도 우리는 모든 행복에 대해 분개할 수는 없다는 점이 명백해진다.

어떤 사람이 정의롭고 용감하며, 따라서 어떤 미덕에 이르러 마땅하다면, 그에 대해서는 분개하지 않을 것이다(또한 연민의 감정은 이러한 장점들과 반대되는 결점들에 의해서는 마찬가지로 촉발되지 않을 것이기 때문이다.) 하지만 덕이 있는 사람들이 마땅히 가져야 할 부유함이나 권력과 같은 이익이 그렇지 못한 사람에게 주어진 경우 우리는 분개할 것이다. 그렇다고 해서 자연적인 행복들, 즉 태생적 신분이나 선천적인 아름다움과 같은 것들을 소유한 자에 대해 분개하는 것은 아니다. 오래된 것이 더 자연스러워 보이는 것과 마찬가지로 동일한 재산을 소유하고 있는 두 종류의 사람들이 있을 때, 최근에 그 재산을 획득하고, 그것으로 인해 행복을 누리는 사람들이 더 많은 분개를 불러일으킬 수 있다. 오래 전부터 혹은 태어나면서부터 부유했던 사람들보다는 얼마 전에 부유해진 사람들이 우리에게 더 큰 고통을 야기한다.

명령권이나 힘, 많은 친구들, 훌륭한 자녀들, 그와 유사한 다른 이점들을 가지고 사람들에 대해서도 마찬가지이다. 이러한 이점들이 그들에게 재산을 증식시키는 이유가 될 경우, 우리의 분개는 더욱 커진다. 즉 부유함으로 인해 지배력을 행사하는 신흥 부자들은 오래된 부자들보다도 더 큰 고통을 야기한다.

다른 재산들에 있어서도 마찬가지이다. 자신들에게 합당한 것을 가지고 있는 것처럼 보이는 사람들이 있는 반면, 그렇지 못한 사람들도 있기 때문이다. 우리가 항상 일정한 관점에서 우리가 항상 보아왔던 것들이 현실에서도 똑같이 나타나는 경우가 있다. 반면 자신들의 것이 아닌 것을 소유하고 있는 사람들이 있기도 하다. 각각의 행복이 아무에게나 마땅한 것이 아니기 때문에, 그리고 적절함이란 적당한 비율 속에 있는 것이기 때문에(예를 들면 군대의 매력은 정의로운 사람이 아닌, 용감한 사람에게 적절한 것이고, 명문가와의 결혼은 신흥 부자가 아닌, 태생이 고귀한 사람에게 적합한 것이다), 덕 있는 사람이 그가 가진 미덕에 어울리는 것을 갖지 못한 경우 그것이 바로 분개를 불러일으키는 적합한 원인이 된다. 열등한 자가 우월한 자와 같이 겨루는 경우, 특히 동일한 대상에 대해 둘 사이의 차이가 확연함에도 불구하고 경쟁하는 경우도 마찬가지이다.

이와는 달리, 같은 대상은 아니라 할지라도 어떤 식으로든 열등한 위치에 있는 자가 우월한 자와 겨룰 때에도 마찬가지이다. 예를 들어 음악가가 정의로운 자와 경쟁할 때가 그러하다. 왜냐하면 정의는 음악보다 더 높은 차원에 속하기 때문이다.

이와 같이 우리는 어떤 사람에 대해 무슨 이유로 분개하게 되는지를 명백히 살펴보았다. 위에서 말한 이유들과 그것과 유사한 이유들이 그것이다.

아비투스

우리는 우리 자신이 가장 큰 행복을 소유할 자격이 있다고 생각할 때 분개하게 된다. 우리와 같지 않은 사람들이 우리와 같은 행복을 소유할 만한 자로 여겨질 경우 그것은 정의롭지 못한 일이기 때문이다. 게다가 우리 자신이 미덕을 갖추고 있고 아주 높은 도덕적 자질을 가지고 있다고 생각할 때도 그러하다. 이러한 경우 우리는 판단을 잘 내릴 수 있고, 부정의한 일을 증오하게 되기 때문이다. 우리가 어떤 이익에 대한 야망과 욕망을 가지고 있지만, 그러한 야망의 대상이 그것을 누릴만한 자격이 없는 사람들에게 주어져 있을 경우 우리는 분개한다. 일반적으로 어떠한 이익을 스스로 가질 만한 자격이 있다고 생각하는 사람들이 보기에 그렇지 못한 자들에 대해서, 그리고 그 이익의 대상에 대해서 분개하곤 한다. 그렇기 때문에 노예 같이 비굴한 성격을 가진 자들이나 어떠한 야망도 없는 자들은 좀처럼 분개를 하지 않는다. 왜냐하면 그들은분개할 만한 어떤 것도 가지고 있지 않다고 생각하기 때문이다.

결론

지금까지 우리는 어떤 성격을 가진 사람들이 역경과 불행, 실패를 겪을 때 오히려 우리에게 즐거움을 주는지, 혹은 적어도 우리에게 아무런 고통도 야기하지 않는지를 살펴보았다. 왜냐하면 우리가 이러한 것들을 살펴보고 난 후에야 그 반대항도 명백해지기 때문이다. 따라서 담론이 결정을 내려야 하는 사람들에게 그러한 정신적 기질을 부여하거나, 또는 담론이 동정을 바라는 사람들과 동정을 거부하는 것이 마땅하다고 증명해준다면, 그들 스스로가 연민을 느낀다는 것은 불가능하다.

10장. 시기심

정의

이제 우리는 어떤 주제에 대하여, 어떤 사람에 대하여, 그리고 어떤 '아비투스' 속에서 시기심을 느끼는지 명확히 살펴보고자 한다. 시기심은 앞서 살펴본 재산들을 명백히 획득한 이후에 뚜렷하게 느낄 수 있는 고통이다. 단 그것은 우리 자신의 개인적인 이익과 관련해서가 아니라 우리의 동료들과 관련하여, 정확히 말하자면 그들 때문에 겪는 감정이다.

아비투스

사실상 사람들은 다음과 같은 상황 속에서 시기심을 느끼게 된다. 우선 동료들이 실제로 있거나, 혹은 있어 보이는 사람들이 이 감정을 느끼게 된다. 여기에서 동료들이란 태생, 혈족관계, 나이, 아비투스, 명성, 소유한 재산 등에 있어서 우리와 비슷한 사람들을 의미한다. 또한 시기심은 거의 모든 재산을 소유하고 있는 사람들이 느끼는 감정이다. 따라서 아주 큰 성공을 거두었거나 엄청난 재산을 거머쥔 사람들이 대개 시기심에 빠지곤 한다. 왜냐하면 이러한 자들은 자기 외의 모든 사람들이 이러한 성공의 결과를 빼앗으려 한다고 여기기 때문이다. 몇 가지 이유, 주로 지식이나 행복으로 인해 다른 사람들보다 더 영예를 얻은 사람들도 마찬가지로 이러한 감정에 빠지기 쉽다.

야심이 없는 사람들보다는 야심가들이 더 시기심에 빠지기 쉽다. 스스로 박학하다고 생각하는 사람들 역시 그러하다. 왜냐하면 그들은 지식에 대한 야망을 가지고 있기 때문이다. 일반적으로 어떤 대상과 관련된 영광을 갈망하는 자들은 바로 그 대상과 관련하여 시기심을 가지곤 한다. 또한 편협한 정신을 가진 자들 역시 마찬가지이다. 그들에게는 모든 것이 위대해 보이기 때문이다.

대상

시기심의 대상들 가운데에는 우리가 앞서 살펴본 재산들이 자리 잡고 있다. 사람들이 자신의 명예를 걸고, 야망을 품고 있는 행위나 획득물들, 사람들이 영광을 맛보고자 하는 것들, 그리고 행운에 힘입어 획득된 것들은 거의 모두가 시기심을 자극한다. 특히 사람들이 강렬한 욕구를 가지고 있거나, 자신에게 속해야 한다고 느끼는 것들이 더욱 그러하며, 마찬가지로 그것을 획득하는 것이 우리에게 조금이라도 더한 우월성을 부여해 준다고 여겨지는 것들, 혹은 그것을 가지지 못할 경우에는 우리가 조금 더 열등한 상태에 남겨질 것이라고 여겨지는 것들이 시기심의 대상이 된다.

사람들

이제 우리는 어떤 부류의 사람들이 시기하는지를 명백히 알 수 있다. 우리가 앞서 살펴본 바와 일치하는 점이 있기 때문이다. 우리는 시대, 공간, 나이, 명성, '태생'에 있어서 우리와 가까이 있는 사람들을 시기한다. 그렇기 때문에 혈족관계 역시 시기심을 유발할 수 있다.

또한 누군가와 경쟁 관계에 있는 사람들이 그러하다. 경쟁 관계란 앞서 말한 바와 같이 시기적으로 가까운 사람들과의 사이에서 가능한 일이지, 수만 년 전에 살았거나, 수만 년 이후에 살아갈 사람들, 혹은 이미 죽은 사람들, 그리고 지브롤터 해협의 두 개의 산의 경계에 살고 있는 사람들에 대해서는 가질 수 없는 것이다. 또한 우리가 판단하기에 혹은 다른 사람들이 보기에도 우리보다 너무 우월하거나 열등한 사람들, 또한 그와 같은 종류의 조건을 가진 사람들과는 경쟁 관계를 가질 수 없다. 보통 우리가 놀이나 사랑 등에 있어서 우리의 경쟁자들에 대항한 야심을 갖게 되기 때문에, 즉 일반적으로 보아 우리와 같은 욕망을 가지고 있는 사람들에 대항하는 야심을 가지기 때문에 바로 이런 사람들에 대해 시기심을 느끼게 되는 것은 거의 필연적이다. 이러한 이유로 도기 제조인은 도기 제조인에 대해 시기한다.

또한 타인의 획득물이나 성공이 우리에게는 비난의 조건이 되는 경우 역시 시기심을 유발할 수 있다. 여기에서도 마찬가지로 이러한 사람들은 우리와 가까운 사람들이거나 동료들이어야 한다. 이 경우 그들의 성공은 역으로 갈망하는 것을 얻지 못한 것이 우리 자신의 잘못 때문이라는 감정을 자아내기 때문이다. 따라서 이러한 사실의 확인은 우리를 불쾌하게 만들면서 동시에 시기심을 유발한다. 우리에게 주어지던, 혹은 옛날에 우리가 소유했던 재산을 지금 소유하고 있거나 획득한 사람들이 시기심을 유발한다. 그래서 노인들은 젊은이들을 시기한다. 그리고 한 가지를 얻기 위해 과도한 지출한 한 사람은 손쉽게 그것을 획득한 사람들을 시기한다. 또한 아직 어떤 결과에 다다르지 못한 사람들은 그것에 신속하게 다가간 사람들을 시기한다.

결론

이제 우리는 이러한 성격을 가진 사람들이 어떤 대상에 대해, 어떤 사람들에 대해, 또한 어떤 아비투스 속에서 기쁨을 느끼는지 알 수 있다. 고통의 아비투스는 반대의 경우에 쾌락의 아비투스가 될 수도 있다. 따라서 청중들이 이러한 아비투스 속에 놓여 있다면, 그리고 동정심을 자극하거나 어떤 재산을 획득할 자격이 있다고 자부하는 사람들을 앞서 말한 바와 같은 성격으로 묘사한다면, 그들은 사람들로부터 원하는 동정심을 결코 유발하지 못할 것이다.

11장. 경쟁심과 멸시

정의

경쟁심의 아비투스, 그것의 주제들, 그리고 그것이 생기는 경우들은 다음과 같은 관점에서 분명하게 드러난다. 경쟁심은 누구에게서나 인정받을 만한 재산, 그리고 우리가 가질 수도 있는 재산의 존재로부터 유발되는 감정이다. 또한 그것은 자연스럽게 우리의 동료들에 대해 느끼는 감정이다. 다만 이 감정은 재산이 타인에게 속해 있다는 점에서 생기는 것이 아니라, 우리가 그것을 가지지 못했다는 점에서 유발되는 감정이다(그렇기 때문에 경쟁심은 올바른 정념과 정직한 사람들이 가지는 정직한 정념이다. 반면 시기심은 비루한 정념과 비천한 사람들의 정념이다. 왜냐하면 경쟁심을 품은 사람들은 이러한 재산들을 획득할 수 있는 상태에 이르지만, 시기심을 품은 사람들은 가까운 이웃이 그 재산이 가지지 못하도록 방해하기 때문이다). 따라서 경쟁심을 느끼기 위해서는 무엇보다도 우리가 갖고 있지 못하지만 '가질 수도 있는' 재산에 대해 스스로가 자격이 있다고 여길 수 있어야 한다. 명백히 불가능한 것을 바라는 사람은 없기 때문이다.

아비투스와 주제

이러한 이유로 젊은이들과 고결한 정신을 가진 사람들이 주로 위와 같은 특징을 가지고 있다. 명예로운 사람들에게 어울리는 재산을 소유하고 있는 자들 역시 마찬가지이다. 이 때의 재산은 부유함이나 많은 수의 친구들, 명령권, 그와 같은 종류의 모든 것들이 해당된다.

이러한 사람들은 스스로가 덕있는 사람이 되기에 적합하다고 생각하며, 이러한 재산들이 덕을 갖춘 사람들에게 어울리는 것인 만큼 그들에게는 그것이 경쟁의 주제가 되는 것이다. 또한 다른 사람들로부터 이러한 재산을 갖기에 마땅하다고 여겨지는 사람들도 마찬가지이다. 명예로운 선조나 부모, 친구들을 가지고 있거나, 그러한 국가나 도시에 속해 있는 사람들은 그것과 관련한 경쟁심을 가지게 된다. 그들은 바로 그것이 자신들의 재산이라고 생각하며, 나아가 자신들이 그것을 누릴만한 자격이 있다고 믿기 때문이다. 명예로운 재산들, 즉 타인들에게 유용하며, 호의를 베풀기에 적합한 재산들이 경쟁심의 대상이 된다면 덕있는 자들은 필연적으로 그러한 성격을 갖게 된다. 왜냐하면 호의를 베푸는 자들과 덕있는 자들에게 명예가 주어지기 때문이다. 마찬가지로 이웃이 누릴 수 있는 모든 재산들, 예를 들면 건강보다는 부와 아름다움 같은 것들이 경쟁심의 대상이 된다.

사람들

어떤 사람들이 경쟁심을 자극하는지를 명백히 볼 수 있다. 앞서 말한 재산이나 그것과 같은 종류의 재산을 소유하고 있는 자들이 경쟁심을 불러일으킨다. 그 재산은 우리가 앞서 열거한 용기, 지식, 명령권과 같은 것들이다. 명령권을 행사하는 사람들은 많은 사람들에게 선을 행할 수 있기 때문이다. 즉 전략가들, 웅변가들을 비롯해 이런 종류의 힘을 가지고 있는 모든 사람들이 이에 해당된다. 또한 많은 사람들이 닮고자 하고, 지인이 되고자 하며, 친구가 되고자 하는 사람들이 경쟁심을 자극할 수 있다. 마찬가지로 많은 사람들이 칭송하며, 우리 자신 역시 칭송하고 있는 사람들도 그러하다. 시인들이나 산문가들로부터 찬사나 칭송의 말을 받는 사람들 역시 마찬가지이다.

멸시

우리는 이와 반대되는 성격을 가진 사람들을 멸시한다. 멸시는 경쟁심과 반대되는 감성이며, 그 감정이 발생하는 과정 역시 마찬가지이다. 경쟁심을 느끼거나 그것을 자극하는 아비투스를 가진 사람들은 필연적으로 경쟁심을 가져올 수 있는 이익들과 반대되는 손해를 나타내는 사람들이나 대상들에 대해 멸시를 보내기 마련이다. 따라서 어떤 사람들이 행운을 지녔을 경우, 특히 그들의 행운이 타인들로부터 인정받을 만한 재산 없이 그저 굴러들어온 것일 경우 그들은 멸시의 대상이 된다.

지금까지 우리는 어떻게 여러 가지 감정들이 생겨나고 소멸되는지를 살펴보았다. 우리가 본 것은 감정의 근원들로, 이로부터 여러 가지 증명이 가능할 것이다.

12장. 세대 : 청년

다루어야 할 주제

이제부터는 다양한 성격들을 정열과 관련된 성향, '아비투스', 세대, 운(fortune)의 조건 등에 따라 보고자 한다. 정념과 관련된 것은 앞서 살펴본 바와 같이 분노, 욕망 같은 종류의 감정들이다. 아비투스란 미덕과 악덕에 관련된 것으로, 이 역시 이미 살펴본 바 있다. 즉 각각의 성격을 가진 무리가 어떤 것을 더 선호하고, 어떤 행동으로 기우는지에 대한 것이다. 세대는 청년기, 중년기, 노년기로 나눌 수 있다. 운의 조건으로는 태생적 신분의 고귀함, 부유함, 여러 종류의 권력을 들 수 있으며, 이것들과 반대되는 것들도 운의 조건이 된다. 그리고 일반적으로 행운과 불운이라고 부를 수 있다.

청년기

청년들은 성격상 욕망에 이끌리기 마련이며, 자신들이 욕망하는 것을 실행하고자 한다. 육체적인 욕망들 중에서도 그들은 특히 사랑의 욕망에 포로가 되며, 그 욕망을 제어하는 데에는 무기력하다. 그들은 변덕스럽고, 욕망에 대해 쉽게 싫증을 느낀다. 따라서 그들의 욕망이 격렬할수록 실제로 그 욕망이 지속되는 시간은 매우 짧다. 왜냐하면 마치 환자들이 느끼는 갈증과 배고픔처럼 그들의 의지는 불타지만 그 영향력은 미약하기 때문이다.

그들은 격렬하고 쉽게 흥분하며 충동을 따르는 경향이 있다. 그들은 바로 이 격렬함에 지배당한다. 그들의 야망은 그들로 하여금 조금의 경멸도 견뎌내지 못하게 하며, 부당한 일을 당했다고 여길 경우 그들은 쉽게 분개한다. 그들은 명예를 좋아하지만, 그보다 승리를 더 좋아한다. 청년들은 대개 우월함을 욕망하는데, 승리란 곧 우월함의 표시이기 때문이다. 이들은 돈에 대한 욕망보다는 오히려 이와 같은 두 가지 야망을 더욱 많이 가지고 있다. 암피아라우스에게 보내는 피타쿠스의 격언과 같이 그들은 아직 그다지 많은 필요를 실감하지 못하고 있기 때문에 돈에 대해서는 그만큼 집착하지 않는 것이다.

청년들은 좋은 성격을 가지고 있다. 왜냐하면 그들은 아직 많은 타락의 상황을 경험해보지 못했기 때문이다. 그들은 신뢰할만한 성격을 가지고 있다. 왜냐하면 그들 자신이 아직 속임수를 당해본 적이 많지 않기 때문이다. 포도주를 한 잔 걸친 사람처럼 그들은 본성적으로 따뜻함을 가지고 있다. 이것은 그들이 많은 실패를 겪어보지 않았기 때문이기도 하다. 그들의 인생 대부분은 희망으로 가득 차 있다. 기억이 과거에 대한 것인 반면에, 희망은 미래를 감싸 안는 것이다. 청년들에게 있어서 미래는 길고 과거는 짧다.

인생을 출발하는 청년들에게 있어서는 기억해야 할 것 보다는 희망해야 할 것이 훨씬 많다. 때문에 그들은 쉽게 속아 넘어가기도 한다. 왜냐하면 그들은 너무 쉽게 희망하기 때문이다. 청년들은 누구보다도 용감하다. 그들은 쉽게 흥분하며, 쉽게 희망을 가지기 때문이다. 격분이 그들의 두려움을 앗아간다. 희망은 그들에게 확신을 불어넣어 준다. 분노하는 자는 두려움에 떨진 않는 법이다. 또한 무엇인가에 대한 희망은 확신을 고양시킨다.

그들은 수줍음이 많다. 기껏해야 사회적 규약에 대한 교육밖에는 받지 못했기 때문에 또 다른 아름다운 것들이 있다는 사실을 알지 못하기 때문이다. 그들은 관대하다. 아직 인생의 쓴맛을 보지 못했기 때문이다. 그들은 어쩔 수 없는 필연성을 경험하지 못했다. 자신이 위대한 것에 합당한 사람이라고 생각하는 것, 이것이 곧 관대함이다. 그런데 관대함은 희망에 가득 찬 사람의 성격에 속하기도 하다.

행동에 있어서 그들은 이익보다는 아름다움을 추구한다. 그들의 삶은 계산보다는 기개에 의해 움직여진다. 계산이 이익과 관련된 영역이라면 미덕은 아름다움과 관련된 영역이다. 다른 누구보다도 청년들은 친구들과 동료들을 사랑한다. 이는 사교계의 삶을 즐기는 성격에 기인하는 것이다. 또한 그들은 자신들의 이익에 따라 무엇인가를 판단하지 않으며, 친구에 대해서도 역시 마찬가지이다.

실론의 격언 "어떤 것에 있어서도 넘치지 말라"과는 반대로 그들은 항상 너무나 과장하고 격렬한 나머지 잘못을 저지르기도 한다. 모든 것에 있어서 넘치도록 행동하기 때문이다. 그들은 넘치게 사랑하고, 넘치게 증오하며, 다른 일에 대해서도 지나치게 행한다. 그들은 모든 것을 안다고 생각하며, 고집스럽게 주장한다. 이것이 곧 모든 일에 과도하게 행동하는 이유이다. 그들은 어떤 사악함 때문이 아니라, 이러한 지나침 때문에 잘못을 범하곤 한다.

그들은 많은 동정심을 가지고 있다. 왜냐하면 그들은 실제보다 사람들이 더 정직하고 선하다고 믿기 때문이다. 그들은 자신들이 가진 순수함을 다른 모든 사람들도 가지고 있다고 생각한다. 따라서 그들은 타인이 겪는 고통들이 부당하다고 여기는 것이다.

그들은 웃음을 좋아하고, 따라서 농담을 즐긴다. 사실 농담이란 좋은 교육을 통해 절제된 넘침에 다름 아니다.

13장. 노년

청년기와의 대조

이미 중년기를 지난 노인들은 대부분 앞서 언급한 청년기와 거의 반대되는 성격을 가지고 있다. 그들은 오랜 세월을 살아 왔고, 속임을 당한 적도 있으며, 적어도 한 번 이상은 실수를 저지른 경험도 가지고 있다. 또한 대부분의 세월 동안 그들은 인간적인 것들이 악해지는 것을 목격했다. 그렇기 때문에 그들은 어떠한 확언도 삼가는 경향이 있으며, 말에 있어서도 항상 실제로 해야 할 말보다도 훨씬 적게 이야기하곤 한다.

그들은 항상 '내 생각에는'이라고 말하지, 결코 '내가 아는 것은'이라고는 말하지 않는다. 그리고 의심을 품으면서 이렇게 덧붙이곤 한다. "아마도 가능할지도 모르지." 그들은 항상 그런 식으로 말한다. 그들은 결코 확언을 하는 법은 없다. 그들은 나쁜 성격을 가지고 있다. 왜냐하면 나쁜 성격을 가지고 있다는 것은 곧 모든 것을 최악의 상황으로 간주하는 것이기 때문이다. 게다가 그들은 의심으로 인해 어디에서나 손해의 가능성을 가늠하곤 한다. 이처럼 그들이 의심을 품는 것은 그들의 경험에서 연유한 것이다. 이러한 이유 때문에 그들은 결코 격렬하게 무엇인가를 좋아하거나 증오하지 않는다. 하지만 비아스의 격언과 같이 그들은 마치 증오해야만 하는 것처럼 사랑하고, 마치 사랑해야만 하는 것처럼 증오한다.

그들은 비루한 생각을 가지고 있다. 이미 인생의 쓴 맛을 보았기 때문이다. 그들은 위대한 것이나 특별한 것을 욕망하지 않는다. 다만 삶에 필요한 것들만 욕망할 뿐이다. 그들은 몹시 인색하다. 재산이란 곧 이러한 삶의 필요한 것들 중 한 가지 요소이며, 그들은 경험을 통해 재산을 얻기는 어렵고, 어려워도 잃기는 쉽다는 것을 알고 있기 때문이다.

그들은 쉽게 두려워하고, 미리 걱정을 품곤 한다. 나이가 그들로 하여금 젊은이들과는 반대되는 경향을 갖도록 만든 것이다. 젊은이들이 뜨거운 피를 가지고 있는 반면, 그들은 냉랭하다. 따라서 노년기는 비겁함을 향한 길을 닦는 것이나 다름없다. 고통이란 곧 냉랭하게 만드는 요소에 다름 아니기 때문이다. 그들은 삶을 사랑한다. 특히나 인생의 말년에 이르러서는 더욱 그러하다. 왜냐하면 욕망은 항상 부족한 것을 대상으로 하며, 가장 부족한 것에 대해 가장 강렬한 욕망을 가지기 때문이다.

그들은 필요 이상으로 이기적이다. 바로 여기에 또 하나의 저속한 감정이 자리 잡고 있다. 그들은 아름다움이나 합리적인 것 보다는 이익을 위해 산다. 이기적이기 때문이다. 아름다움이 절대적인 선인 반면에 이익은 개별적인 선에 속한다. 그들은 정숙하기보다는 파렴치하다. 아름다움에 대한 관심이 이익에 대한 것에 비해 너무나 미미하기 때문에 그들은 거의 자신의 의견을 제시하지 않는다.

그들은 경험으로 인해 거의 희망을 가지지 않는다. 그들의 경험상 대부분의 사건들은 유감스러운 결과로 이어지며, 종종 최악의 상황으로 이어진다는 사실을 알고 있기 때문이다. 이 역시 그들의 비겁함에 기인하는 것이다. 그들의 희망에 의해서보다는 추억으로 산다. 희망이

미래를 감싸 안고, 추억은 과거와 관련된다고 할 때, 그들에게는 살아온 시간에 비해 살아가야 할 시간이 훨씬 짧기 때문이다. 바로 이러한 이유 때문에 그들은 수다스러워진다. 그들은 끊임없이 지내온 과거의 삶에 대해 이야기한다. 이렇게 과거를 추억하는 것을 낙으로 삼기 때문이다.

그들은 격렬하게 흥분하지만 미약한 수준에 머물 뿐이다. 그들 중 어떤 이들은 욕망으로 인해 실패를 맛보았으며, 다른 이들은 힘을 잃었기 때문이다. 따라서 그들은 욕망에 이끌리지도, 욕망을 충족시키기 위한 시도를 하지도 않는다. 단지 이익에 대한 취향만 있을 뿐이다. 따라서 노인들은 절제하는 경향을 보이곤 한다. 그들의 욕망은 이미 느슨해졌으며, 오직 이익에만 관심을 가지고 있기 때문이다. 그들은 기개보다는 계산에 의해 살아간다. 기개가 미덕에 관련된 것이라면, 계산은 이익에 관련된 것이기 때문이다. 그들이 부당한 일을 저지르는 경우 그것은 넘침에 의해서라기보다는 악의에 의한 것일 경우가 많다.

노인들 역시 동정심을 가지고 있다. 하지만 젊은이들과는 다른 이유에서 그러하다. 젊은이들이 인류애에 의해 동정심을 가진다면, 노인들은 연약함으로 인해 그러하다. 왜냐하면 노인들은 모든 시련들이 자신들을 위협하고 있다고 생각하기 때문이다. 이러한 것이 곧 연민을 자극하는 것이다. 그들은 또한 비통함에 빠지곤 한다. 그들은 농담이나 웃음을 좋아하지 않는다. 비통함에 빠지는 것은 웃기를 즐겨하는 것과 반대되는 것이다.

청년기와 노년기에 대한 결론

지금까지 청년들과 노인들의 성격에 대해 살펴보았다. 자신의 성격에 알맞은 담론을 환영하지 않는 사람은 없으며, 자신과 닮은 사람을 좋아하지 않는 사람은 없다. 따라서 자기 자신과 자신의 말에 이러한 외양을 부여하기 위해 어떠한 담론들을 사용해야 하는지를 아는 것은 그리 어렵지 않다.

14장. 중년

청년과 노년의 중간적 성격

중년기에 접어든 사람들은 청년기와 노년기의 중간적인 성격을 분명하게 가지고 있다. 그들은 결코 어떤 일을 대함에 있어서 넘치지 않는다. 또한 과도하게 확신하지도 않으며(이것은 경솔함에 해당되는 것이다), 지나치게 두려워하지도 않는다. 그들은 이러한 두 가지 극단으로부터 균등한 거리를 두고 중용을 지킨다. 모든 것에 대해서 절대적인 신뢰나 의심을 품지 않으며, 현실에 따라 상황을 파악할 뿐이다. 아름다움이나 이익 중 어느 한 가지에 따라서만 살지 않으며, 이 두 가지를 다 고려하여 살아간다. 결코 낭비하는 일이 없으며, 항상 적당한 선을 유지한다. 열정이나 욕망과 관련해서도 마찬가지이다. 그들은 용기를 가지고 있으면서도 절제할 줄 알며, 또는 절제된 용기를 가지고 있는 자들이다.

극단적인 성향과의 비교

젊은이들과 노인들에게 있어서는 극단적인 성격이 분명하게 드러난다. 젊은이들은 용기가 있으나 절제하지 못하며, 노인들은 절제력은 있지만 비겁하다. 일반적으로 말해서 중년기의 사람들은 청년기와 노년기의 성격 중에서 유용한 장점들을 고루 가지고 있다. 그들은 이러한 성격들은 넘치거나 부족하게 가지고 있지 않으며, 항상 적당하고 중도적인 선을 지킨다.

중년기

육체적으로는 30세에서 35세까지가 중년에 속하는 반면, 정신적으로는 49세 정도가 이에 해당된다.

청년기, 중년기, 노년기와 각각의 시기가 보여주는 성격에 대해서는 이 정도로 마무리 하도록 하자.

15장. 귀족신분

이제부터는 운에서 기인된 재산들에 관하여 이야기해 보자. 적어도 이것은 사람들 사이에서 일정한 성격의 다양성을 결정짓는 요인으로 작용하기 때문이다.

귀족신분

이와 관련된 성격은 무엇보다 야심의 형태로 드러난다. 일정한 이익을 가지게 된 사람들은 흔히 하나의 더미에 어떤 것을 조금 더 추가하는 것과 같이 여기게 마련이다. 하지만 귀족적인 성격은 선조들의 이름으로부터 기인하는 것이다. 따라서 이러한 특징을 가진 사람들은 자신들의 선조들과 유사한 모습을 보이는 동시대 사람들을 무시하는 경향이 있다. 왜냐하면 동시대의 일보다는 오래 전 일이 훨씬 더 존경할 만한 것처로 보이며, 따라서 사람들을 허영심을 자극하기 때문이다.

관대함과의 차이

'귀족'이라는 말은 혈통과 관련된 미덕에 해당되는 용어이다. 반면 '관대함'이라는 말은 본성상 결코 타락하지 않는 성격을 의미한다. 따라서 이 관대함이라는 말은 종종 귀족들에게는 어울리지 않는다. 왜냐하면 그들 중 대부분은 그럴만한 자격이 없기 때문이다. 곡식과 마찬가지로 가정에도 알곡과 쭉정이가 있기 마련이다. 좋은 혈통에서 한동안 아주 뛰어난 사람들이 태어났다고 한다면 이후에는 반드시 퇴락의 시기가 있게 마련인 것이다.

고귀한 혈통이 어떻게 퇴화하는가

타고난 재능을 부여받은 가족들은 종종 아주 뚜렷한 모습으로 퇴락하기도 한다. 예를 들면 알키비아드의 후손들과 디오니시스의 후손들에게서 이러한 모습을 볼 수 있다. 선조로부터 물려받은 고귀한 성격이 종종 어리석고 우둔한 성격으로 퇴보하기도 한다. 시몽, 페리클레스, 소크라테스의 후손들에게서 이러한 예를 찾아볼 수 있다.

16장. 부유함

부자들의 성격

부유함에서 기인한 성격은 매우 명백하다. 부의 획득과 맞물려 방탕함과 교만함에 빠지는 모습을 종종 볼 수 있다. 부유한 자들은 모든 이익들을 소유한 것 같은 성격을 보여준다. 부유함은 다른 모든 것들의 가치의 잣대가 된다. 또한 그들은 부를 통해 모든 것을 얻을 수 있다고 생각하기도 한다.

그들은 향락을 즐기고 사치스럽다. 그들의 향락적인 성격은 방종과 호화스러움의 과시로 드러난다. 흔히 사람들은 자신들이 좋아하고 칭송하는 것에만 몰두하는 성향을 가지고 있으며, 자신들이 가지고 있는 것에 대하여 타인들이 경쟁자라고 상상하는 버릇이 있다. 따라서 부유한 자들은 종종 사치스럽고 무례하다. 한편으로는 그들이 이러한 감정을 갖는 것은 자연스러워 보인다. 이들이 소유하고 있는 부를 필요로 하는 사람들이 그만큼 많기 때문이다. 이러한 점에서 시모니데스가 히에론의 부인에게 현자와 부자들에 대해 이야기한 것도 충분히 납득할 수 있다. 그 부인은 시모니데스에게 부자가 되는 것과 현자가 되는 것 중에서 어떤 것이 더 가치 있는 일인지를 물었다. 이에 그는

'부자가 되는 것'이라고 대답했다. 그 이유는 '현자들이 부자들의 문 앞에서 시간을 보내는 것을 종종 볼 수 있기 때문'이다.

부자들은 스스로 다른 사람들을 지배할 자격이 있다고 생각한다. 왜냐하면 그들은 지배하기에 필요한 것을 소유하고 있다고 믿기 때문이다. 결국 부유함에 고유한 성격은 양식을 잃어버린 행복한 사람의 성격인 것이다.

오래된 부자와 신흥 부자

이들의 성격 사이에는 일정한 차이가 있다. 신흥 부자들이 이러한 모든 결점을 가지고 있는 반면, 오래된 부자들은 좀더 고상하면서도 악랄한 수준의 결점을 가지고 있다. 신흥 부자는 부유함의 분야에서 경험이 모자라는 자와 같다.

부자들이 저지르는 부당한 일

부자들은 해를 끼치려는 의도에서가 아니라 종종 방탕함이나 무절제로 인해 부정의한 일들을 저지르곤 한다. 예를 들면 학대와 간통이 그런 경우이다.

17장. 권력과 기회

권력

권력의 경우도 마찬가지로, 앞서 살펴보았던 성격들이 대다수를 차지하고 있다. 권력이란 부유함과 거의 동일한 특징을 가지고 있기 때문이다. 어떤 면에서는 부유함보다 더 나은 특징들을 보여주기도 한다. 사실상 권력을 가진 자들은 부유한 자들보다 더 야심 있고 용감하다. 그들이 가진 힘의 덕택으로 어떤 일이던지 할 수 있는 특권을 보유하고 있기 때문이다. 그들은 또한 더욱 부지런하다. 자신의 권력과 관련하여 항상 주의를 기울여야만 하는 이유로 언제나 깨어 있어야 하기 때문이다.

그들은 잘난 척하기보다는 위엄을 갖추고 있다. 그들의 지위가 그들을 저명인사로 만들기 때문이다. 그들의 행동 또한 절제되어 있다. 위엄을 갖추었다는 것은 부드러운 고상함과 품위를 갖추고 있음을 의미한다. 설령 그들이 부정의한 일을 저지른다 해도, 그것은 천박함보다는 상당한 영향력에서 기인하는 것이다.

기회

기회 역시 앞서 이야기한 부유함과 권력의 특징들을 일부분 공유하고 있다. 사실상 가장 크게 보이는 기회는 이 두 가지 속성과 관련된 경우가 많다. 나아가 기회는 천진난만한 행복과 실제적인 재산을 마련해주곤 한다. 비록 기회로 인해 사람들이 더 거만해지거나 사려가 부족해지기도 하지만, 적어도 행운을 누린 사람들은 다음과 같은 좋은 성격을 가지게 된다. 즉 신들을 사랑하고, 신성한 것과 관련하여 특별한 아비투스 속에 있게 되는 것이다. 기회로로 이익을 얻게 되면 사람들은 신앙을 갖게 되기 마련이다.

반대의 경우

지금까지 우리는 나이와 지위에 따라 성격들을 분류해 보았다. 우리가 살펴본 것과 반대되는 성격은 문자 그대로 반대되는 입장에 있는 사람들에게서 찾아볼 수 있다. 예를 들면 가난하고, 운이 없으며, 힘없는 자들이 그 경우에 해당된다.

18장. 세 장르의 담론에 해당하는 일반 공론

앞 부분의 요약

설득적인 담론들은 하나의 판단을 이끌어내기 위해 사용된다(우리가 확신을 가지고 있거나, 일정한 판단을 내리고 있는 주제들에 대해서는 더 이상의 담론이 필요하지 않다. 어떤 잘못을 바로잡게 하거나, 어느 한 편을 지지하도록 권유하는 사람들이 흔히 그렇듯이 어느 누군가에게 조언을 하거나 만류할 목적으로 담론을 사용하던지(청중은 그 자체로 재판관이 된다. 설득의 대상이 되는 사람은 그 정의상 재판관이 될 수밖에 없기 때문이다), 혹은 항의하는 사람이나 어떤 의견에 반대하기 위해 담론을 사용하던지 그것은 항상 같은 결과를 나타낸다. 무엇보다 담론은 대립되는 논증들, 즉 화자와 적대적인 입장에 있는 듯 보이는 사람의 논증을 무화시키기 위해 사용돼야 하기 때문이다.

제시적 장르에서도 마찬가지이다. 여기에서도 담론을 듣는 관객들이 재판관과 같은 위치에 있게 된다. 물론 정치적인 논쟁의 경우 어떤 문제들을 판단하는 사람은 그가 유일한 재판관일 경우 나중에 다시 검증을 받게 된다. 사실상 사람들은 이처럼 반박의 여지가 있고 깊이 생각해야 할 필요가 있는 문제들에 대해 해결책을 찾고자 하는 것이다. 앞선 책에서 토론의 장르를 다루면서 다양한 체제에 상응하는 특징들을 이야기했던 것과 같이 우리는 담론에 윤리적인 성격을 부여하기 위해 사용되는 방식들을 이 경우에도 여전히 유지할 수 있다.

세 가지 장르에 해당하는 공론

각각의 장르에 따라 목적이 다르고, 다루는 주제에 따라 다양한 의견과 전제들이 도출되기 마련이다. 이로부터 우리는 토론적, 제시적, 사법적 장르에서 그에 합당한 증거들을 이끌어내게 된다. 또한 각각의 담론들에 윤리적인 성격을 부여하기 위한 수단들이 이미 정의되었기 때문에 이제 우리는 세 가지 장르에 해당되는 공론들을 살펴봐야 할 것이다.

공론의 열거

사실상 모든 웅변가들은 자신의 담론에서 가능한 것과 불가능한 것에 대한 공론을 사용할 수 있어야 한다. 또한 어떠한 일이 일어날 것이고 어떤 일이 일어났는지를 증명하기 위해 노력해야 한다. 게다가 모든 종류의 담론에 해당되는 공론이 존재하는데, 그것은 곧 위대함에 대한 것이다. 누군가를 충고할 때, 혹은 누군가를 칭송하거나 비난할 때, 고소하거나 변론할 때 모든 웅변가들은 과소평가와 과장을 적절히 사용한다. 이제 우리는 세 장르 전체에 있어서 사용되는 생략삼단논법과 예증들을 증명해 보여야 할 것이다. 그렇게 함으로써 우리는 처음에 제시했던 목적에 다가서게 될 것이다.

공론의 중요성

앞서 이야기 한 바와 같이 여러 공론들 중에서도 과장은 제시적 장르에서 가장 유용하게 사용된다. 마찬가지로 과거에 대한 공론은 사법적 장르에서(법정에서는 과거에 일어난 사건들에 대해 판결이 내려지기 때문이다), 미래에 가능한 것에 대한 공론은 토론적 장르에 적합한 것이다.

19장. 세 웅변 장르에서의 일반 공론

가능성과 불가능성

먼저 가능한 것과 불가능한 것에 대해 이야기해 보자. 하나의 반대 항이 있거나, 있었을 가능성이 있다면, 그 반대 항은 가능해 보일 것이다. 예를 들어 어떤 사람이 병에서 치유될 가능성이 있다면, 병에 걸릴 가능성도 있는 것이다. 왜냐하면 두 가지 반대 항 간에는 동일한 잠재성이 있기 때문이다. 마찬가지로 두 가지 유사한 것에서도 하나가 가능하다면, 다른 하나 또한 역시 가능한 것이 된다.

더욱 어려운 것이 가능하다면, 더욱 쉬운 것 역시 가능하다. 어떤 것이 아주 탁월하고 아름다운 경지에서 가능하다면, 마찬가지로 그것은 평범한 수준에서도 가능하다. 일반적인 집보다 아름다운 집을 짓는 것이 더 어렵기 때문이다.

시작이 있는 것은 마찬가지로 끝도 있다. 왜냐하면 불가능한 그 어떤 것도 존재하지도 할 수 없으며, 존재하기 시작하지도 않기 때문이다. 예를 들어 사각형의 변으로부터 직경을 측정하는 것은 시작할 수도 없는 일이며, 따라서 존재할 수 없는 일이다. 어떤 것이 끝을 가지고 있다면, 마찬가지로 그것의 시작 역시 가능한 것이다. 존재하는 모든 것은 시작을 가지고 있기 때문이다. 본질상, 혹은 창조에 의해 나중의 어떤 것이 존재하게 된다면, 이전의 어떤 것 역시 존재할 수 있는 것이다. 예를 들어 한 어른이 있다고 할 때, 그것은 곧 아이가 있는 것도 가능함을 의미한다(창조에 있어서는 아이가 먼저이기 때문이다). 역으로 아이가 존재한다면, 어른이 존재하는 것도 가능한 것이다(아이는 하나의 시작이기 때문이다).

사람들이 열중하거나, 욕망을 가지는 대상 역시 가능한 것이다. 왜냐하면 대부분의 경우 사람들은 불가능한 것에 대해서는 열중하거나, 욕망을 가지지 않기 때문이다.

학문이나 예술의 대상이 되는 것 역시 가능한 것의 범주에 들어갈 수 있다. 그러한 것들은 존재할 수 있으며, 스스로 생성되는 것이다. 생산의 원칙상 우리가 강요나 설득을 해야만 하는 조건을 가진 것들 역시 마찬가지이다. 힘에 있어서 우리보다 아래에 있거나, 우리를 주인으로 모시거나, 아니면 우리의 친구인 사람들이 곧 그 조건들이다.

한 사물의 부분들이 가능하다면, 그것의 전체 역시 가능한 것이다. 마찬가지로 전체가 가능하다면, 대부분의 경우 부분들도 가능하다. 구두 뒤축의 가죽, 구두의 목, 등 이 만들어질 수 있다면, 구두를 만들 수 있는 것이다. 마찬가지로 우리가 구두를 만들 수 있다면, 당연히 구두의 뒤축, 목, 등 역시 만들 수 있는 것이다.

유(類)가 가능하다면, 종(種) 역시 가능한 것이다. 마찬가지로 종이 가능하다면, 유도 가능한 것이다. 예를 들어 배 한 척을 만들 수 있다면 (규모가 더 큰) 3단 노선(三段櫓船) 역시 만들 수 있는 것이다. 마찬가지로 삼단 노선을 만들 수 있다면, 한 척의 배도 만들 수 있는 것이다. 본질상 상호적인 관계를 맺고 있는 두 가지 것들 중에서 하나가 가능하다면, 다른 하나도 가능한 것이다. 예를 들어 두 배가 가능하다면, 절반도 가능한 것이다. 마찬가지로 절반이 가능하다면, 두 배도 가능한 것이다. 어떤 사물이 기술이나 사전 준비 없이 만들어질 수 있다면, 기술과 응용력을 가지고 그것을 만들 수 있다는 것은 너무나 지당한 사실이다.

능력이나 상황, 지능이 열등한 사람에게 어떤 것이 가능하다면, 마찬가지로 모든 분야에서 월등한 사람에게도 가능하다. 이소크라테스가 말한 것도 바로 이에 대해서이다. "외티누스가 배울 수 있었던 것을 내가 알지 못한다는 것은 이상한 일이 아닐 수 없다."

지금까지 이야기 한 사항들의 반대 항목을 추려내면 불가능한 것의 목록이 될 것이다.

존재하는 사실과 존재하지 않는 사실

1) 과거

어떤 것이 이루어졌다는(혹은 이루어지지 않았다는) 공론은 다음과 같은 관점들로부터 검토돼야 한다. 먼저 그 본질상 일어나기 어려운 일이 일어났다면, 일어나기 쉬운 일 역시 일어났을 수 있는 것이다. 보통 나중에 있어야 할 일이 일어났다면, 그 전에 있어야 할 일 역시 먼저 일어났던 것이다. 예를 들면 누군가가 어떤 것을 잊었다면, 그 이전에 분명히 그는 그것을 배웠음에 틀림없다.

어떤 사람이 무엇인가를 할 수 있고, 하고자 했다면, 그렇게 되었을 것이다. 왜냐하면 사람이란 누구나 무엇인가를 할 수 있는 능력과 하고자 하는 의지를 동시에 가지고 있을 경우 어떤 것에도 방해받지 않을 때를 기다려 반드시 그것을 하고야 말기 때문이다. 또한 그가 어떤 일을 바라여 왔고, 아무런 외부적인 방해도 받지 않을 경우, 원하는 것이 그가 분노를 표출할 때에도 할 수 있는 것일 경우, 그것을 할 수 있는 능력과 욕망을 가지고 있을 경우가 그러하다.

사실상 대부분의 경우 사람들은 할 수 있다면 본능이 지시하는 것을 하게 마련이다. 약한 도덕성을 가지고 있는 사람들은 무절제함에 의해서 그러하고, 정직한 사람들은 정직한 것에 대한 욕망을 가지고 있기 때문에 그러하다. 어떤 것이 막 이루어지려고 할 때, 그리고 누군가가 그것을 하려고 했을 때도 그러하다. 왜냐하면 어떤 것을 하려고 했던 사람이 그것을 하게 될 것이라는 점은 사실임직해 보이기 때문이다.

본질적으로 어떤 것이 다른 어떤 것에 선행할 수밖에 없거나, 다른 것을 목적으로 먼저 이루어졌다면, 나중의 일 역시 필연적으로 일어나게 될 것이다. 예를 들어 번개가 쳤다면, 천둥소리가 들리게 될 것이다. 또한 우리가 누군가를 유혹하려 했다면, 유혹의 책임이 우리에게 주어지는 것이다. 반대로 어떤 일이 본질적으로 다른 일을 수반하여 일어나게 되거나, 다른 것의 결과로 일어나게 된다면, 그 일보다 선행하는 일, 즉 이 결과를 이끌어내는 일 역시 먼저 일어났던 것이다. 예를 들어 천둥소리가 들린다면, 그보다 먼저 번개가 쳤을 것이며, 우리가 누군가를 유혹했다면, 그러기 위한 시도가 먼저 있었을 것이다. 모든 경우에 있어서 하나가 필연적인 성격을 가지고 있다면 다른 하나도 대부분의 경우 필연적일 수밖에 없다.

일어나지 않은 일에 대해서는 지금까지 이야기한 것의 반대의 경우를 생각하면 명백해 질 것이다.

2) 미래

앞으로 일어날 것에 대한 공론 역시 동일한 논증을 통해 명백히 도출될 것이다. 우리가 완전히 바라고, 또 할 수 있는 것은 하게 될 것이다. 마찬가지로 행동할 수 있는 능력이 동반된다면, 욕망이나 분노, 계산의 대상이 되는 것들을 바로 하게 될 것이다. 그렇지 않다면 적당한 시기를 기다리게 될 것이다. 왜냐하면 대부분의 경우 즉각적인 행위들은 그렇지 않은 행위들보다 더 사실임직해 보이기 때문이다.

본질상 어떤 사건이 다른 것에 선행해야 하는 것이라면, 그것은 이미 일어났을 것이다. 예를 들어 하늘이 구름으로 덮였다면, 비가 올 것처럼 보이는 것이다. 어떤 것을 목적으로 하는 행위가 이루어졌다면 그 행위가 목적했던 바 역시 이루어졌을 것이다. 예를 들어 기초공사가 이루어졌다면, 집이 곧 건축될 것이라는 점은 명확해 보인다.

과장과 경시

어떤 것이 절대적으로 크거나 작다는 점에 대한, 혹은 상대적으로 그러하다는 점에 대한, 혹은 일반적으로 보아 크고, 작은 일에 대한 증명은 앞서 이야기한 바로부터 도출될 수 있다. 사실상 우리는 토론적 장르에 있어서 이끌어낼 수 있는 이익의 중대함, 즉 일반적으로 보아 더욱 큰 이익과 작은 이익에 대해 다룬 적이 있다. 세 가지 종류의 담론에 있어서 목표가 되는 것이 이익이라고 할 때, 즉 경제적 이득, 아름다움, 공정함과 같은 것이라 할 때, 모든 웅변가들에게 있어서 과장이 이 모든 수단들에 사용되는 방법인 것은 명백해 보인다. 여기서 제시하는 논거들을 초월하여 우리의 연구를 절대적인 위대함이나 우월성 쪽으로 이끌어 간다면 아무런 결과도 보여주지 못할 것이다. 왜냐하면 실제 상황에서는 개별적 사실들이 보편적인 것보다 더 결정적인 영향력을 가지고 있기 때문이다.

가능한 것과 불가능한 것에 대해, 어떤 것이 일어났는지 여부, 혹은 일어날 것인지 여부에 대해서, 또한 어떤 사실들의 크고 작음에 대해서는 여기에서 이야기한 것으로 충분할 것이다.

20장. 모든 장르들에 공통된 증거와 예증

두 개의 공통된 증거 : 예증과 생략삼단논법

세 가지 담론들에 고유한 특성들을 알아본 지금 우리는 이 담론들 각각에 있어서 공통된 증거들을 다루어야 할 것이다. 이 공통 증거들에는 두 가지 종류가 있는데, 예증과 생략삼단논법이 그것이다. 사실상 격언은 생략삼단논법에 속한다고 할 수 있다. 우선 예증에 대해 검토해 보자. 왜냐하면 예증은 귀납법과 유사하며, 귀납법은 추론의 원칙 중 하나이기 때문이다.

두 종류의 예증이 있다

예증에는 두 종류가 있다. 하나는 앞서 일어난 사실들을 인용하는 것이며, 다른 하나는 예증 자체를 만들어내는 것이다. 후자의 경우에 있어서 한편으로는 우의(寓意)와, 다른 한편으로는 이솝이나 리비엥 식의 우화들과 구분해야 한다.

역사적 예증

과거의 사실을 인용하는 것은 예를 들면 다음과 같이 말하는 것이다. 즉 황제에 맞서서 군사 준비를 갖추어야 하며, 그가 이집트를 예속화하지 못하도록 해야 한다는 것이다. 사실상 다리우스는 이집트를 정복하기 전에는 유럽을 기웃거린 적이 없었지만, 이집트를 정복하고 나서 유럽으로 향하게 되었다.

그 이후 크세르크세스도 이집트를 정복하기 전에는 아무 시도도 하지 않았지만, 막상 이집트를 탈취하고 나서는 그 역시 유럽으로 향하게 됐다. 따라서 왕이 이집트를 정복하고자 한다면, 그는 곧 유럽으로도 향하게 될 것이며, 그렇기 때문에 그것을 막아야 한다는 것이다.

만들어진 예증

1) 우의

우리가 흔히 행정관은 제비뽑기로 선출돼서는 안 된다고 이야기한다면, 이것은 소크라테스의 담론에서 볼 수 있는 비유와 같은 것이다. 이것은 마치 육상선수를 제비뽑기로 선출하는 것과 같은 것으로, 실제 경주를 할 수 있는 신체적인 능력을 가진 사람을 뽑는 것이 아니라, 운이 좋은 사람을 뽑는 것과 마찬가지인 것이다. 또한 배의 키를 잡을 선원을 제비뽑기로 선출하는 것과도 마찬가지이다. 이 역시 항해를 할 줄 아는 사람을 선출하는 것이 아니라, 운명이 지목한 사람을 선택하는 것이기 때문이다.

2) 우화

우화는 예를 들면 스테시코로스가 선동가를 옹호하면서 팔라리스와 이솝에 대해 이야기했던 것과 같은 것이다. 이메르의 시민들은 전권을 가진 전략가로 팔라리스를 선택했고, 근위병들의 호위를 받을 수 있도록 해주었다. 스테시코로스는 여러 이야기들 중에서도 특히 다음과 같은 변론을 그들에게 펼쳐보였다. 그 내용은 다음과 같다.

한 마리의 말이 초원을 전부 차지하고 있었다. 그러던 중 사슴 한 마리가 나타나 그의 초원을 훼손시켰다. 화가 난 말은 사슴에게 복수를 하기 위하여 한 사람에게 그 사슴을 벌주는 일을 도와줄 수 없겠느냐고 물었다. 그러자 이 사람은 말이 재갈을 물기를 받아들이고, 자신의 등에 투창들을 싣고 다니기를 허락한다면 그렇게 해 줄 수 있노라고 대답했다. 이렇게 계약이 체결되었다. 복수를 하기 위해 사람을 자신의 등에 태운 말은 결국 그 사람의 노예가 되고 말았다.

"여러분들 역시 마찬가지입니다"라고 스테시코로스가 말했다. "여러분들의 적에 대해 복수를 하고자 하면서 이 말과 같은 운명에 처하지 않도록 조심하십시오. 여러분들은 이미 재갈을 물고 있습니다. 왜냐하면 여러분들은 전권을 가진 전략가를 선택했기 때문입니다. 만일 여러분들이 그에게 근위병을 허락하고, 그가 여러분들의 등에 올라탈 수 있도록 허락한다면, 그 순간부터 여러분들은 팔라리스의 노예가 될 것입니다."

중대한 범죄로 고소당한 한 선동가를 위해 사모스의 시민들 앞에서 이야기하면서 이솝 역시 다음과 같이 말한 바 있다. 강을 건너던 한 여우가 그만 구덩이에 빠지게 되었다. 여우는 거기에서 빠져나올 수 없었고, 오랫동안 피부에 들러붙은 진드기들 때문에 고통 받았다. 그곳을 지나던 고슴도치 한 마리가 곤경에 처한 여우를 바라보면서 동정심을 갖게 되었다. 고슴도치는 여우에게 자신이 진드기들을 제거해주면 어떻겠냐고 물었다. 하지만 여우는 이를 거부했다. 고슴도치가 이유를 묻자 여우는 이렇게 대답했다. 현재 자기 몸에 붙어 있는 진드기들은 이미 배를 가득 채운 상태여서 아주 조금의 피만 빨아먹을 뿐이라는 것이다. 그런데 이 진드기들을 제거하고 나면 굶주린 다른 진드기들이 달라붙어서 남은 피를 전부 빨아먹을 것이라는 대답이었다.

이솝은 이 이야기의 끝에 이렇게 덧붙였다. "사모스 시민들이여, 여러분들 역시 마찬가지입니다. 여기 이 사람은 더 이상 여러분들에게 해를 끼치지 않을 것입니다. 왜냐하면 그는 이미 부유하기 때문입니다. 하지만 만약 여러분들이 이 사람을 처형한다면, 가난한 다른 사람들이 와서 여러분들의 재산을 훔치고 축낼 것입니다."

우화와 역사적 예증의 비교

현실에서 아주 유사한 상황을 찾기가 어려울 경우 우화를 상상해 보는 일이 더욱 쉬울 수 있다. 그렇기 때문에 이러한 이점을 가진 우화는 연설에 적합한 것이다. 우의와 마찬가지로 우화 역시 사람들이 이야기의 유사성을 찾을 수 있는 능력을 가졌을 경우에만 만들어내야 한다. 그리고 이러한 임무는 바로 철학이 담당하는 몫이다. 우화를 통한 논증은 훨씬 손에 넣기 쉬운 특징을 가지고 있다. 반면 역사적 사실을 통한 논증은 신중한 토의에서 더욱 유용하다. 대부분 미래는 과거와 유사하기 때문이다.

예증의 사용

생략삼단논법을 가지고 있지 않을 경우 증명의 수단으로 예증을 사용해야 한다. (왜냐하면 예들은 확신을 유도하기 때문이다.) 생략삼단논법이 가능할 경우에는 예를 하나의 에필로그와 같이 증언으로 사용해야 한다. 예를 먼저 앞세운다면, 그것은 귀납법과 유사한 상황을 낳게 된다.

그런데 몇몇 경우를 제외하고 귀납법은 수사학에 어울리지 않는다. 하나의 에필로그로 사용된 예는 증언과 유사한 성격을 갖게 된다. 그런데 증인은 여러 부분에서 확증을 가져다준다. 따라서 예를 첫 머리에 위치시키면 필연적으로 여러 개의 예들을 더 찾아내야 할 상황에 처하게 될 것이다. 반면 에필로그에 사용하면, 단 하나의 예로도 충분하다. 정직한 증인은 단 한 명이라 할지라도 그 효과가 크기 때문이다.

지금까지 우리는 여러 종류의 예증들과 그것들의 사용법, 그리고 그것들에 의지해야 하는 상황들에 대해 살펴보았다.

21장. 잠언

정의

잠언이 무엇으로 이루어지는지를 말하게 될 때, 특히 잠언을 말하는 기술을 다루게 되면 어떤 주제에 대해, 어떤 상황에서, 어떤 사람들에 대해 이 기술을 사용하는 것이 적합한지가 명백해질 것이다.

정의

잠언은 개별적인 것들, 예를 들면 이피크라테스는 어떤 종류의 사람인지에 대한 것이 아니라 일반적인 것을 말하는 하나의 경구이다. 그렇다고 해서 직선은 곡선의 반대 항이라는 모든 종류의 일반성을 표현하는 것은 아니다. 격언은 단지 행위를 대상으로 하며, 행위와 관련하여 선택되거나 피할 수 있는 특징을 가지고 있다. 생략삼단논법이 이러한 주제들에 대한 삼단논법에 속한다고 할 때, 그것의 결론과 전제는 삼단논법이 없이도 격언에 속하게 된다. 예를 들면, "양식 있는 사람이라면 자녀들에게 과도한 지식을 주어서는 안 된다."와 같은 것이 격언이다. 만일 여기에다 원인, 즉 이유를 덧붙인다면 그 전체가 생략삼단논법을 구성하게 된다. 예를 들면, "게으르다는 비난을 받는 것은 말할 것도 없고, 게으른 자들은 이웃의 질시와 증오를 받게 된다." 또한 모든 면에서 행복한 사람은 없다.", "자유로운 사람은 없다."와 같은 것들은 격언들이다. 여기에 뒤따르게 될 일을 덧붙인다면 그것은 생략삼단논법이 된다. "왜냐하면 그는 돈이나 재산의 노예이기 때문이다."

격언 간의 차이. 에필로그

격언이 우리가 살펴본 바와 같은 것이라면, 거기에는 필시 네 가지의 종류가 있을 수 있다. 왜냐하면 격언이 에필로그를 가질 수도, 가지지 않을 수도 있기 때문이다. 역설적이거나 이의가 제기될 만한 어떤 것을 표현하는 격언은 증명을 필요로 한다. 역설적인 면을 전혀 포함하지 않은 격언은 에필로그를 갖지 않는다.

이러한 격언들 중에서 어떤 것은 에필로그를 전혀 필요로 하지 않는다. 왜냐하면 그것은 "적어도 내 느낌으로는 인간에게 있어서 건강만큼 더 훌륭한 재산은 없다."의 예와 같이 이미 잘 알려져 있기 때문이다. 왜냐하면 그것은 대부분의 사람에게 있어서 자명한 것이기 때문이다. 또한 발언되는 순간부터 조금만 주의를 기울여도 너무나 명확한 격언들이 있다. 예를 들면, "항상 사랑하지 않는 연인은 없다."

에필로그를 갖고 있는 격언들 중에서 어떤 것들은 "양식 있는 자는 결코 (...) 하지 않을 것이다."의 예와 마찬가지로 생략삼단논법의 일부를 이루고 있다.

또한 생략삼단논법의 특징을 가지고 있으면서도 그것에 속하지 않는 격언들도 있다. 이것들은 가장 잘 알려진 격언들로서 말해진 것의 원인을 드러내 보여주는 모든 격언들이 이에 해당된다. 예를 들면, "언젠가 죽어야 하는 존재이면서 영원한 원한을 품어서는 안된다."이다.

항상 원한을 간직하고 있어서는 안 된다고 말하는 것은 하나의 격언이다. 여기에 죽어야 하는 존재라는 이유가 덧붙여져 있는 것이다. "죽을 수밖에 없는 존재는 불멸의 감정이 아닌 유한한 감정을 가져야 한다."의 예도 마찬가지의 경우를 보여준다.

에필로그의 위치

우리는 앞서 격언의 종류가 얼마나 되는지와 어떤 경우에 각각의 격언이 어울리는지를 명백하게 살펴보았다. 이의가 제기될 수 있거나 역설적인 것에 대해서는 에필로그가 빠져서는 안 된다. 하지만 우리는 다음과 같이 에필로그를 앞에 위치시키고 결론으로 격언을 대신할 수 있다. "내가 보기에 사람은 욕망을 자극해서도, 그렇다고 무기력하게 있어서도 안되기 때문에 확언컨대 나는 아이들은 교육을 받아서는 안 된다고 생각한다." 혹은 격언을 먼저 말한 후에 앞선 상황을 그 다음에 말할 수도 있다.

한편 역설적이지는 않지만 분명하지도 않은 것에는 가능한 간결하게 이유를 덧붙여야 한다. 라코니아 식의 격언과 수수께끼 형태의 격언들이 이에 해당될 수 있다. 예를 들어 로크리스인들의 의회에서 스테스코로스는 다음과 같이 이야기 한 바 있다. "매미들이 땅에서 우는 것을 바라지 않는다면 무례해서는 안된다."

언제 격언을 사용해야 하는가?

격언을 사용한다는 것은 노인이 되었다는 것과 일치하며, 그 주제는 연설가의 경험과 부합된다. 그만한 나이가 되지 않은 상태에서 격언을 이야기하는 것은 우화를 이야기하는 것처럼 어울리지 않기 때문이다. 또한 경험이 없는 주제에 대해 격언을 말하는 것도 어리석거나 교육이 모자란 것으로 보일 수 있다. 다음과 같은 사실이 이에 대한 충분한 지표를 보여주고 있다. 특히 격언을 좋아하는 사람들은 시골에 사는 사람들이며, 그들은 일반적으로 아주 쉽게 자신의 생각을 표현하곤 한다.

일반적이지 않은 것을 일반화시키는 것은 특히 불평과 과장에 어울린다. 이러한 것은 증명을 시작할 때나 아니면 증명을 끝내고 나서 보통 이루어진다. 유용한 격언이라면 모든 사람의 입에 오르내리고, 사용되는 격언들을 사용해야 한다. 이처럼 공감을 얻는 격언의 경우, 사람들은 그것이 만장일치의 합의와 완벽한 정의에 기초해 있다고 믿게 마련이다. 예를 들어 전통적인 희생제의 없이 전투에서 운을 시험해야 할 때, "가장 훌륭하고도 유일한 예측은 바로 조국을 수호하는 것이다."와 같이 말할 수 있다.

또는 열등한 힘에도 불구하고 위험을 무릅써야 할 경우에는, "(전쟁의 신 아레스의 별명인) 에뉘알리오스는 양 진영에 다 있다."와 같이 말할 수 있다.

그리고 적의 아이들을, 비록 그들이 무고하다 할지라도, 죽이라고 조언할 때는 "아버지를 죽이고 나서 그 아이를 살려두는 것은 분별없는 짓이다."와 같이 이야기할 수 있다.

게다가 "아테네인 이웃"과 같이 격언이 될 수 있는 속담들도 있다.

통용되는 격언과의 대립

격언들은 또한 대중적으로 통용되는 속담(예를 들어 "너 자신을 알라" 라든지 "절대 과해서는 안 된다" 등)과의 대립을 위해서도 사용될 수 있다. 특히 웅변가를 더욱 호의적으로 드러나게 하기 위해서나 격언이 비장하게 전달되도록 하기 위해서 이러한 방법이 사용될 수 있다. 가령 우리가 분노하여 자신을 알아야만 한다는 것이 틀리다는 사실을 단언할 때 격언은 비장한 어조로 발설될 수 있다. "어쨌든 이 사람이 자신을 알았더라면, 그는 결코 전략가로 선택되었다는 자부심을 표명하지 않았을 것입니다."

웅변가의 성격은 사람들이 흔히 그런 척 하는 것처럼 증오 속에서 사랑해서는 안 되며, 오히려 사랑하는 생각 속에서 증오하는 것이 좋다고 이야기할 때 더 우호적으로 비춰지게 된다. 자신이 선호하는 것도 격언을 이야기하는 방식과 마찬가지로 드러내야 한다. 그렇지 않으면 그 이유를 에필로그에 덧붙여야 한다. 예를 들면 다음과 같다. "사람들이 그런 척 하는 대로가 아니라 마치 매 순간 사랑해야 할 것처럼 그렇게 사랑해야 한다. 왜냐하면 그 외의 방식은 신뢰할 수 없는 자가 보이는 것이기 때문이다." 혹은 "사람들이 이야기하는 것은 내 마음에 들지 않는다. 진정한 친구라면 항상 사랑해야 하는 것처럼 그를 사랑해야 하기 때문이다." 또한 "결코 과해서는 안된다는 것도 역시 내 마음에 들지 않는다. 적어도 나쁜 사람들은 과하게 증오 받아 마땅하기 때문이다."

격언의 이점

격언은 연설을 하는 데 있어서 큰 도움이 된다. 우선 청중들의 부족한 소양 덕택에 그럴 수 있다. 청중들은 웅변가가 일반적인 격언을 통해 그들이 각자의 경우를 통해 가졌던 의견과 부합되는 이야기를 할 때 만족한다. 바로 이러한 점이 내가 말하고자 하는 바를 명확하게 보여주며 나아가 격언들을 어떻게 물색해야 하는지를 보여주고 있다.

앞서 이야기했듯이 격언은 일반적인 것에 대한 과장된 어조의 확언이다. 개인적인 경험에서 이전에 얻을 수 있었던 것을 이처럼 일반화하는 이야기를 듣는 것은 즐거움을 가져다준다. 예를 들어 고약한 이웃이나 천방지축인 아이들을 가져본 사람이라면 다음과 같은 말에 전적으로 찬성할 것이다. "그러한 이웃만큼 견딜 수 없는 것은 없다." 혹은 "그런 아이를 낳는 것만큼 어리석은 일은 없다." 따라서 웅변가는 청중이 어떤 감정을 가지고 있는지, 그들이 가진 선입관은 어떤 것인지를 짐작하여 이러한 주제들에 대해 일반적으로 이야기해야 한다.

이것만해도 이미 격언의 유용성이 드러났다고 할 수 있다. 하지만 더욱 중요한 다른 점이 아직 남아 있다. 격언은 연설에 윤리적인 성격을 부여해 준다. 웅변가의 선호가 분명하게 드러나는 모든 연설은 윤리적인 성격을 가지고 있다. 사실상 모든 격언들이 이러한 효과를 줄 수 있다. 왜냐하면 하나의 격언을 말하는 사람은 일반적인 형태로 자신의 선호를 드러내는데, 그 격언이 정직한 것일 경우 웅변가의 성격 역시 정직하게 보이도록 해주기 때문이다.

격언, 그것의 본질과 종류, 사용 방법, 이점 등에 대해서는 지금까지 이야기한 것으로 충분할 것이다.

22장. 생략삼단논법

구분

생략삼단논법과 그것을 찾아내기 위해 사용해야 할 방법, 그리고 그것의 일반적인 공론에 대해서 이야기해 보자. 이 두 가지는 각각 서로 다른 종류를 나타내고 있다.

재정의

생략삼단논법이 삼단논법의 한 종류라고 앞서 이야기한 바 있다. 또한 어떤 의미에서 그것이 삼단논법이며, 어떤 점에서 변증론적 삼단논법과 다른 지에 대해서도 살펴보았다. 왜냐하면 멀리에서부터 진행해서도 안되며, 결론을 내기 위해 모든 단계를 다 거쳐서도 안된다. 첫 번째 방식은 그 길이로 인해 명확성이 떨어질 수 있다. 두 번째 방식은 때로는 명백한 사실을 이야기해야 하기 때문에 중언부언이 될 수 있다. 이러한 이유로 소양이 없는 웅변가들이 소양을 갖춘 자들보다 더 군중 속에서 잘 설득시킬 수 있는 것이다.

시인들이 이야기하는 것처럼 소양이 없는 자들이 오히려 군중들 앞에서 능숙하게 말한다. 다른 자들이 일반적이고 공통된 명제들을 사용하는 반면, 이들은 자신들이 알고 있는 것에서 청중들의 경험과 매우 유사한 명제들을 도출해 내기 때문이다. 결과적으로 웅변가들은 모든 사람의 의견으로부터 논증을 끌어내려고 해서는 안 되며, 한정된 몇몇 사람들의 의견에 맞는 것을 도출해내야 한다. 예를 들면 판결을 내리는 사람들이나 그 권위가 인정되는 사람들의 의견이 이에 해당한다. 모든 청중들이나 과반수의 청중들에게 받아들여지기 위해서는 필연적인 명제들이 아니라 대부분의 경우 확인되는 명제들을 결론으로 도출해내야 한다.

각 주제에 관련된 논증의 적절한 배치의 필요성

우선 다음과 같은 사실을 이해할 필요가 있다. 즉 말하고 추론해야 하는 주제. 그것이 정치적인 것이건, 아니건 간에 완전히 혹은 적절하게 적용됨에 있어 필수적인 논증들이 있다는 것이다. 그러한 논증이 없을 경우 우리는 결론을 이끌어낼 수 있는 전제를 가지지 못하게 될 것이기 때문이다.

예를 들면 다음과 같다. 아테네 사람들의 군사력이 얼마나 되는지, 그들의 군대가 육군인지, 해군인지, 아니면 둘 다 인지, 군사의 수가 얼마나 되는지, 그들의 수입은 얼마나 되는지, 그들의 우방과 적이 누구인지, 그들이 어떤 전쟁을 수행했으며, 어떻게 수행했는지와 관련된 사실을 알지 못한다면 그들에게 어떻게 전쟁을 하도록, 혹은 하지 말도록 조언할 수 있겠는가? 또한 만약 우리가 살라미스 해전에 대해, 혹은 마라톤의 지상전에 대해, 혹은 헤라클레스의 후손들을 위해 수행된 작전에 대해, 혹은 그런 종류의 몇몇 사실들에 대해 알지 못한다면 어떻게 그들에게 찬사를 보낼 수 있겠는가?

사실상 찬사를 보내는 모든 사람들은 실제로 있었거나 그렇게 추측되는 훌륭한 행동들에 대해 찬사를 보내는 것이다. 마찬가지로 우리가 반대의 경우에 비난을 보내기 위해서도 비난의 대상이 되는 자들이 실제로 비난받아 마땅한 행동들을 했거나, 혹은 그렇다고 보이는 경우를 검토할 수 있어야 한다. 예를 들면 다음과 같은 경우를 볼 수 있다. 아테네 사람들이 과거에 그들과 함께 싸웠고, 야만족, 에기나 섬의 사람들, 포티데아테스인들과 같지 않은 헬레네 사람들을 자신들의 노예로 만들었다는 사실, 그리고 같은 경우에 헬레네 사람들과 같은 민족들을 노예로 만들었다는 사실을 우리는 비판할 수 있다. 마찬가지로 그들의 탓으로 돌릴 수 있는 이와 유사한 다른 잘못들에 대해서도 비판할 수 있다. 이와 마찬가지로 비난하거나 스스로를 옹호하는 사람들은 자신들이 사용할 수 있는 비난과 옹호의 근거를 가지고 있다.

이 규칙은 1) 모든 장르에 적용된다.

이것이 스파르타 사람들에 대한 것이건, 아테네 사람들에 대한 것이건, 혹은 한 사람에 대한 것이건, 한 신에 대한 것이건 무관하다. 우리가 하는 것은 항상 동일한 것으로 귀착된다. 결국 우리가 아킬레우스에게 조언을 하건, 그를 찬미하건, 비난하건, 그를 고소하건, 옹호하건 간에 그러한 찬사나 비난을 표현하기 위해서는 그의 행동이 가진 훌륭한 면이나 추한 면에 있어서 실제로 그러하거나, 혹은 그렇게 보이는 점을 항상 사용해야 한다. 고소나 옹호의 경우에는 그가 가진 정당한 면이나 부당한 면을 사용해야 하며, 조언을 할 경우에는 그에게 유익하거나 무익한 것을 사용해야 한다.

2) 모든 주제에 적용된다

여러 다양한 장르들에서와 마찬가지로 모든 종류의 주제에도 마찬가지로 적용될 수 있다. 예를 들어 정당성이 문제가 되거나, 어떤 것이 도덕적인지(아닌지)를 아는 것이 문제가 될 경우 정의와 선의 영역에 의지해야 할 것이다.

논증에 선행하는 선택을 해야 한다

결과적으로 웅변가들의 추론이 매우 치밀하건, 느슨하건 간에 (왜냐하면 그들은 각각의 주제에 관련된 명제들만을 사용할 뿐, 모든 종류의 명제들을 차용하지는 않기 때문에) 모든 웅변가들은 자신들의 논지의 증명 과정 속에서 이러한 방법을 따르는 것처럼 보이기 때문에, 또한 담론에서 이와는 다른 방법으로 논지를 증명하기가 불가능하다는 사실이 명백하기 때문에 『토피카』에서 볼 수 있는 바와 마찬가지로 무엇보다도 각각의 주제에 있어서 가능한 것들과 가장 적절한 것들에 대한 명제들로 이루어진 선택을 해야 할 명백한 필요성이 있다. 갑작스럽게 제기되는 질문들에 대해서는 마찬가지 방법에 의거해 결정되지 않은 명제들에 대해서가 아니라 담론의 주제 자체에 속하는 명제들에 집중해야 하며, 유사한 상황 중에서 이 질문과 가장 근접한 경우의 논거를 최대한 많이 포괄할 수 있어야 한다.

주제와 관련된 명제들을 많이 가지고 있을수록 증명은 더욱 쉬워질 것이다. 그 명제들이 많은 연관성을 가지고 있을수록 증명에 더욱 적합할 것이고, 덜 진부할 것이다. 내 입장에서 진부한 명제는 다음과 같은 것이다. 즉 아킬레우스가 한 명의 사람이기 때문에, 그가 한 명의 반신이기 때문에, 그리고 그가 일리오네에 맞서 싸웠기 때문에 그에게 찬사를 보내는 것이 이에 해당한다. 왜냐하면 이러한 특징들은 다른 많은 사람들도 가지고 있는 것이기 때문이다. 따라서 이러한 논거들을 사용하는 웅변가는 아킬레우스를 디오메데스보다 더 칭송할 수는 없는 것이다. 적절한 명제라는 것은 예를 들어 트로이 사람들 중에서 가장 용맹한 헥토르와 불사의 능력을 통해 모든 군대의 상륙을 저지했던 키크노스를 죽였다는 점이나 원정대 중에서 가장 젊은 사람이었다는 점, 그리고 유일하게 맹세(헬레네에 대한 모든 구혼자들이 선택된 사람을 지지하겠다고 선언한 맹세)를 하지 않았던 사람이었다는 점 등의 여러 특별한 점들을 들어 아킬레우스에게만 관련된 사건들을 이야기하는 것이다.

생략삼단논법의 요소

이러한 방법, 즉 공론을 사용하는 방법은 선택 수단 중 첫 번째 선택 수단이 돼야 한다. 이제부터는 생략삼단논법의 요소들에 대해 살펴보고자 한다. 내가 보기에 생략삼단논법의 요소와 공론은 동일한 의미를 가지고 있다. 따라서 반드시 처음으로 말해야 할 것에 대해 이야기해 보자.

두 종류의 생략삼단논법이 있다

하나는 증명적인 것으로, 그것은 어떤 사태가 존재하는지 아닌지를 증명하는 데에 사용된다. 다른 하나는 반론적인 것이다. 이 두 가지 논법 사이의 차이는 변증론에서 논박법과 삼단논법 사이의 차이와 동일하다. 증명적 생략삼단논법은 사람들이 동의하는 전제들로부터 결론을 도출해 낸다. 반론적 논법은 상대방이 내린 결론과 불일치하는 결론을 이끌어 낸다.

앞선 부분의 요약과 다음에 나올 부분의 구분

요약하자면 우리는 앞서 세 가지 장르 각각에 있어서 유용하고 필수적인 거의 모든 특수 공론들을 살펴보았다. 사실상 우리는 각각의 장르와 관련된 전제들의 목록을 작성했으며, 그 결과 선이나 악, 아름다움이나 추함, 정의로운 것이나 부정의한 것에 대한 생략삼단논법을 이끌어낼 수 있는 근거들을 살펴보았다. 마찬가지로 성격, 정열, 성향들에 대해서도 우리는 동일한 방법을 통해 이끌어낸 공론들을 살펴보았다.

따라서 이제 우리는 모든 종류의 생략삼단논법에 대한 일반 공론들을 찾아보아야 할 것이며, 이를 통해 이른바 논박적이고 증명적인 생략삼단논법의 공론들을 보충하게 될 것이다. 또한 실제로 삼단논법에 속하지 않기 때문에 자연히 생략삼단논법에도 속하지 않지만 외관상으로 그렇게 보이는 공론들도 다룰 것이다. 이를 통해 우리는 반박과 반론을 정의하고, 나아가 그것들을 생략삼단논법과 대립시키기 위해 이끌어낼 수 있는 근거들을 정의할 수 있을 것이다.

23장. 생략삼단논법의 공론들

1. 증명적 생략삼단논법에 관한 공론은 서로 대립되는 것들로부터 도출된다. 즉 한 주제의 대립항이 첫 번째 주제의 술어부와 대립되는 술어부를 가지고 있는지를 살펴보아야 한다. 만약 그렇지 않으면 논박하고 그렇다면 추인해야 할 것이다. 예를 들면 무절제한 것이 해로운 것이기 때문에 절제하는 것이 좋다는 점을 주장해야 하는 것이다. 또는 메세니아인들을 위한 "전쟁이 현존하는 악의 원인이라면 평화와 함께 악을 고쳐나가야 할 것이다."와 같은 연설에서도 마찬가지의 경우를 찾아볼 수 있다.

또 다른 몇 가지 예를 살펴보자. "자신의 의지와는 달리 우리에게 해를 끼친 사람에 대해서 화를 내는 것이 옳지 않다면, 어쩔 수 없이 우리에게 선을 베푼 자 역시 우리의 감사를 받을 권리가 없다.", "하지만 그럴듯한 거짓말이 사람들을 설득시킬 수 있다면, 그 반대 역시 받아들여야 할 것이다. 즉 인간이 말하는 진리들이 얼마나 믿을 수 없는 것인지를 말이다."

2. 또 다른 공론은 유사한 문법적 굴절(flexion)들로부터 도출된다. 굴절된 파생어들은 동일한 술어를 가질 수도 있고, 그렇지 않을 수도 있

어야 한다. 예를 들어 정당한 것이 항상 좋은 것은 아니다. 왜냐하면 '정당하게'라는 표현이 항상 좋은 것인 반면, 실제적으로 '정당하게' 죽음에 처해지는 것은 바람직한 것이 아니기 때문이다.

3. 상호적 관계로부터 또 다른 공론이 도출된다. 무엇인가를 도덕적으로, 혹은 정당하게 하는 것이 한 쪽 항에 속해 있다면, 다른 쪽 항에는 그것을 도덕적 혹은 정당하게 겪는 것이 자리 잡게 된다. 만약 이 수식어들이 선동에 적용된다면, 이것들은 또한 실행에도 적용되는 것이다.

이러한 사실에 따라 징세원의 부인이었던 디오메데스는 세금에 대해 다음과 같이 이야기했다. "당신들이 파는 것을 수치스럽게 생각하지 않는다면, 우리가 사는 것 역시 그렇지 않다." '도덕적으로'나 '정당하게'라는 수식어들이 수동자에게 적용가능하다면 마찬가지로 능동자에게도 적용 가능한 것이다.

그 역도 역시 마찬가지이다. 하지만 바로 여기에서 거짓추론이 가능하게 된다. 만약 누군가가 감내한 처우가 정당한 것이었다면 아마도 그가 고통 받은 것도 정당한 것이 될 수 있다. 하지만 당신에 의해 그가 고통 받은 것은 정당한 것이 아니다. 따라서 수동자가 고생해 마땅한지와 능동자가 그렇게 행동할 자격이 있는지는 따로 검토해야 하며, 이에 따라 적합한 적용을 해야 한다. 어떤 경우에는 일치 관계가 없을 수 있으며, 따라서 테오덱테스가가 『알크마이온』에서 보여주듯이 다음과 같은 질문과 응수가 가능한 것이다.

"어떤 인간도 너의 어머니를 증오하지 않는가?"
"하지만 검토하고 구분해야 할 것이다."

또한 알페시보이아(아르시보에라고도 함)가 "어떻게 그럴 수 있는가?"

라고 물었을 때 다음과 같은 대답이 뒤따른다.

"그녀가 죽는 것은 정해진 것이다. 하지만 나는 아니다. 그래서 내가 그녀를 죽였다."

데모스테네스의 재판과 니카노르의 살인자들의 재판의 예를 들어 보자. 살인자가 정당했다고 판결했기 때문에 니카노르가 정당하게 살해되었다고 보일 수 있다. 테베에서 살해당한 사람에 대해서는 우선 그의 죽음이 정당한 것이었는지를 판단해야 했다. 왜냐하면 그래 마땅한 사람을 죽이는 것이 꼭 부당한 것은 아니라고 생각했기 때문이다.

4. 많고 적음으로부터 도출되는 공론도 있다. 예를 들어 신들조차 전능하지 않다면 인간은 더욱 그러할 것이다. 다시 말해 만일 한 가지 사실을 더욱 있음직한 것으로 확증할 수 있는 술어가 그 사실에 속한 것이 아니라면, 덜 있음직한 것으로 확증할 수 있는 것에도 속하지 않는다는 것은 분명한 것이다.

어떤 이가 자신의 아버지조차 때렸기 때문에 이웃도 때린다는 논거는 추론에 근거하고 있다. 적은 것을 행한 사람은 큰 것도 역시 행하는 법이다. 하나의 술어가 확증될 수 있거나, 그렇지 못한 경우를 보여주기 위해서 이러한 논거들 각각을 사용할 수 있다. 나아가 많고 적음이 문제가 되지 않을 경우에는 다음과 같이 이야기할 수 있다.

"그렇다. 네 아버지는 아이들을 잃은 것에 애통해한다. 하지만 외네우스는 그의 훌륭한 아들을 잃은 것에 애통해하지 않지 않는가?"

또한 테세우스가 죄가 없다면 알렉산드로스 역시 죄가 없는 것이다. 또한 틴다리아인들이 죄가 없다면 알렉산드로스 역시 그럴 것이다. 파트로클레스를 죽인 것에 대해 헥토르를 비난할 수 없다면 아킬레우스를 죽인 것에 대해 알렉산드로스를 비난할 수도 없을 것이다. 다른 기술자들을 비난할 수 없다면 철학자들 역시 비난할 수 없다. 종종 죽음의 위협에 노출되기 때문에 전략가들을 비난할 수 없다면, 소피스트들 역시 비난할 수 없다. 또한 한 개인이 당신의 영예에 대해 관심을 가져야 한다면, 당신 역시 헬레네 사람들의 영예를 마음에 품어야 할 것이다.

5. 시간에 대한 고려로부터 도출되는 공론도 있다. 우리는 그 예를 이피크라테스가 하르모디우스와 벌인 논쟁에서 볼 수 있다. "만약 행동하기 전에 제가 이러한 상황을 미리 예상하고 조각상을 부탁드렸다면 당신은 흔쾌히 동의했을 것입니다. 하지만 제가 행동을 하고 난 지금에 와서 당신은 그 조각상을 거절하시는 겁니까? 봉사를 받기 이전에 약속하지 마십시오. 그것은 당신에게 바친 봉사의 대가를 빼앗아 가는 것입니다." 또한 필립으로 하여금 아티가로 가는 길을 열어주도록 테베사람들을 설득하는 것과 관련한 다음과 같은 예도 볼 수 있다. "만일 그가 포시디아 사람들과의 싸움에서 테베사람들을 돕기 이전에 이러한 요구를 했었다면 그들은 아마도 이 요구를 받아들였을 것이다. 따라서 그가 보증도 받지 않고, 그들을 신뢰하는 지금 이 요구를 거절하는 것은 옳지 않은 일이다."

6. 우리의 의견과 반대되는 말로부터 도출되는 공론과 그것을 이야기한 사람에 반하는 쪽으로 향하는 공론도 있다. 하지만 『테세우스』의 예에서 볼 수 있듯이 우리의 성격이 적대자들의 성격보다 우월하다. 또한 이피크라테스가 아리스토포네스에 대항하여 사용했던

논증도 이에 해당된다. 이피크라테스는 아리스토포네스에게 돈을 원한다면 배들을 자신에게 넘길 것을 요구했으나, 부정적인 대답을 들어야 했다. 이에 대해 그는 다음과 같이 응수했다. "아리스토포네스, 당신이 배들을 넘기지 못하겠다고 해도, 나, 이피크라테스는 그렇게 할 것이다." 하지만 여기에는 선행되어야 할 조건이 있다. 즉 상대자가 더욱 불법 행위를 할 만한 사람으로 보여야 한다는 것이다. 그렇지 않으면 반박은 우스운 것이 될 것이다. 만일 아리스티데스의 비난에 응수하고자 한다면 다른 사람이 그와 같은 비난자의 신용을 떨어뜨리기 위해 합당한 반박을 해야 할 것이다.

일반적으로 비난하는 자는 비난의 대상이 되는 자보다 높은 도덕적 자질을 가지고 있는 것처럼 행동한다. 따라서 그를 이기기 위해서는 이러한 태도를 뒤집을 수 있어야 한다. 일반적으로 자신이 한 일이나 할 수 있었을 일에 대해 다른 사람들을 비난하거나, 반대로 자신이 하지 않았거나 하지 않을 것을 하겠다고 약속하는 경우에는 이러한 논증은 부조리한 것이 될 것이다.

7. 정의(definition)로부터 도출되는 공론도 있다. 예를 들어 '데모니움'이 무엇인가에 대한 정의를 볼 수 있다. 이것은 하나의 신이나 신의 행위를 지칭하는 것이 아닌가? 한편, 신의 행위라고 믿는 사람은 필연적으로 신들의 존재 역시 믿을 것이다. 이피트라테스가 가장 고귀한 사람은 가장 높은 차원의 도덕적 가치를 지니고 있는 사람이라는 사실을 증명하고자 했을 때 사용했던 공론이 바로 이와 같은 것이었다. 실제로 하르모디우스와 아리스토지톤은 고귀한 행동을 하기 전에는 귀족의 칭호를 가질 수 없었다는 것이다. 그는 또한 자신이 그들과 더욱 유사하다고 이야기하고 있다. "내 행동들은 분명 당신들의 행동보다는 그들의 행동에 더욱 가까이 있다."

또한 『알렉산드로스의 변명』에서도 유사한 공론을 볼 수 있다.

즉 방탕한 남자들은 한 명의 여인에 베푸는 호의로는 만족하지 못할 것이라는 사실을 모든 사람들이 인정하리라는 것이다. 또한 소크라테스 역시 아르케라오스의 집에 가기를 거부하면서 같은 방식의 공론을 사용했다. "악행과 마찬가지로 선한 대접을 되돌려주지 못하는 것도 부끄러운 일이기 때문이다." 이들 모두는 결국 자신들이 다루는 주제의 논거를 제공하기 위해 본질적인 정의로부터 출발하고 있는 것이다.

8. 하나의 단어에 내포될 수 있는 서로 다른 의미로부터 도출되는 공론도 있다. 용어들의 바른 사용을 위한 개론서인 『토피카』에서 그 예를 찾아볼 수 있다.

9. 구분(division)으로부터 도출되는 공론도 있다. 예를 들면 다음과 같다. "모든 사람들은 세 가지 목적 때문에 부당한 일을 저지른다. 그리고 두 가지 이유로 인해 부정행위는 불가능했었다. 세 번째 이유에 대해서는 적대자들도 그것을 고려하지 못할 것이다."

10. 귀납법으로부터 도출되는 공론도 있다. 예를 들면 페파레테스의 부인의 경우로부터 우리는 다음과 같은 사실, 즉 아이들에게 있어서 진정한 부권을 결정짓는 것은 항상 여인들이라는 사실을 이끌어 낼 수 있는 것이다. 아테네에서 자신의 아들에게 불리한 입장을 밝히는 웅변가 만티아스에게 아들의 어머니가 주장했던 것이 바로 이것이다. 테베에서 이스메니아스와 스틸본의 논쟁 속에서 도도나의 여인이 이스메니아스가 아버지였다는 사실을 주장함으로써 테살리스코스가 그의 아들인 것처럼 생각하게 만들었던 것도 또 하나의 예이다.

테오덱테스의 『법률』에서도 다른 예를 볼 수 있다. "타인의 말들을 잘 보살피지 않는 사람에게 자신의 말을 맡길 수 없다면, 타인의 배들을 전복시킨 자에게 자신의 배들을 맡길 수 없다면, 모든 경우에 다 그러하겠듯이 타인의 영지를 제대로 지키지 못한 자들에게 자신의 영지를 맡길 수는 없는 것이다." 또한 알키다마스가 모든 사람들이 일곱 명의 현인들을 존경한다는 결론을 내린 것도 그 예이다. 즉 파로스 사람들은 명예가 훼손됐음에도 불구하고 아르킬로케스``를 존경했으며, 키오스 사람들은 자신들의 동향인이 아니었음에도 불구하고 호메로스를 존경했다.

미텔레네인들은 여성임에도 불구하고 사포를 존경했다. 스파르타인들은 실제로 문학에 별다른 취향을 가지고 있지 않았음에도 불구하고 킬론을 존경했으며, 그를 원로원의 의원으로 추대하기도 했다. 이탈리아 사람들은 피타고라스를 존경했다. 람프사코스의 주민들은 이방인이었던 아낙사고레스를 매장해 주었으며, 오늘날에도 여전히 그를 존경하고 있다. 스파르타인들이 뤼코르고스의 법칙들을 덕분에 그러했듯이 아테네인들도 솔론의 법칙들을 적용하면서 행복한 삶을 누릴 수 있었다. 테베에서는 '정치인'들이 철학자들이 된 이후로 번영을 누릴 수 있었다.

11. 동일한 경우나 유사한 경우, 혹은 반대되는 경우에 대한 이전의 판단으로부터 도출되는 공론도 있다. 특히 그 판단이 모든 사람들이나 모든 시대에 동일하게 적용되는 판단일 경우에 그러하다. 모든 사람들이 동의하지는 않는다면 적어도 대다수의 사람들이 동의하는 판단이어야 한다. 혹은 현자들 모두나 대부분이, 혹은 덕있는 사람들이, 혹은 재판관들 자신이나 그들이 권위를 인정한 자들이 동의하는 판단이어야 한다. 아니면 우리가 반대되는 판단을 내릴 수 없는 자들, 예를 들면 우리에게 통치권을 행사하는 자들, 혹은 반대되는 판단을 내릴 수 없는 자들, 예를 들면 신들이나 아버지,

혹은 선조들이 내린 판단이 그것이다.

오토클레스가 믹시데미데스에게 이야기한 것이 바로 이것이다. “고귀한 여신들에게 아레오파고스의 판결에 복종하는 것이 아름다운 일이었다면, 믹시메데스에게는 그렇지 않을 것이다.” 혹은 죽는 것은 하나의 악이며, 이 문제는 신들에 의해 결정되었다는 것과 그렇지 않으면 신들은 죽었을 것이라고 사포가 말했던 것과 마찬가지이다. 혹은 잘난 체 하는 어조로 자신에게 이야기 한 플라톤에게 다음과 같이 대답한 아리스티페스의 경우도 그러하다. “분명히 그렇지. 하지만 우리의 동료(소크라테스를 말하는 것 같다)는 전혀 그렇게 이야기 한 적이 없다네.” 그리고 헤게시폴리스가 올림피아에서 했던 질문에 대해 델포이의 신 역시 올림피아의 신과 동일한 의견을 가지고 있는지를 물어본 경우도 그러하다. 그는 이 신들이 서로 다른 대답을 하는 것은 수치심일 것이라고 생각했다.

또한 이소크라테스가 테세우스가 그렇게 판단했기 때문에 헬레네는 정직한 여자였다고 쓴 것도 이러한 경우에 해당된다. 또한 세 여신들이 알렉산드로스를 심판관으로 선택한 것은 그를 선호했기 때문이었다는 주장과 에바고라스가 정직한 왕이었다고 주장한 것도 마찬가지이다. 예를 들면 코논은 패배 이후에 다른 모든 사람들을 거부하고 그의 곁으로 피신했다는 것이다.

12. 『토피카』에서 볼 수 있는 것처럼 영혼은 어떤 종류의 움직임을 갖느냐, 이것이냐 아니면 다른 것이냐는 같은 것으로부터 도출되는 공론도 있다. 테오텍테스의 『소크라테스』에서 이와 관련한 예를 볼 수 있다. “그가 어떤 성소를 모독했는가? 도시가 인정한 신들 중에서 그가 어떤 신에게 경의를 표하지 않았는가?”

13. 무엇인가를 권고하거나 만류하기 위해, 누군가를 고소하거나 스

스로를 옹호하기 위해, 칭송하거나 비난하기 위해 사용되는 인과관계적 논증으로부터 도출되는 공론도 있다. 왜냐하면 대부분의 경우 한 가지 사실이 좋거나 나쁜 두 가지 결과를 가질 수 있기 때문이다. 예를 들어 교육은 욕망을 갖게 한다는 점에서는 나쁜 것이지만 현명하게 해준다는 점에서는 좋은 것이다. 따라서 욕망을 자극하지 말아야 한다는 점에서는 교육을 받아서는 안 되지만, 현명한 자가 되어야 한다는 점에서는 교육을 받아야 하는 것이다. 이러한 공론은 특히 칼리페의 『테크네』 전체에서 이용되고 있다. 이외에도 『테크네』에서는 가능한 것을 비롯한 앞서 언급한 많은 공론들도 사용되고 있다.

14. 상반되는 두 가지 문제에 대해 권고하거나 만류해야 할 때 앞서 말한 방식들을 사용하여 두 문제 사이의 균형을 맞추기 위한 공론도 있다. 차이점이라면 앞선 공론에서는 반명제가 처음에 제시된 사실들 중에 있는 반면, 여기에서는 반대 항들 사이에 자리잡고 있다는 것이다. 예를 들어 한 여제관이 자기의 아들에게 사람들 앞에서 이야기하지 말 것을 지시하면서 다음과 같이 이야기 했던 경우를 살펴보자.

"네가 만약 정의를 옹호한다면 사람들로부터 미움을 받게 될 것이다. 반대로 네가 부정의한 것을 옹호한다면 신들로부터 미움을 받게 될 것이다." 이러한 공론은 같은 말을 사람들 앞에서 해야 한다는 것으로도 이해될 수 있다. 즉 정의를 위해 말한다면 신들로부터 사랑을 받게 될 것이고, 부정의한 것을 위해 말한다면 사람들로부터 사랑을 받게 되는 것이다. 이것이 바로 늪지대와 소금을 사라는 표현이 의미하고 있는 바이다. 여기에는 '교착어법'이 존재하는데, 각각 좋은 결과와 나쁜 결과를 가지고 있는 두 가지 대립 항들이 있을 경우, 그 결과들이 서로 교차하여 각 대립 항들이 될 수 있다.

15. 사람들이 공개적으로 칭송하는 것과 마음속으로 칭송하는 것은 항상 같지 않다. 사람들이 공개적으로 칭송하는 것은 주로 정의로운 것과 아름다운 것이다. 하지만 개인적으로 사람들은 자신의 이익을 더 욕망한다. 이로부터 어떤 전제로부터 서로 대립되는 결론을 이끌어내고자 하는 공론이 생겨난다. 역설과 관련된 공론들 중에서도 이것이 가장 효과적인 것이다.

16. 어떠한 항들 사이의 비율 관계로부터 도출되는 공론도 있다. 예를 들어 아직 그만한 나이에 이르지 않았지만 크다는 이유로 사람들이 자신의 아들에게 제식(祭式)을 강요했을 때 이피크라테스는 다음과 같이 이야기한 바 있다. 즉 체격이 큰 아이들을 어른과 같이 간주한다면 체격이 작은 어른들도 아이들과 같이 간주해야 된다는 것이다. 또한 테오덱테스는 자신의 『법률』에서 이렇게 말하고 있다. "당신들은 스트라박스와 카리데메스와 같은 용병들을 그들이 정직하다는 이유로 시민들처럼 생각하고 있다. 그렇다면 당신들은 돌이킬 수 없는 잘못을 저지른 용병들은 시민 사회로부터 추방당한 자들로 간주할 것인가?"

17. 결과가 항상 동일할 경우 앞선 예들도 역시 마찬가지임을 결론으로 도출하는 공론도 있다. 예를 들어 케노파네스는 다음과 같이 말한 바 있다. 신들이 태어난다고 주장하는 사람들은 신들이 죽는다고 주장하는 사람들과 마찬가지로 불경한 사람들이라는 것이다. 이 두 경우에 있어서 도출되는 결론은 일정한 시간 동안 신들이 존재하지 않는다는 사실이다. 또한 이 두 가지 항 각각에 있어서 결론은 항상 동일하다는 점을 받아들여야 한다. "당신은 이소

크라테스와 관련해서가 아니라 삶의 규칙과 관련해서 철학을 해야 하는지를 결정해야 할 것이다." 또한 땅과 물을 제공하는 것은 노예의 행위를 하는 것이다. 그리고 공동의 평화에 참여하는 것은 명해진 것을 하는 것이다. 오직 이러한 두 가지 대안들 중에서 명분에 유용한 것을 취해야 할 것이다.

18. 동일한 사람이 일의 전과 후에 항상 동일한 것을 선택하지 않으며, 오히려 그 반대의 선택을 하는 경우가 있다는 사실로부터 도출되는 공론도 있다. 예를 들면 다음과 같은 생략삼단논법을 볼 수 있다. "추방당해 있을 때 돌아가기 위해 싸웠던 우리는, 돌아온 지금에는 싸움을 피하기 위해 스스로 망명의 길에 올라야 한다." 사실상 싸움을 무릅쓰고라도 남아있는 것이 선호되는 경우가 있는가 하면, 남아있지 못할 것을 무릅쓰고라도 싸움을 하지 말아야 할 경우도 있는 것이다.

19. 하나의 사건이나 행동의 가능한 결과가 실제로 이 사건이나 행동의 결과였다는 사실의 확증과 관련된 공론도 있다. 예를 들어 우리가 누군가에게 무엇인가를 주었다가 다시 빼앗음으로써 그를 괴롭히려고 한다면, "신들은 많은 사람들에게 번영을 허락한다. 하지만 이것은 선의를 베풀려는 의도에서가 아니라 그들에게 더욱 강렬한 불행을 부여하기 위해서이다."과 같은 말을 할 수 있을 것이다.

테오덱테스의 『아작스』에 나오는 다음과 같은 논증도 마찬가지이다. 즉 디오메데스가 율리시즈를 더 좋아했던 까닭은 그를 높이 평가해서가 아니라 자신의 시종이 그보다 열등한 자로 남아있게 하기 위해서였다. 사실상 그가 이러한 의도 속에서 생동을 했을 수도 있는 것이다.

20. 반박하거나 권고하는 자들에게 공통된 공론도 있는데, 이것은 어떤 것을 하도록 부추기거나 그것으로부터 멀어지게 만드는 동기들과 행동하도록 만들거나 행동을 피하도록 만드는 목적들을 검토하는 것으로 이루어져 있다. 만일 그러한 동기들이 존재한다면 행동해야 한다. <그리고 동기들이 없다면 행동을 삼가야 한다.> 예를 들어 우리나 우리의 친구들에게 있어서 어떤 것이 가능하고 손쉽고 유용하다면, 혹은 우리의 적들에게는 해롭다면, 그리고 그것이 유감스러운 일이지만 그것으로 인한 이득이 더욱 클 경우 행동해야 한다.

바로 이러한 동기들을 통해 우리는 행동에 참여하게 되며, 반대의 동기들을 통해서는 행동을 멀리하게 되는 것이다. 마찬가지 이유로 우리는 비난과 옹호를 하기도 하는데, 행동을 멀리하게 하는 동기들에 기초하여 옹호하며, 행동하게 만드는 동기들에 기초하여 비난하는 것이다. 왜냐하면 우리는 우리 자신을 옹호하기 때문이다. 이러한 공론은 팜필레스와 칼리프의 『테크네』에 잘 드러나 있다.

21. 예전에는 믿을 수 없었지만 실제로 그 일이 발생하는 것을 봄으로써 믿게 되는 사실로부터 도출되는 공론도 있다. 이 공론은 만일 그러한 일들이 발생하지 않았거나 발생할 법도 하지 않았다면 그것에 대해 믿지 못했을 것이지만, 실제로 일어났기에 그럴법한 일보다 더 믿을 수 있다고 말하는 것이다. 실제로 사람들은 실제적인 사건들이나 있을법한 사건들을 믿는다. 어떤 사건이 믿을 수 없고, 있을 법 하지 않다고 하더라도 그 일은 진실일 수가 있다. 왜냐하면 사람들이 어떠한 사건의 실재성을 믿는 것은 그 사건이 있을 법하고, 그럴 듯해서가 아니기 때문이다.

예를 들면 피테의 안드로클레스가 자신의 말로 인한 군중들의 수군거림이 있은 후 법을 비판하면서 다음과 같이 이야기 한 것을 볼 수 있다. "법은 그것을 수정하기 위한 다른 법을 필요로 한다. 실제로 물고기들은 생명을 유지하기 위해 소금을 필요로 한다. 하지만 소금물에서 사는 물고기가 소금을 필요로 한다는 것이 사실임직해 보이지도, 그럴 듯해 보이지도 않는 것이 사실이다. 마찬가지로 올리브는 기름을 필요로 한다. 물론 이 때 역시 기름을 만들어내는 열매가 기름을 필요로 한다는 것은 믿기지 않는 일이다."

22. 반론에 적합한 공론이 있다. 이 공론은 장소, 날짜, 행위, 말 등에 있어서 적대자와 의견이 일치되지 않을 수 있는 모든 점을 검토하고 이러한 모든 사항들 각각을 독립적으로 살펴보면서 적대자의 인격이나 웅변가의 인격, 혹은 이 둘 모두에 적용될 수 있는 것이다. 첫 번째 경우의 예는 다음과 같다. "그는 당신에 대해 우정을 가지고 있는 척 한다. 하지만 그는 30인 위원회에 서약한 사람이다." 두 번째 경우의 예는 다음과 같다. "그는 내가 소송을 좋아하는 사람이라고 주장한다. 하지만 그는 내가 어떠한 소송도 제기하지 않았다는 것을 증명할 수 없다." 마지막 경우의 예는 다음과 같다. "이 사람은 결코 돈을 빌려준 일이 없다. 하지만 나는 여러분들 중 몇몇의 몸값을 지불했다."

23. 어떤 사람이나 행위에 대한 의혹이나 유죄 같아 보이는 것에 대한 의혹을 일소하기 위해 사용되는 공론도 있다. 이 공론은 오해의 원인을 이야기하는 것으로 구성된다. 의혹을 불러일으키는 잘못된 외관은 그럴만한 이유를 가지고 있기 때문이다. 예를 들어 한 부인이 자신의 아들을 너무나 세게 포옹한 나머지 그를 쓰러뜨렸다고 하자. 이때 사람들은 그녀가 젊은 남자와 사랑을 나눈 것으로 오해할 수 있다. 하지만 이처럼 원인을 설명해주면 의혹도 사라지게 마련이다. 또 다른 예로는 테오덱테스의 아작스에서 율리시스가

아작스에 대해 실제로는 그보다 더욱 용감한 자신이 겉으로는 그렇게 보이지 않는 이유를 설명하는 부분에서 찾아볼 수 있다.

24. 원인으로부터 도출되는 공론도 있다. 원인이 존재한다면 사건도 존재한다고 사람들은 이야기한다. 원인이 존재하지 않는다면 사건도 존재하지 않을 것이다. 왜냐하면 결과는 원인 없이 일어나지 않으며, 원인이 없는 결과는 존재하지 않기 때문이다. 예를 들면 아크로폴리스에 있는 수치심의 기둥에 기록되어 있던 이름을 30인 위원회 앞에서 망치로 지워버렸다고 비난하는 트라시불로스에게 레오다마스가 했던 대답을 들 수 있다. 바로 그러한 일은 일어날 수 없었다는 것이 그의 대답이었다. "이름이 적힌 돌이 백성에 대한 자신의 증오를 보여주는 것이었다면 30인 위원회는 그를 신임했을 것이다."

25. 사람들이 충고하는 것, 혹은 행하는 것, 혹은 행한 것보다 더 잘 행할 가능성이 있었는지 혹은 있는지를 살펴보기 위한 공론도 있다. 만약 그렇다면 사람들은 분명히 그렇게 행동하지 않았을 것이다. 실제로 그 누구도 잘못된 선택임을 알면서 자발적으로 그것을 선택하지는 않을 것이다. 하지만 바로 여기에 실수의 원인이 존재한다. 왜냐하면 사람들은 종종 행동을 한 이후에야 어떻게 행동하는 것이 더 좋았을지에 대해 알게 되기 때문이다. 보통 전에는 알지 못한다.

26. 일어났던 일과 반대되는 일이 막 일어나려고 할 때 이 두 가지를 동시에 검토하기 위한 공론이 있다. 예를 들면 엘레아 학파 사람들이 레우코테아에게 희생을 바쳐야 하는지 아닌지에 대해, 그리고 그녀에게 애가를 불러주어야 하는지를 물어보았을 때 다음과 같이 조

언한 케노파네스를 볼 수 있다. 만약 류코테를 여신으로 여긴다면 애가를 부르지 않아도 될 것이고, 만약 그녀를 한 여인으로 간주한다면 희생을 바치지 않아도 될 것이라는 조언이 그것이다.

27. 누군가를 비난하거나 옹호하기 위해 범해진 실수로부터 도출해내는 공론이 있다. 카르키노스의 『메데』에서 그 예를 볼 수 있다. 어디에서도 메데의 아이들이 보이지 않자 그녀가 자신의 아이들을 죽였다고 고소하는 자들이 있었다. 실제로 메데는 아이들을 떠나게 한 실수를 범하기는 했다. 자신을 변호하기 위해 그녀는 만일 자신이 누군가를 죽였다면 그것은 자신의 아이들이 아니라 야손일 것이라고 응답했다. 그녀가 다른 것을 했었다는 것을 인정한다고 할지라도, 그의 입장에서는 그렇게 하지 않은 것은 잘못이었을 것이다. 이러한 생략삼단논법의 공론과 특수공론은 테오도르의 옛 『테크네』의 모든 소재가 되고 있다.

28. 이름으로부터 도출되는 공론도 있다. 예를 들면 다음과 같은 경우들을 볼 수 있다. 소포클레스는 "강철같이 강인한 당신은 당신의 이름을 가질 자격이 있소."라고 이야기한 바 있다. 또한 사람들은 신들에 대한 찬양 속에서도 이러한 공론을 사용하곤 한다. 코논은 트라시불로스를 대담한 계획을 가진 사람으로 불렀다. 헤로디코스는 트라시마코스에 대해 "당신은 항상 대담하게 싸움에 임하는 사람이오" 라고 이야기했으며, 폴로스에 대해서는 "당신은 항상 한 명의 신참에 불과하다"라고 이야기 했다. 또한 입법관인 드라콘에 대해서는 "그의 법은 사람의 법이 아니라 용의 법과 같다"라고 말하기도 했다. 그만큼 그의 법은 엄격했던 것이다. 에우리피데스의 헤가베는 아프로디테에 대해 이렇게 말하기도 했다.

"이 여신의 이름이 광기라는 단어의 처음을 장식하는 것은 당연하다."

또한 케레몬은 "Penthée, 이것은 너의 임박한 불행의 시조이다" 라고 말하기도 했다.

생략삼단논법의 효율성

생략삼단논법 중에서도 논박적 논법들이 증명적 논법들보다 더 선호된다. 왜냐하면 논박적 생략삼단논법은 간략하게 반대 항들을 대조하기 때문이다. 또한 논박적 논법을 통해서 대비되는 사물들이 청중들에게 더욱 명백히 드러날 수 있기 때문이다. 모든 논박적이고 증명적인 '삼단논법'들 중에서 가장 선호되는 것은 처음부터 모든 전개를 피상적이지 않게 예상할 수 있는 것들 (예상을 할 수 있을 때, 사람들은 자신의 명민함에 대해 스스로 만족하게 된다), 논법이 발설되고 나서 적당한 시간차를 두고 이해할 수 있는 것들이다.

24장. 표면적 생략삼단논법의 공론들

표면적 생략삼단논법들

진정한 삼단논법이 있는 한편, 실제로 그렇지는 않지만 표면적으로 그럴듯해 보이는 삼단논법이 있다. 따라서 생략삼단논법 역시 삼단논법의 한 종류라는 점을 인정했을 때 다음과 같은 사실을 받아들여야 한다. 즉 진정한 생략삼단논법 말고도, 그럴듯해 보이는 생략삼단논법이 있을 수 있다는 것이다.

그런데 표면상의 생략삼단논법들의 공론들은 다음과 같다.

1. 첫 번째로는 표현으로부터 기인하는 공론이 있다.

가) 변증론에서와 마찬가지로 이 공론에서도 한 부분이 완전한 연역을 하지 않더라도 결론의 형태 하에 공론의 끝을 맺는다. 예를 들면 "따라서 이것은 이러저러한 것이 아니라, 필연적으로 이러저러한 것이다"와 같은 경우를 볼 수 있다. 생략삼단논법들에서 간략하고 반대되는 표현은 그 자체로 하나의 생략삼단논법처럼 보인다. 왜냐하면 이러한 표현 방법은 생략삼단논법의 영역에 속하기 때문이다.

이러한 종류의 거짓 추론은 표현의 형식에 기인하는 것처럼 보인다. 표현에 삼단논법적인 형태를 부여하기 위해서는 몇몇 삼단논법들의 요점들을 이야기하는 것이 유용하다. 예를 들어 그는 이러한 사람들을 구해주었고, 저러한 사람들을 도와주었다. 따라서 그는 헬레네 사람들을 해방시킨 것이다. 각각의 사항들은 다른 곳에서 도출된 논증들을 통해 증명된 것들이다. 하지만 그것들을 하나로 묶었을 때에는 무언가 중요한 것이 도출되는 것처럼 보인다.

나) 동음이의어로부터 도출되는 거짓 추론도 있다. 예를 들어 쥐가 고등동물인 이유는 쥐로부터 입문의식 중에서도 가장 영광스러운 의식이 유래하기 때문이라는 것이다. 종교적 의식은 모든 의식들 중에서도 가장 영예로운 것이기 때문이다. 또한 개에 대한 찬사를 보내면서 우리가 하늘의 개 혹은 목신을 개입시킨다고 할 때도 마찬가지다. 왜냐하면 핀다르가 "올림피아의 신들이 '숭고한 여신'의 여러 형태를 띤 개라고 부르는 행복한 목신이다."라고 말하고 있기 때문이다.

또는 개를 갖고 있지 않은 것이 최악의 불명예라는 점을 들어 한 마리의 '개'가 되는 것이 분명히 하나의 영예라고 말하기 때문이다. 게다가 헤르메스는 사람들이 '전령 헤르메스'라고 부르는 유일한 신이기 때문에 모든 신들 중에서도 가장 평범한 신이라고 말하는 것도 이에 해당된다. 또한 덕 있는 사람들은 돈을 받을 만한 자격이 있는 것이 아니라 '존경'을 받을 만한 사람들이라는 사실 때문에 '담론'이 가장 가치 있는 것이라고 말하는 것도 이와 같다. 사실상 ''라는 표현은 하나의 의미만 가지고 있지 않다.

2. 분리되어 있는 것을 통합시키면서, 그리고 통합되어 있던 것을 분리시키면서 논증하는 방식도 있다. 실제로는 그렇지 않지만 이런 식으로 제시되는 것은 종종 동일한 것으로 보이기 때문에 위의 두 가지 양상들 중에서도 더욱 유리한 것을 사용하여 증명할 필요가 있다.

에우티데메스가 사용했던 방식이 바로 이것이다. 예를 들어 피레아스에 한 척의 삼단 노선이 있다는 것을 아는 것이 그것이다. 왜냐하면 대화 상대방은 두 가지 사실 각각을 알고 있기 때문이다. 또한 문자를 안다면 단어도 알 수 있다고 이야기하는 것도 이에 해당한다. 왜냐하면 문자와 단어는 동일한 것이기 때문이다. 그리고 두 방울의 약을 복용하는 것이 사람을 아프게 만든다면, 한 방울 역시 건강에 좋지 않다고 주장하는 것도 이에 해당한다. 왜냐하면 만약 각각의 절반이 좋은 것이라면 전체가 나쁘다는 것은 부조리하기 때문이다. 이와 같은 논증은 반박에 적합하다. 하지만 다음과 같은 방식은 증명에 더 적합하다. 즉 어떤 한 가지가 좋은 것이라면, 그와 동일한 것 두 가지가 나쁠 수는 없다는 것이다. 이러한 모든 공론들은 거짓추론의 대상이 된다.

또한 폴리크라테스가 트라시불로스을 찬양하기 위해서 말한 것도 마찬가지이다. 그는 30명의 폭군들을 쓰러트렸다고 말한 것이 그것이다. 왜냐하면 그는 폭군들의 수를 부풀렸기 때문이다. 혹은 테오덱테스의 『오레스트』에서 언급되는 대목도 예로 들 수 있다. 여기에서는 분리로부터 거짓추론이 도출된다. "자신의 남편을 죽인 여인이 죽는 것은 마땅하다. 그리고 아들이 아버지의 원수를 갚는 것도 지당하다." 이러한 행위들은 각각 완수되었을 때, 이것들을 하나로 묶어놓는다면 아마도 이 두 행위들은 더 이상 정당한 것이 아닐 수도 있다. 생략으로부터도 이러한 거짓추론이 도출될 수 있다. 왜냐하면 누구에 의해 복수가 수행되었는지를 빠뜨리고 있기 때문이다.

3. 과장을 통해 하나의 명제를 세우거나 뒤집을 수도 있다. 어떤 피의

자가 어떤 행위를 저질렀다는 것을 증명하지 않은 채 그 행위만을 과장할 때 이러한 공론이 생겨난다. 이러한 과장은 다음과 같은 두 가지 효과를 자아낼 수 있다. 과장을 하는 자가 용의자일 경우에는 그가 그 행위를 하지 않은 것처럼 보이며, 고소인이 분노하여 과장할 경우에는 피의자가 실제로 문제가 되는 행위를 한 것처럼 보이게 만드는 것이다. 이것은 생략삼단논법이라고 할 수 없다. 왜냐하면 증명이 이루어지지 않은 상태에서 청중들이 피의지가 유죄이거나 혹은 그렇지 않다는 거짓추론을 하게 되기 때문이다.

4. 지표로부터 도출되는 거짓 공론도 있다. 여기에서 역시 올바른 연역은 찾아볼 수 없다. 예를 들면 다음과 같이 말하는 경우에 이러한 공론을 볼 수 있다. 하르모디우스와 아리스토지톤의 사랑이 폭군 히파르크를 전복시켰다는 점을 들어 연인들이 국가에 유용한 존재들이라고 말하는 것이다. 혹은 디오니시스가 행실이 나쁜 사람이기 때문에 도둑이라고 이야기하는 것도 마찬가지이다. 결과적으로 여기에는 삼단논법이 존재하지 않는다. 왜냐하면 모든 도둑들이 행실이 나쁜 자들이라 할지라도 행실이 나쁘다고 해서 모두가 도둑은 아니기 때문이다.

5. 우연한 사건으로부터 도출되는 거짓공론도 있다. 예를 들면 폴리크라테스가 쥐들에 대해 우호적으로 말한 것, 즉 쥐들이 활의 줄을 갉아 먹음으로써 군대를 구했다는 것이 이에 해당된다. 테네도스에서 아킬레우스가 저녁식사에 초대받지 못해서 아카이아인들에 대해 분노했다는 점을 들어 저녁식사에 초대받는 것이 가장 큰 영예라고 말하는 것도 마찬가지이다. 한편 그가 화를 냈던 것은 사람들이 그를 존중하지 않았기 때문이었다. 그가 초대받지 못했던 것은 우연한 사건에 불과했다.

6. 인과관계에 근거하는 거짓공론도 있다. 예를 들어 『알렉산더』에서 목동들의 공동 사회를 경멸하면서 이다(Ida) 산에서 홀로 살았다는 점을 들어 그가 숭고한 감정을 가진 사람이었다고 말하는 것이 이에 해당된다. 숭고한 감정을 가진 사람들이 이처럼 행동하기 때문에 그 역시 숭고한 감정을 가진 것으로 보일 수 있는 것이다.

또한 누군가의 옷차림이 우아하고 그가 밤에 돌아다닌다고 해서 흔히 간통을 일삼는 자들이 그러한 습관을 지녔다는 점을 들어 그를 간통자로 칭하는 것도 마찬가지이다. 또한 거지들이 사원에서 노래하고 춤추듯이 망명자들도 자신들이 원하는 곳에서 살 자유가 있다고 말하는 것도 궤변으로 보인다. 행복해 보이는 자들이 이러한 자유를 가지고 있는 것처럼 보이기 때문에, 이러한 자유를 가지고 있는 자들이 행복해 보일 수 있다는 것도 마찬가지이다. 하지만 방법상에는 차이가 있다. 마찬가지로 이러한 궤변 역시 생략의 궤변에 속할 수 있다.

7. 원인이 아닌 것을 마치 그런 것처럼 제시하는 거짓 공론도 있다. 예를 들면 어떤 사태가 다른 사태와 동시에 일어났거나 혹은 그에 뒤이어 일어났기 때문에 원인이 된다고 이야기하는 것이다. 사람들은 흔히 "무엇 이후에"를 "무엇 때문에"로 받아들이는 경향이 있다. 이것은 특히 정치인들이 자주 범하는 혼용이다. 예를 들어 데마데스가 모든 불운을 데모스테네스의 정책 탓으로 돌린 경우가 이에 해당된다. 왜냐하면 그 정책 이후에 전쟁이 발발했기 때문이다.

8. 시기와 방법을 생략하는 데에서 기인하는 거짓 공론도 있다. 예를 들면 알렉산더가 헬레네를 차지할 권리를 가지고 있다고 말하는 것이 이러한 종류의 거짓공론에 속한다. 왜냐하면 아버지에 의해 헬레네에게 남편이 선택 권리가 주어져 있었기 때문이다. 하지만 분명

그녀의 아버지는 항상 그런 선택권을 딸에게 주었던 것은 아니고, 처음에만 그러했다. 실제로 아버지의 권위는 그 이상은 나아갈 수 없다. 또는 자유인을 때리는 것이 가혹 행위에 해당한다고 주장하는 것도 이에 해당된다. 왜냐하면 이것은 모든 경우에 참이지는 않기 때문이다. 단지 권리도 없이 먼저 가격한 경우에는 참일 수 있다.

9. 논쟁술에서와 같이 어떤 사실을 처음에는 절대적인 것으로 간주하고, 뒤이어 절대적이지는 않지만 특별한 것으로 간주함으로써 생겨나는 표면상의 삼단논법도 있다. 예를 들면 변증론에서 비-존재는 비-존재로 존재한다는 점을 들어 비-존재가 존재한다고 말하는 것이 이에 해당된다. 또한 인식할 수 없는 것이 인식할 수 없다는 것은 인식할 수 있는 사실이라는 명제를 들어 인식할 수 없는 것은 인식할 수 있다고 말하는 것도 이에 해당된다. 마찬가지로 수사학에서 외관상의 생략삼단논법은 절대적으로 있을법 해 보이지 않는 것이 아니라 있을 법해 보이는 특정한 것에 근거를 두고 있다. 이러한 특정한 개연성은 아카톤이 말한 것처럼 절대적으로 이해될 수는 없는 것이다.

실제로 사실임직하지 않은 일이 일어나곤 한다. 따라서 사실임직하지 않은 것은 사실임직한 것이다. 또는 사실임직하지 않은 것은 사실임직한 일이 될 수도 있다. 하지만 절대적으로 그런 것은 아니다. 예를 들어 논쟁술에서는 어느 정도로, 어떤 관계 하에서, 어떤 방식으로인지를 언급하지 않기 때문에 기만술이 발생한다. 여기에서 역시 기만술은 절대적인 것이 아니라 특정한 상황에 해당되는 것으로 간주되는 사실임직함으로부터 기인한다.

코락스의 테크네를 구성하고 있는 것이 바로 이러한 공론의 적용이다. 만일 고소를 당한 어떤 사람이 실제로는 그럴만한 원인을 제공하지 않았다면, 예를 들어 연약한 사람이 폭력을 행사했다고 기소됐다면, 그를 변호하기 위해서는 그가 죄를 지었다는 것이 사실임직하지 않다고 주장해야 할 것이다. 하지만 피의자가 그럴 만한 원인을 가지고 있다면, 예를 들어 그가 강한 사람일 경우에는 사람들이 그가 죄인이라고 믿는 것이 사실임직해 보이기 때문에 실제로 그가 죄인이라는 것은 사실임직해 보이지 않는다고 변호를 해야 할 것이다.

다른 경우들에 있어서도 마찬가지이다. 어떤 상황이든 필연적으로 고소의 원인을 제공하거나 아니면 그렇지 않은 둘 중의 하나이기 때문이다. 그런데 두 경우 다 사실임직해 보인다. 하지만 그 중 하나가 실제로 사실임직한 것이고, 다른 하나는 절대적으로가 아니가 우리가 앞서 말했던 바와 같이 어느 정도 사실임직해 보이는 것이다.

정확히 바로 이러한 점에서 두 개의 논증들 중에 가장 약해 보이는 것을 가장 강한 것으로 만들 수 있다. 그렇기 때문에 프로타고라스의 선언에 사람들이 분개했던 것이다. 왜냐하면 그것은 사실임직해 보이는 것의 눈가림이자 하나의 속임수로, '수사학'과 '논쟁술'에서만 찾아볼 수 있는 것이기 때문이다.

25장. 논박

두 유형의 논박법 : 반-생략삼단논법과 심급

우리는 앞서 실제적인 생략삼단논법과 외관상의 생략삼단논법에 대해 이야기했다. 다음으로는 논박법을 다루어 보고자 한다. 논박을 하기 위해서는 반-삼단논법을 사용하거나 하나의 '심급'을 제기할 수 있다. 반-삼단논법은 분명 동일한 공론들에 기인할 수 있다. 삼단논법들이 의견의 진실성에 기인한다면, 많은 진실된 의견들이 서로 대립하기 때문이다. '심급'은 『토피카』에서 볼 수 있듯이 다음과 같은 네 가지로부터 도출될 수 있다. 즉 반박된 생략삼단논법으로부터, 혹은 그와 유사한 논증으로부터, 혹은 그와 반대되는 논증으로부터, 혹은 이미 공표된 결정으로부터 도출될 수 있는 것이다.

1) 반박된 생략삼단논법

이를 통해 말하고자 하는 바는 다음과 같다. 즉 반박된 생략삼단논법 자체로부터 심급이 도출될 수 있다는 것이다. 예를 들어 사랑이라는 주제에 대해 생략삼단논법이 그것은 좋은 것이라는 결론을 이끌어냈다면, 이에 대한 탄원은 다음과 같은 두 가지 방식으로 전개될 수 있다. 우선 사람들이 일반적으로 모든 욕구는 나쁜 것이라고 말한다는 점을 들어 심급을 제기할 수 있으며, 혹은 특별한 경우를 들어서 심급을 제기할 수도 있다. 예를 들면 정직하지 못한 사랑이 없었다면 카우노스적인 사랑이 격언이 되지는 않았을 것이라는 사실이다.

2) 반대되는 것

'심급'은 반대되는 것으로부터 도출될 수도 있다. 예를 들어 덕 있는 사람은 모든 친구들에게 선을 베푼다는 생략삼단논법에 대하여 악한 사람은 모든 친구에게 악을 행하지는 않는다는 심급을 제기할 수 있는 것이다.

3) 유사한 것

악으로 인해 고통을 당해본 사람들은 항상 증오심을 품고있다는 생략삼단논법에 대해 선을 경험해본 사람들이라고 해서 항상 사랑하는 것은 아니라는 '심급'을 제기하는 것이 이에 해당된다.

4) 이전의 판단들

알려진 인물들로부터 기인한 판단들이 그것이다. 예를 들면 술에 취한 상태에 있는 사람들의 죄는 무지한 상태에서 저질러진 것이기 때문에 용서해주어야 한다는 생략삼단논법이 있다면 이에 대해 다음과 같은 '심급'이 가능하다. 즉 술에 취한 상태에서 저질러진 범죄에 대해 더욱 심각한 처벌을 규정하지 않은 피타코스의 법은 권위를 인정받지 못할 것이라는 사실이다.

네 종류의 논박법이 있다

생략삼단논법은 다음과 같은 네 가지의 공론으로부터 도출된다. 사실임직한 것, 예증, 테크메리온, 지표 등이 그것이다. 이미 일어난 일이나 일어날 것으로 보이는 일로부터 도출되는 생략삼단논법들은 대부분 사실임직함을 통해 도출되는 논법들이다. (귀납에 의해) 유일하거나 여러 가지의 유사한 것을 통해 도출되는 생략삼단논법들은 일반적인 것을 전조 삼아 특정한 것들을 도출해 낼 때 예증들에 의해 도출되는 논법들이다. 필연적인 것이나 항구적인 것(실제적인 것)에 기반을 둔 생략삼단논법들은 '테크메리온'에 의해 도출되는 논법들이다.

보편적 실제나 개별적 실제에 근거한 생략삼단논법들은 그 실제가 있느냐 없느냐에 따라 지표들에 의해 도출된다. 사실임직한 것은 항상 일어나는 것이 아니라 자주 일어나는 것을 말한다. 따라서 이러한 생략삼단논법들이 하나의 '심급' 불러일으키면서 항상 논박될 수 있다는 사실과 이러한 논박 역시 항상 실제적인 것이 아니라 표면적인 것이라는 사실은 명백하다. '심급'을 제기하는 자는 사태가 사실임직하지 않다는 것이 아니라 그것이 필연적이지 않다는 사실을 증명하고자 하기 때문이다.

사실임직한 것의 논박

이러한 거짓 추론 덕분에 고소보다는 변호가 항상 이득을 보는 것이 사실이다. 고소인이 사실임직함을 내세워 증명을 시도할 때(사태가 사실임직하지 않다는 것을 보여주면서 논박하는 것과 필연적이지 않다는 것을 보여주면서 논박하는 것은 동일한 것이 아니다. 단지 대부분의 경우 일어나는 일이라고 하는 것, 그것이 항상 일어나며 그렇기 때문에 필연적인 것이 아니라, 대부분의 경우 그러하며 그렇

기 때문에 사실임직해 보이는 것이라면, 이것은 항상 하나의 '심급'을 불러일으킬 것이다)

재판관은, 논박이 이런 식으로 이루어졌을 경우, 사태가 사실임직하지 않다고 생각하거나, 우리가 살펴본 대로 거짓 추론을 내세우면서 그것을 판단하는 것은 자신의 몫이 아니라고 생각할 것이다.

왜냐하면 그는 필연적인 것에 따라서만이 아니라 사실임직한 것에 따라서도 판단해야 하기 때문이다. 이것이 바로 가장 뛰어난 정신 속에서 판단한다고 할 때 의미하는 것이다. 그렇기 때문에 그 사태가 필연적인 것이 아니라는 것만을 보여주면서 논박하는 것은 충분치 않다. 그것이 사실임직하지 않다는 것을 보여주면서 논박을 해야 하는 것이다. '심급'이 특히 대부분의 경우에 일어나는 사건에 근거하고 있다면 이러한 결과에 이르게 될 것이다. 시간이나 사실들 덕택에 그런 결과가 나올 수 있을 것이다. 그러나 가장 최종적인 '소송'들은 이 둘 다에 의지하게 될 것이다. 실제로 문제가 되는 경우에서 유사한 사실들이 많으면 많을수록 그 경우는 더욱 사실임직해 보인다.

지표의 논박

1권에서 말한 살펴본 바와 같은 지표들과 하나의 지표에 근거하고 있는 생략삼단논법들은 아무리 실제적이라고 할지라도 논박될 수 있다. 우리가 『분석론 전서』에서 증명해 보인 것처럼 모든 지표는 삼단논법에 부적절하다.

예증의 논박

예증들에 근거한 생략삼단논법들에 대해서도 사실임직함에 대한 것과 동일한 논박이 가능하다. 우리가 생겨날 수 있는 단 하나의 상이한 경우를 가지고 있다면 논박은 이미 완전히 이루어진 것에 다름 아니다. 반대 명제가 필연적인 것이 아닌 순간, 이 명제는 대부분의 경우나 가장 빈번한 경우에 의지하는 것이 된다. 그리고 이 대부분과 빈번함이 반대 명제에 유리하게 작용한다면, 그것에 대해서는 다음과 같이 말함으로써 논박할 수 있다. 즉 이 경우는 같지 않다거나 같은 방식으로 일어난 것이 아니라는 것, 또는 몇 가지 차이를 차지고 있다는 점을 이야기해야 할 것이다.

테크메리온의 논박

테크메리온들과 그것들에 근거한 생략삼단논법과 관해 보자면, 그것들을 논박하기 위해서 삼단논법에 의지하지 않는다는 것은 불가능한 일일 것이다(이것 역시 『분석론 전서』에서 명백하게 증명된 바 있다). 남아 있는 유일한 방법은 제시된 사실이 존재하지 않는다는 것을 증명해 보이는 것이다. 하지만 이 사실이 실제적이고 따라서 하나의 테크메리온이라는 점이 명백하다면 반대 명제는 논박 불가능한 것이 될 것이다. 왜냐하면 이때부터 모든 것이 증명을 통해 명백해지기 때문이다.

26장. 피해야 할 오류

과장과 표현의 완화

과장하고 완화된 표현을 사용하는 것은 생략삼단논법의 요소가 아니다. 내가 보기에 요소와 공론은 의미 작용을 가지고 있는 것이기 때문이다. 실제로 요소와 공론은 수많은 생략삼단논법들이 그 아래에서 정리될 수 있는 주된 항목들이다. 과장하고 표현을 완화하는 것은 문제가 되는 것이 큰 것인지 작은 것인지를 보여주어야 하는 '생략삼단논법들'에 속한다. 이는 어떤 것이 좋은 것인지 나쁜 것인지, 정당한 것인지 부당한 것인지, 그 어떤 다른 자질을 가지고 있는지를 보여주는 것과 동일하다. 삼단논법과 생략삼단논법은 이 모든 것들과 상관적이다. 따라서 그것들 각각이 생략삼단논법의 공론이 아니라면, 과장하고 표현을 완화하는 것 역시 그렇지 못할 것이다.

논박

논박을 가하는 데 적절한 이유들 역시 '증명적 추론과는 다른' 생략삼단논법의 하나의 특수한 종류는 아니다. 우리가 하나의 '심급'을 증명하거나 제기하면서 논박한다는 것은 명백하기 때문이다. 우리는 반대 명제에 대한 반-증명을 하게 된다. 예를 들어 상대방이 어떤 사실이 어떠했다고 증명했다면, 다른 이는 그렇지 않았다는 것을 증명해야 하는 것이다. 따라서 여기에는 차이가 있을 수 없다. 양측 모두 실제로 동일한 수단을 이용하기 때문이다. 이들은 어떤 사건이 그러한지 아니면 그렇지 않은지를 증명하기 위해 생략삼단논법들을 제시하고 있는 것이다.

심급

'심급'은 하나의 생략삼단논법이 아니지만『토피카』에서 보여준 바와 같이 하나의 의견, 참으로 삼단논법이 없었다는 점이나 상대방이 취한 전제가 거짓이라는 점을 명백히 보여줄 수 있는 의견을 진술하는 것으로 이루어진다.

요약과 연결

담론에 대한 하나의 개론서는 세 부분을 포함하고 있어야 한다. 그리고 이러한 점에서 예증들, 격언들, 생략삼단논법들, 그리고 일반적으로 이해와 관련된 부분에 있어서는 우리가 사용할 수 있는 공론들과 이 공론들을 논박할 수 있는 방법들에 대해 보여주는 것으로 충분할 것이다. 이제 문체와 각 부분들의 질서에 대해서는 따로 논해야 할 것이다.

수사학 III

RHETORIC III

RHETORIC & POETICS

ARISTOTELES

1장. 수사학 3권의 주제

수사학은 세 부분을 담고 있다

왜냐하면 담론과 비교하여 다루어야하는 세 가지 관점이 있기 때문이다. 첫 번째 관점은 증거들이 인용될 출처들, 두 번째 관점은 문체에 관한 것, 세 번째 관점은 담론의 부분들을 배열해야 하는 순서이다. 우리는 이미 담론의 부분들이 배열되는 증거들과 출처들에 관해서 언급한바 있다. 그리고 이 출처들이 세 개로 이루어져 있다는 것과 어떤 종류들인지에 대해서 그리고 어떤 이유로 인해 그 보다 수가 많지 않은지를 보여주었다. 이렇게 여기는 사람들은 항상 설득되었다. 왜냐하면 그들 스스로가 어떤 열정을 경험했기 때문이거나, 연설자들이 그러한 자질들을 갖고 있다고 믿었기 때문이거나, 어떤 증명이 이루어졌기 때문이다. 또한 생략삼단논법과 그것을 끌어내야 하는 출처들도 다루어졌다. 왜냐하면 생략삼단논법에 있어서 한편으로는 '특수 공론'들이 있으며 또 다른 한편에는 '일반 공론'들이 있기 때문이다.

문체를 다루어야만 한다

이어서 우리가 다루는 설명은 문체에 관하여 말하는 것이 될 것이다. 왜냐하면 만들어 내야하는 논거들을 소유하는 것만으로는 충분하지 않기 때문이고, 그 논거들을 훌륭하게 소개할 필요가 있기 때문이며, 그렇게 함으로써 많은 사람들에게 담론이 이러저러한 특징을 가지고 있는 것처럼 보이도록 기여해야하기 때문이다. 우선 우리는 순서상 자연스럽게 첫 번째 자리를 차지하는 것, 즉 사물들 자체에 그것들의 설득적 특징을 부여하는 것을 우리 연구의 첫째

목표로 삼았다. 두 번째 자리를 차지하는 것은 문체가 사물들에게 부여하는 가치이다. 세 번째 부분은 가장 큰 효율성을 가지고 있지만 아직까지는 연구가 이루어지지 않은 부분으로써 연기술과 관계된 모든 것을 포함하고 있다.

비극 상연과 음송서사시에 있어서 연기술은 나중에 도입되었다. 왜냐하면 우선 시인들 스스로가 자신들의 비극의 역을 맡았기 때문이다. 그러므로 수사학에도 시학에 적용되는 것과 같은 특정한 기법이 있다는 것은 명백하다. 그리고 어떤 저자들은 다른 무엇보다도 테오스의 글라우콘을 다루었다.

연기술에 대한 정의

연기술은 목소리의 사용에 있어서 다음과 같은 내용, 즉 각각의 정념에 대해서 목소리를 어떻게 사용해야하는지, 말하자면 언제 강한 약한 중간의 목소리를 내야하는지, 어떻게 고음 저음 중음과 같은 억양들을 사용하는지, 그리고 각각의 감정에 대해서 어떤 리듬에 도움을 청해야만 하는지 등으로 이루어져 있다. 실제로 연기자들이 주의

를 기울이는 세 가지 관점이 있다. 즉 음량과 억양과 리듬이 그것이다. 우리는 이러한 세 가지의 방법으로 연기자들이 연기 경합에서 상을 탈 수 있다는 사실을 확인할 수 있다. 오늘날 경합에서 연기자들이 시인들 보다 큰 성공을 거두고 있다는 사실이 이를 증명하고 있다. 그렇기 때문에 도시국가에 대한 토론과 정체(政體)의 불완전함에 대한 토론에 있어서도 마찬가지다.

연기술의 기법은 아직도 구성되어 있지 않다

연기술의 기법은 아직도 구성되어 있지 않다. 또한 문체에 대한 기법 자체가 발전된 것도 오래되지 않았다. 따라서 문체의 기법이 연기술의 기법을 올바르게 판단한다는 것은 너무나 서툰 기법인 것처럼 보인다. 하지만 모든 연기술의 연구에서 수사학은 공론에만 관련되어 있기 때문에, 이상적인 것은 아니지만 하나의 필요성이 요구되며, 연기술에 필요한 주의들을 기울여야 한다. 왜냐하면 엄격한 법정에서 우리는 담론과 관련하여 무엇보다도 고통이나 쾌락을 야기하지 않도록 노력해야 하기 때문이다. 왜냐하면 투쟁하는데 적합한 유일한 무기들은 바로 사실들이기 때문이다. 그렇기 때문에 사실을 증명하지 못하는 모든 것은 불필요하다. 그럼에도 불구하고 연기술은 우리가 『수사학』1권 1장에서 언급한 것처럼 청중의 타락의 결과로 인하여 막강한 권력을 가지고 있다. 그렇기 때문에 문체에 대한 근심은 적어도 아주 작은 부분일 지라도 모든 종류의 교육에 필요한 것이다. 증명에 대해서도 이러저러한 방식으로 설명하는 것은 미묘한 차이가 있다. 그렇지만 그렇게까지 차이가 크지는 않다. 왜냐하면 이 모든 것은 감성의 문제일 뿐이며 청중에만 관련되어있기 때문이다. 또한 어느 누구도 이런 방식으로 기하학을 가르칠 수는 없는 것이다. 연기술의 기법이 우리에게

다가올 때는 배우들의 유희와 같은 효과를 가질 것이다. 많이 진전되지는 않았지만 몇몇의 저자들은 이러한 기법을 다루려고 시도했었다. 『연민을 자극하는 방법』의 트라시마코스가 그 예이다. 게다가 연기술은 자연의 선물이다. 연기술은 '기술'에 있어서는 오히려 낯설다. 하지만 문체에 적용되는 연기술은 '기술'이다. 따라서 이러한 재능을 가진 사람들이 상을 타게 된다. 그것은 마치 연기술에 있어서 연설가의 기질을 가진 사람과 유사하다. 실제로 서술된 담론은 사유에 의해서라기보다도 문체에 의해서 더욱 커다란 효과를 만들어낸다.

문체의 역사에 대한 개관

당연한 이야기겠지만, 첫 번째 동요는 시인들에 의해 발생되었다. 실제로 말은 모방이다. 우리 몸의 모든 기관들의 작용에 있어서 목소리는 모방에 가장 고유한 것이다. 그렇기 때문에 기술들, 음유서사시, 배우들의 어조들은 다른 것의 도움 없이도 구성된다. 시인들이 말하는 것이 무의미한 것임에도 불구하고, 그들이 그것을 말하는 방식 덕분에 시인들은 명예를 획득하는 것처럼 보인다. 이처럼 문체는 무엇보다도 고르기아스의 문체에서 볼 수 있듯이 시적인 것이다. 그리고 오늘날에도 여전히 교양이 없는 자들은 이러한 부류의 웅변가들이 대부분 탁월하게 말한다고 생각한다. 하지만 사실은 그렇지 않다. 산문의 문체는 시의 문체와는 다른 것이다. 역사 또한 이 사실을 증명해준다. 심지어 비극작가들의 문체는 더 이상 동일한 특징을 가지고 있지 않으며, 단장격의 3음절 시를 쓰기 위해 장단격의 4운율 시를 포기했다. 그 이유는 모든 운율들 가운데서도 단장격의 3음절시가 가장 산문에 가까운 형태였기 때문이다. 이처럼 비극작가들은 일상적인 언어사용과는 거리가 먼 모든 단어들을 자신들의 용어집에서 제거해버린 것이다. 초창기 시인들은 구어와 차이가 있는 이러한 단어들을 문체상의 장식으로 사용했었고, 지금은 6각시를 사용하는 작가들도 포기한 단어들이다. 그렇기 때문에 이러한 종류의 문체를 더 이상 사용하지도 않는 시인들의 '낡은 방식'을 모방한다는 것은 우스운 일이다. 그 결과 우리가 문체에 대해 말할 수 있는 모든 것을 소개하지 않아야 한다는 것은 명백해진다. 하지만 우리가 언급하고 있는 문체의 종류에 관해서 만큼은 다루어야 할 것이다. 옛날 문체에 관해서 우리는 『시학』에서 이미 다룬 바 있다.

2장. 문체의 자질

명료성

문체의 미덕 중 하나는 명료성이다. 『시학』에서 언급했던 정의를 다시 상기해보자. 그 지표들은 다음과 같다. 즉, 만일 담론이 그 대상을 보여주지 못한다면, 그 담론은 그 기능을 다하지 못할 것이다.

적합성

게다가 문체는 너무 평이해서도, 너무 부풀려서도 안 되며, 적당해야한다. 시적언어는 평이하지 않기 때문에, 담론에 적합하지 않다.

색다른 특성

문체의 명료성을 만들어내는 것은 명사들과 동사들의 속성이다. 문체를 단조롭게 하고 장식하게 되는 것은 『시학』에서 나열했던 모든 다른 단어들의 사용법에 달려있다. 일상적인 용법을 멀리하는 것은 문체를 더욱 고결하게 보이게 해준다. 그렇게 되면 사람들은 외국인들과 자신의 동향인들에 대해 동일한 인상을 받게 되며, 문체에 대해서도 같은 인상을 받게 되는 것이다. 따라서 자신이 사용하는 언어에 낯선 색채를 부여해야만 한다. 왜냐하면 사람들은 일상적인 용법과는 거리가 있는 문체를 찬미하고, 이러한 찬미를 이끌어 내는 것은 기분 좋은 것이기 때문이다.

시적 언어

시구에는 이러한 효과를 낼 수 있는 몇 가지 방법들이 있다. 이때 그 방법들은 적합한 것이어야 한다. 시의 전개에서 등장하는 사건들과 등장인물들은 일상적인 삶과는 거리가 있기 때문이다. 하지만 이러한 방법들은 산문에서는 훨씬 더 적은 대상들과 연관되어 있다. 왜냐하면 산문이 다루는 주제는 덜 고상한 것이기 때문이다. 실제로 시에서조차, 만일 노예나 너무 어린 사람이 장식적인 언어로 말을 한다면, 너무나도 조화롭지 못할 것이기 때문이다. 혹은 그 주제가 너무나 무의미하기 때문일 것이다. 하지만 이러한 시 작품들에서조차 적합성이 완성되는 것은 문체의 긴밀함과 확장 속에서 가능하다. 또한 문체의 꾸밈새는 감추어져 있어야 하며, 언어는 지나치게 멋을 부리는 것이 아닌 자연스러운 분위기를 풍겨야 할 것이다. 이렇게 했을 때에야 설득적인 문체가 된다. 이렇지 못한 문체는 반대의 효과를 갖게 된다. 왜냐하면 청중들은 혼합포도주 앞에서 의심하듯 문체 속에 함정이 있을 거라고 예상하기 때문이다. 테오도르의 어조는 다른 배우들의 어조에 비해 자연스러웠다. 그의 어조는 등장인물이 말하는 어조인 듯했다. 다른 배우들의 어조는 자신들이 연기하는 등장인물들의 어조와 자연스럽게 어울리지 않는 낯설은 것이었다. 만일 우리가 일상적인 단어집에서 선택한 단어들로 자신의 문체를 만들어낸다면 기법은 잘 감춰질 수 있다. 에우리피데스는 이러한 유형의 첫 번째 전형을 보여준다.

색다른 표현과 일상적인 표현

언어는 명사와 동사들로 구성되어 있다. 명사의 종류의 수는 이미 『시학』에서 다룬 바 있다. 이러한 명사들 중에서도 '어의소들', 복합어들, 조어들의 사용은 매우 드물게 그것도 조금씩만 사용해야 한다. 이러한 말들이 어디서 통용되는지에 대해서는 본서 3장과 7장에서 살펴볼 것이다. 이 단어들이 사용되는 이유는 다음과 같다. 즉 적합성과 거리를 둠으로써 문체의 규모를 더욱 확장하기 위해서이다. 일상어와 고유어, 은유들은 산문에 사용되는 언어로 유용할 뿐이다. 모든 사람들이 이러한 단어들을 사용한다는 것이 그 증거이다. 사람들은 항상 은유들, 고유어들, 일상어들을 언어 수단으로 간직하고 있기 때문이다. 결과적으로 이러한 단어들을 사용할 줄 안다면, 문체는 기법을 드러내지 않으면서도 낯선 분위기를 갖추게 될 것이다. 이러한 과정을 통해 문체는 명료해지며, 이것이야말로 우리가 웅변가의 산문이 지닌 탁월함이라고 일컬었던 것이다.

동음이의어와 동의어

단어들 중에서 동음이의어들은 소피스트에게 유용한 것들이다. 소피스트들은 동음이의어를 통해 속임수를 쓰기 때문이다. 동의어들은 시인에게 유용한 것이다. 나는 일상적이고 동일한 의미를 갖는 단어들의 총체를 동의어로 이해한다. 예를 들어 '가다'와 '걷다'와 같은 경우가 그러하다. 이 두 단어는 일상어이며, 동시에 동의어들이다.

은유

이러한 단어들 각각이 무엇으로 이루어져 있으며, 은유의 종류들은 얼마나 있는지, 그리고 이러한 은유들이 시에서와 마찬가지로 산문에서도 가장 효과적인지에 관해서는 이미 언급한 대로 『시학』에서 이미 정리한 바 있다. 산문은 시보다 가용할 수 있는 은유의 수가 더 적기 때문에 산문은 은유에 더욱 세심한 공을 들여야만 한다. 특히 명료성, 장식성, 희소성 등은 은유의 자질들이다. 따라서 은유의 재능은 타인에게서 빌려올 수 없는 것이다.

은유의 적절성

우언법과 마찬가지로 은유는 그 대상과 조화를 이루어야 한다. 이러한 조화는 하나의 유추의 산물이다. 그렇지 않다면 부조화가 나타나게 되며, 반대항들 간의 대립은 그것들이 서로 이웃할 때 더욱 명료하게 드러난다. 빨간 옷이 젊은이에게 잘 어울리는 것처럼 노인들에게는 어떤 옷이 적합한지를 살펴보아야 하는 것이다. 왜냐하면 같은 옷이 이 두 사람 모두에게 어울리는 것은 아니기 때문이다. 만일 어떤 사람이 자신의 대상을 찬미하고자 한다면, 동일한 부류 속에서 가장 고결한 것으로부터 은유를 차용해야만 한다. 그와는 반대로 대상을 비난하고자 한다면, 가장 가치 없는 것에서 은유를 차용해야 한다. 예를 들어 두 개의 반대항들이 같은 종에 속하기 때문에, 어떤 경우에는 구걸하는 자가 곧 간청하는 자이기도 하고, 또 어떤 경우에는 간청하는 자가 곧 구걸하는 자가 되기도 한다. 이러한 두 행위 모두는 요청의 행위라는 점을 지적할 필요가 있다. 이러한 것들이 바로 우리가 방금 언급했던 내용이고, 또한 이피크라테스가 칼리아스를 횃불을 치켜들고 길을 밝히는 자가 아닌, 여신-어머니의 거지로 불렀던 것도 또한 이러한 맥락에서이다. 이때 칼리아스는 이피크라테스가 초보자가 아니고, 자신을 여신-어머니의 거지가 아니라 횃불을 치켜들고 길을 밝히는 자라고 불렀을 것이라고 반박했다. 실제로 이 두 단어들은 여신숭배와 관련이 있다. 하지만 한 단어는 고귀한 것이고, 다른 하나는 그렇지 못한 것을 의미한다. 한편 어떤 사람은 배우들을 두고 '디오니소스의 추종자들'이라고 부르는 반면, 이 배우들을 '예술가들'이라는 칭호를 부여하기도 한다. 이러한 두 단어들은 은유에 속한다. 하지만 하나는 그들의 명예를 더럽히는 것이고, 다른 하나는 그 반대인 것이다. 오늘날 약탈자들은 공급자의 명칭을 갖고 있다. 그렇기 때문에 위법행위를 저지른 자는 '실수로 인한 죄가 있는자'라고 불릴 수도 있는 것이고, 실수로 죄가 있는 자는'위법행위를 저지른 자'로 부를 수도 있는 것이다. 또한 강도짓을 한 자, 물건을 탈취한 자, 수중에 물건을 착복한 자 역시 위법행위를 저지른 자로 말할 수 있는 것이다.

은유의 비적절성

에우리피데스의 『텔레프』에 나오는 예문인 "그는 노 젓는 자들에게 수장으로서 명령했고, 미지(Mysie)로 떠나야 했다."에는 적절성이 결여되어 있다. 왜냐하면 "장으로서 명하노니"라는 표현은 대상의 가치에 비해서는 너무나도 과장된 것이기 때문이다. 그러므로 이 대목에는 기법이 숨겨지지 않고 드러나 있다.

만일 이러한 음절들이 듣기 좋은 소리의 신호들이 아니라면, 표현상의 오류는 음절들에서도 드러날 수 있다. 시인이자 청동주조공인 디오니시오스가 자신이 읊은 애수어린 2행시 속에서 '칼리오프의 외침'을 시라고 부른 것이 그 예가 될 수 있다. 왜냐하면 이 외침도 하나의 목소리이기 때문이다. 하지만 이때의 은유는 적합하지 않다. 왜냐하면 음절들이 필요한 만큼의 것을 나타내지 않기 때문이다.

게다가 은유들은 멀리서 취하지 않고, 같은 종에 속하는 대상들과 유사한 형식들로부터 가져와야한다. 즉 은유는 대상을 명명하면서도 직접적으로는 명명하지 않는 것이다. 말하여진 것, 그것은 같은 종에 속하는 것임에 분명하다. 이는 마치 다음과 같은 유명한 수수께끼에도 잘 나타나 있다.

"나는 어떤 사람 위에 올라타 횃불을 들고 청동을 붙이는 한 사람을 보았다." 이러한 행위는 적절한 명칭을 가지고 있지 않지만, 그 적용은 곧 붙이는 행위인 것이다. 또한 우리는 '붙이다'라는 말을 환풍구멍내기라는 의미로 사용했다. 일반적으로 잘 만들어진 수수께끼에서 좋은 은유들을 가져 올 수 있다. 왜냐하면 수수께끼는 은유를 함축하고 있기 때문이다. 그러므로 치환이 잘 이루어진 것만은 분명하다.

우리는 또한 좋은 것들을 빌어 와야 한다. 명칭의 아름다움은 고르기아스 학파의 웅변가인 키오의 리킴니오스가 말한 바와 같이 그것에서 나는 소리 혹은 그것이 의미하는 바에 있다. 명칭의 추함 역시 마찬가지이다. 소피스트의 논거를 반박하는 마지막 관점이 있을 수 있다. 저것 대신에 이것을 말하는 것은 항상 같은 것을 의미하기 때문에, 브리슨이 주장한 바와 같이, 외설적 표현이 있을 수 없다는 것은 옳지 않다. 여기에 바로 하나의 오류가 존재한다. 왜냐하면 어떤 사태를 우리의 눈으로 포착하게 해주는 한 단어는 더욱 상세하고, 더욱 유사하며, 더욱 적합해질 수 있기 때문이다. 게다가 차이를 가지고 구성된 단어는 이것과 저것을 동시에 의미하기 때문에, 이러한 조건에서는 여전히 그 중 한 단어가 다른 단어보다 더 아름답거나 더 추하다는 것을 인정해야만 한다. 왜냐하면 이 두 단어들은 아름다운 것 혹은 추한 것을 의미할 뿐, 무엇 때문에 그것이 아름다운지 혹은 무엇 때문에 추한 것인지를 의미하지는 않기 때문이다. 아니면 이 두 단어들이 아름다움 혹은 추함을 동시에 의미하기도 하는데, 이때에는 정도의 차이가 있는 것이다.

여기에 바로 은유들을 끌어내야 하는 원천이 자리 잡고 있다. 즉 사태들은 단어의 소리, 의미작용, 시각, 또는 어떤 다른 의미들에 의해 아름다운 것이 될 수 있다. 따라서 '빨간빛 여명'보다는'장미빛 여명'이라는 표현이 더 나은 것이며, 덜 좋기는 하지만 '붉은빛 여명'이라는 표현도 가능할 것이다.

우언법

우리는 우언법에서도 역시 악하거나 수치스러운 요소들에 관한 은유들을 이끌어 낼 수 있다. '어머니의 살인자'와 같은 것이 그 예이다. 그리고 우리는 이 은유들을 아름다운 것에서 빌어올 수 있다. 예를 들어 '아버지의 복수자'와 같은 것이 그 예이다. 암노새를 가지고 승리한 자가 자신에게 변변치 않은 돈을 주었을 때, 시모니데스는 시를 지어주길 거부했다. 왜냐하면 그는 불완전한 당나귀를 노래하는 것이 탐탁하지 않았기 때문이다. 하지만 그에게 충분한 사례금을 주자, 다음과 같이 시를 지었다.

"안녕, 폭풍처럼 빠른 발을 가진 암말의 딸들아, 어쨌든 노새도 당나귀의 딸이긴 하구나."

지소사

마찬가지로 우리는 지소사를 사용할 수 있다. 지소사란 어떤 것을 더욱 작게, 또는 나쁜 것 또는 좋은 것으로 만들 수 있다. 아리스토파네스가 『바빌로니아 사람들』)에서 농담으로 금이라는 표현 대신에 '금 조가리', 옷 대신에 '옷 조가리', 욕설 대신에 '욕지거리'라고 말했다. 하지만 이처럼 본래 용어와 지소사를 사용해서 표현하는 두 가지 용법, 즉 고유어의 사용과 지소사의 사용에 있어 신중을 기해야 하며, 정도를 지켜야만 한다.

3장. 문체의 결핍

문체의 결핍은 다음의 네 가지 원인에 의해 만들어진다.

합성어

합성어의 남용은 가령 리코프론이 표현한 '다양한 얼굴을 가진 하늘', '높은 꼭대기에 있는 대지', '좁은 수로를 가진 강'등과 같은 것이다. 또한 아첨하는 자를 '구걸의 예술가'로, '신의가 부족하거나 없는 자'를 '자신의 서약에만 충실한 자'로 지칭한 고르기아스의 명칭들도 같은 맥락이다. 또한 '그의 영혼은 분노로 가득했고, 그의 얼굴은 붉게 물들었다.'라든지, '그들을 목적에 이르게 한 것은 그들의 열성이라고 그는 생각했다'라든지, '그는 자신의 설득의 담론을 목적에 이르게 하는 안내자로 만들었다'라든지, '바다의 푸르른 바닥'등과 같은 알키다마스의 표현들도 합성어 남용의 예이다. 왜냐하면 이와 같은 단어들의 조합은 이 단어들의 모든 표현들에 시적 외관을 부여해주기 때문이다. 바로 여기에 첫 번째 원인이 있다.

어의소

'어의소'의 사용에 또 다른 원인이 있다. 예를 들어 리코프론은 크세르크세스를 두고 '방탕한' 사람이라 했고, 스키론을 두고는 '황폐한' 사람이라고 했으며, 알키다마스의 시에서는 '어린이의 말장난', 그의 성격에서는 교만이, 그의 성격이 보이는 지나친 교만함을 통해서는 '신랄함'이 드러난다.

우언법

세 번째로는 우리가 우언법을 장황하게, 어울리지 않게, 빈번하게 사용했을 경우, 문체의 결핍은 우언법에서도 생겨난다. 시에서는 '흰 우유'라고 표현하는 것이 적합할 수 있다. 하지만 산문에서는 이러한 부가 형용사를 지나치게 부적절하게, 혹은 과도하게 사용하게 되면, 이러한 형용사들은 그 사용 목적을 왜곡하는 것인데, 이것이 바로 시의 속성이라고 분명하게 보여주게 된다. 물론 시에서 사용하는 부가 형용사들은 일상용법에서 비롯된 것이며, 문체에 낯선 색채를 부여해 준다. 이러한 형용사들의 사용에는 절제가 필요하다. 그렇지 않으면, 그 악영향은 되는대로 표현하는 것보다도 더 심각할 수 있다. 산문의 경우라면 좋은 사용에 이를 수 없고, 시의 경우라면 나쁜 사용에 이르게 된다. 알키다마스의 표현들 역시 문체가 결핍되어 보인다. 그는 부가 형용사들을 조미료로 사용한 게 아니라 주재료로 사용했다. 그만큼 형용사의 사용은 그의 작품에서 자주 등장하며, 균형이 깨져 있으며, 그 자체로 명백한 대상에 쓸데없이 수식되어 있다. 예를 들어 그는 '땀'이라는 말 대신에 '젖은 땀'이라고 말하고 있으며, '코린트 지협 대경기회에서'라는 말은 '코린트 지협 대경기회라는 대축제를 맞이하여'로, '법'이라는 말은 '도시들에서의 최고의 법'이라는 말로 대신하고 있다. 또한 '달리기에서'라는 말 대신에 '그의 영혼이 달리는 모습에서'로, '뮤즈의 선물'이라는 말 대신에 '뮤즈 여신들의 선물을 천부적으로 물려받은'이라는 표현을 쓰고 있다. 마찬가지로 그는 '슬픈 얼굴에 서린 그의 영혼의 근심'이라고 장황하게 말하고 있으며, '특혜 받은 장인'이라는 말 대신에 '모든 이들에게 특별한 대우를 받는 장인이자 청중들에게 즐거움을 나눠주는 자'로, '잔가지를 들고'라는 말 대신 '숲 속의 나뭇가지들을 들고'라는 표현으로, '그는 몸에 옷을 걸쳤다'라는 말 대신 '그는 몸의 수치심을 옷으로 감추었다'라는 표현을 보여준다. 한편 '그의 영혼을 흉내 내는 욕망'(여기에는 하나의 합성어와 하나의 부가 형용사가 있는데, 이것은 시에 속하는 것이다.)이라는 표현이나 '자신의 심술궂은 성격의 지나친 과도함'이라는 표현도 마찬가지 맥락에 있다. 이렇게 표현함으로써 우리는 시적으로 표현하는 가운데 부적절한 방식으로 문체를 우스꽝스럽고, 생기 없고, 나아가 장황함 때문에 모호해지는 결과를 낳게 된다. 이해해야하는 자에게 이러한 표현들을 남발하는 것은 명료성을 혼란스럽게 하는 것이다. 그런데 사람들은 대상을 지칭하는 용어가 없고, 언어가 말의 구성에 적합할 경우에 합성어를 사용한다. 예를 들면, '시간사용'이라는 합성어가 그러하다. 하지만 만일 우리가 이러한 합성어를 남용한다면, 문체는 완전히 시적인 표현이 된다. 따라서 합성어의 사용은 무엇보다도 찬미적인 시인들에게 유용한데, 왜냐하면 그들은 음향의 효과를 즐겨 사용하기 때문이다. 또한 어의소들의 사용은 서사시인들에게 유용한데, 왜냐하면 이러한 문체는 웅장한 분위기와 과장된 말투를 보여주기 때문이다. 은유는 오늘날 비극에서 즐겨 사용하는 단장격 3음보시에서 주로 사용되며, 이러한 점은 본서 1장에서 살펴본 바 있다.

은유

문체 결핍의 네 번째 요소는 은유들에도 있다. 은유들은 다음과 같은 경우에 적절하지 않을 수 있다. 왜냐하면 어떤 은유들은 웃음을 유발하기 때문이다.(실제로 희극 시인들은 은유들을 사용하고 있다.) 또 다른 은유들은 너무 과장되거나 비극적인 분위기를 갖고 있기 때문이다. 이런 경우 이 은유들은 명증성이 결여되어 있고, 지칭하고자 하는 것과 너무나 동떨어져 표현되어있다. 예를 들어 고르기아스는 '생생하고 잔혹한' 사건들을 말하면서, '너는 수치심에 이 사건들의 씨앗을 뿌렸고, 불행 속에서 그것들을 거두어 들였다'와 같이 표현한 바 있다. 여기에 지나치게 시적인 표현들이 담겨 있음은 물론이다. 유사한 예는 알키다마스에게서도 발견할 수 있는데, 그는 철학을 두고 '법에 대항하는 요새'라 표현하고, 『오디세이』를 두고 '인생을 비추는 훌륭한 거울'이라고 표현하면서 "자신의 시에는 이런 종류의 언어유희가 전혀 들어 있지 않다"고 했던 것이다. 왜냐하면 이러한 모든 표현들은 우리가 이미 앞서 언급한 이유들 때문에 설득에 있어서는 부적절하기 때문이다. 이러한 맥락에서 제비를 두고 고르기아스가 한 말 역시 부적절하다. 날아가던 제비가 자신에게 똥을 쌌을 때, 그는 가장 비극적인 문체로 "더러운 똥 같으니라고! 필로멜레스의 짓이군!"과 같이 말했기 때문이다. 왜냐하면 똥을 싼다는 것은 새에게는 더러운 것이 아니지만, 젊은 처자에게는 더러운 것이기 때문이다. 따라서 그의 욕설은 필로멜레스가 제비로 변하기 전에는 새에게 적용할 수 있는 정당한 표현이지만, 그 이후의 상황에는 정당한 것이 아니다.

4장. 비교(법)

정의

비교(법) 또한 하나의 은유이다. 그렇다고 해서 은유와 크게 차이가 있는 것은 아니다. 실제로 호메로스는 아킬레우스에 대해 다음과 같이 말하고 있다. "그는 한 마리 사자처럼 돌진했다."이러한 예가 바로 비교(법)이다. 하지만 이 표현을 '사자가 돌진했다.'라고 말한다면 은유가 될 것이다. 사자와 아킬레우스 모두가 용맹하기 때문에 호메로스는 아킬레우스를 한 마리의 사자로 표현할 수 있었던 것이다.

용법

비교는 산문에서도 유용하다. 그렇다고 해서 빈번하게 사용해서는 안 된다. 왜냐하면 비교는 시적인 특징을 가지고 있기 때문이다. 비교들은 은유들과 마찬가지로 사용되어야 한다.

비교의 예

비교의 예는 안드로티온이 이드리우스를 비난하는 데에서 찾아볼 수 있다. 안드로티온은 이드리우스를 흡사 끈이 풀린 망나니 강아지들과도 같다고 표현했기 때문이다. 실제로 강아지들은 여러분에게 달려들어 물 수도 있다. 고로 끈이 풀린 이디리우스는 사나웠던 것이다. 또 다른 예는 테오다마스가 유추를 통해 아르키다모스와 기하학을 알지 못했던 에우크세노스를 비교했던 것이 그것이다. 에우크세노스 역시 아르키다모스와 마찬가지로 기하학자였는데도 말이다. 마찬가지로 플라톤의 『공화국』에는 시체를 조사하는 자들을 두고 돌을 던진 사람은 건드리지도 않고, 돌만 물어뜯는 어리석은 개에 비유한 표현이 담겨 있기도 하다. 또한 특정 민족을 힘은 세지만 약간 귀가 어두운 조타수와 유사하다고 비교하기도 했으며, 시인들의 시구들을 싱싱하기는 하지만 진정한 아름다움이 결여된 꽃을 가지고 있는 자들에 가깝다고 비유한 바 있다. 그러니까 시구들에 생기가 없을 경우에는 진정한 아름다움이 결여된 꽃을 지닌 자들이 되는 것이고, 시구들이 분해 될 경우에는 시인들은 그들의 과거 모습과는 더 이상 비슷해 보이지 않게 된다. 이와 유사한 예는 페리클레스가 사미인들에 대해 했던 비유에서도 찾아 볼 수 있다. 즉 사미인들을 울면서 미음을 떠먹는 어린 아이들에 비유했기 때문이다. 또한 전쟁을 치루는 베오티아인들을 서로 부딪히며 가지가 잘려나가는 털가시나무와 흡사하다고 비유한 바 있다. 데모스테네스가 한 민족을 배를 타고 있으면서도 바다를 무서워하는 자들로 비유한 것도 마찬가지이다. 비슷한 측면에서 데모크라테스도 웅변가들을 아이가 먹을 죽을 자기가 먹으면서, 아이들에게는 침을 발라주는 유모들에 비유한 바 있다. 안티스테네스는 가냘픈 케피소도토스를 타들어 가면서만 기쁨을 주는 향에 비유했다.

은유를 발전시킨 비교(법)

우리는 모든 표현들을 비교들과 은유들로 사용할 수 있다. 은유라는 형태로 평가된 모든 표현들은 분명 비교가 될 수도 있으며, 비교 또한 더욱 발전되길 원하는 은유가 될 수 있다.

유추에 의한 은유

유추에 의한 은유에서는 항상 동일한 유형에 속하는 두 항들의 상호적 관계를 관찰해야만 한다. 예를 들어 만일 잔이 디오니소스의 방패라고 한다면, 유추에 의한 은유를 통해 이 방패라는 말은 '아레스의 잔'으로 불릴 수 있다. 따라서 이러한 것들은 산문의 언어가 이루는 요소들이다.

5장. 정확성

정확성

문체의 원칙은 그리스어를 정확하게 말하는데 있다. 이러한 정확성은 다음과 같은 다섯 가지 조건을 준수함으로써 획득된다.

접속사

우선 접속사를 사용함에 있어서, 몇몇 단어들, 즉 연결소사(小辭)와 접속사에 의해서 연결된 절 자체를 지칭하는 말들이 요구하는 연속적이고 자연스러운 순서를 관찰할 수 있다. 하지만 청중이 첫 번째 접속사를 기억하고 있는 동안에 이러한 조응관계를 표시해주어야만 한다. 또한 이러한 두 소사들 사이에는 너무 긴 간격을 두어서도, 또 다른 접속사를 삽입해서도 안 된다. 첫 번째 소사에 필요한 보어로 사용되는 접속사 앞에 또 다른 접속사를 삽입해서는 안 된다. 왜냐하면 이러한 순서들은 적절하지 않기 때문이다. "하지만 나는, 그가 나에게 말했던 이후에 (왜냐하면 클레온이 요구하고 청원하여 왔기 때문에), 나는 떠날 것이다. 그것을 가지고서.” 이 문장에는 몇 개의 절들이 뒤이어 와야 할 절 앞에 삽입되어 있다. 그런데 “나는 떠날 것이다”라는 절 앞에 너무 긴 간격이 있다면 이 문장은 그 의미가 모호해지게 된다. 그렇기 때문에 이것은 접속사들을 정확하게 사용하는데 있어서 하나의 조건이 된다.

개별적 명사

두 번째 조건은 우언법을 이용하는 것이 아니라, 고유한 낱말들을 사용하는데 있다.

모호한 명사

세 번째 조건은 모호한 낱말들을 사용하지 않는데 있다. 우리는 일부러 이러한 낱말들을 사용하지 않는 한, 이 낱말들을 피해야한다. 이것은 우리가 할 말이 없는데도 무언가를 말해야하는 체 할 때 하는 것과 같다. 이러한 의도를 가진 사람들은 이러한 무가치한 것을 시로 표현하는 사람들이다. 이러한 것이 바로 엠페도클레스가 행했던 담론의 모호성이다. 이러한 장황한 에두른 말은 하나의 환상이며, 이때 청중들은 대부분의 사람들이 점쟁이들 앞에서 느끼는 것과 같은 인상을 경험하게 된다. 그래서 “크레수스가 할리스를 지나가면서 대제국을 파괴하게 될 것이다.”의 예에서와 같이 점쟁이들이 모호한 말들로 예언을 할 때면, 조언을 구하러 간 자들은 동의의 표시로 고개를 끄덕이게 되는 것이다.

일반적인 낱말로 말하게 되면 오류를 범하게 되는 기회도 적어지기 때문에 점쟁이들은 관련된 사태의 유형에 따라 이런 식으로 말하게 되는 것이다. 홀짝놀이에서 사람들은 그 수가 몇 개인지를 말하기보다는 상대방의 손 안에 홀수가 들어 있는지 혹은 짝수가 들어 있는지를 말하면서 같은 오류에 빠지게 되는 것이다. 또한 사태가 언제 벌어지게 될지를 말하기보다는 이러한 사태가 벌어지게 될 거라고 말하는 것도 마찬가지이다. 신탁을 전하는 자는 사건이 일어날 정확한 순간을 결코 말하지 않는다. 이러한 모든 모호한 표현들은 매한가지이다. 따라서 일부러 애매하게 말을 하려는 특정한 목적을 가진 것이 아니라면, 애매한 표현들은 피해야만 한다.

명사의 종류

네 번째 조건은 프로타고라스가 명사의 종류들을 한정했듯이, 남성, 여성, 중성 명사들을 구별해야 하는데 있다. 왜냐하면 우리는 이러한 차이들을 정확하게 표현해야 하기 때문이다. 이미 도입되어 친숙해진 차이는 그대로 유지된다.

명사의 수

다섯 번째 조건은 큰 수, 작은 수, 단수를 정확하게 명명하는데 있다.

구두점

일반적으로 사람이 쓴 것은 읽기 쉽고 말하기도 쉬워야 한다. 바로 여기에 유일하고도 동일한 가치가 있는 것이다. 이러한 가치는 헤라클리테스의 문장에서와 같이 다수의 복문들을 포함하고 있는 문장들에 있는 것도 아니고, 쉽게 구두점을 찍을 수 없는 문장들에 있는 것도 아니다. 왜냐하면 우리는 특정 단어가 - 선행하든 후행하든 간에- 어떤 구절에 속하는지를 분명하게 알 수 없기 때문에 그의 문장에 구두점을 찍는 일은 그 자체가 고역인 것이다. 예를 들어 그는 작품의 시작을 다음과 같이 열고 있는 것이다. “언제나 존재하고 있는 이러한 이유로 인해 사람들은 개념을 잃게 된다.” 이 문장에서 우리는 ‘언제나’라는 말에 붙여져야 할 구두점이 어떤 문장 구절에 삽입되어야 하는지를 명료하게 알 수 없다. 게다가 만일 등위 관계를 이루고 있는 두 단어를 이 두 단어 각각을 포괄하는 한 단어에 연결 짓지 못한다면, 그것은 어법상의 오류이자, 잘못된 귀속관계가 된다. 예를 들어 ‘보았던’이라는 말은 소리와 색깔을 모두 표현할 수 있는 말이 아니다. 오히려 ‘감지했던’이라는 표현이 소리와 색깔에 모두 표현할 수 있는 말인 것이다. 또한 만일 우리가 시작했던 문장을 끝마치기도 전에 이 문장 사이에 여러 다른 요소들을 삽입하게 된다면, 이 문장은 모호한 의미가 된다. 예를 들어 다음과 같은 문장이 있을 수 있다. “나는 그에게 말을 전한 후에 떠나려고 했었다. 하지만 이내 이러저러한 일들이 그런 식으로 일어났던 것이다”라고 써야할 문장을 “나는 의도를 갖고 있었기 때문에, 그에게 말하고 난 뒤에, 이런 식으로 이러저러한 일들이 일어났다면, 떠날 것이었다.”라고 표현한 것이다.

6장. 과장된 말투

다음과 같은 방법들은 문체의 확장에 기여한다.

명사 대신에 정의를 사용할 경우

명사 대신에 하나의 정의를 사용하는 것, 예를 들어 '원'이라고 표현하지 않고, '모든 점들이 중심으로부터 같은 거리에 위치하고 있는 평면'으로 표현하는 것이다. 간결하게 표현하기 위해서는 정반대의 방식, 즉 정의를 내리는 대신에 명사 표현을 사용해야 하는 것이다. 마찬가지로 어느 대상이 추하거나 저속할 경우, 즉 추함이 정의 안에 포함되어 있을 경우, 명사를 사용한다. 만일 그것이 명사 속에 포함되어 있다면, 정의를 내려야 할 것이다. 또한 우리는 은유들과 우언법을 통해 시적 문체를 견지하면서 사물들에 의미를 부여할 수 있다.

단수 대신에 복수

시인이 통상 그러하듯, 단수를 복수로 바꿀 수 있다. 항구가 하나밖에 없을 지라도 시인들은 "아카이아의 항구들을 향하여", "여러 장의 편지들이 왔소." 등과 같이 말한다.

분리

분리는 두 가지의 생각 각각을 결합시키는 것이 아니라, 독립적으로 표현하는 것이다. 예를 들어 '이 여인, 우리의 여인으로부터'가 아니라, 간결하게 '우리의 여인으로부터'라고 써야 할 것이다.

결합

결합은 하나의 접속사를 통해 두 가지 생각을 연결 지으면서 표현하는 것을 일컫는다. 만일 (결합을 유지하되) 간결하게 표현하고 싶다면, 접속사를 사용하지 말아야 한다. 하지만 접속사 생략법도 피해야 한다. 예를 들어 '어울렸고 친해졌다'라는 결합과 '어울렸기 때문에 나는 친해질 것이다'라는 결합이 있다.

확대

안티마코스가 사용하는 방식, 즉 주어가 내포하고 있지 않은 것이 유용하다. "그 산은 바람이 심하게 부는 작은 언덕이다."의 표현은 안티마코스가 테우메소스 산을 일컬어 사용하는 표현방식이다.

이런 종류의 의미 확대는 무한할 것이다. 이러한 방식, 즉 어떻게 그 대상이 그러한 특징들을 조금도 가지고 있지 않은지를 말하는 방식은, 두 개의 관점들 어느 중 어느 하나라도 유용하다면, 나쁜 것들에 대해서와 마찬가지로 좋은 것들에도 적용된다. 이를 통해 시인들은 자신들만의 수식어들을 도출해 낸다. 즉 '현들로부터 나오지 않는 멜로디'와 '리라 악기에서 나오지 않는 멜로디'와 같은 것들이 그것이다. 시인들은 사적인 대상으로부터 그러한 특징들을 차용한다. 그 대상이 유추에 의한 은유들에 적용될 때, 예를 들어 트럼펫의 소리가 '시적 표현이 없는' 곡조라고 말할 때 이러한 표현은 널리 이용된다.

7장. 적절한 표현

정의

문체가 정념과 성격들을 표현하고, 주제를 이루는 대상들과 잘 어울릴 경우 문체는 적절성을 갖게 될 것이다.

균형

기술을 걱정하지 않은 큰 주제를 다루지 않을 경우, 그리고 화려함을 가진 단순한 주제를 다루지 않을 경우에는 균형이 존재한다. 또한 하나의 단순한 단어에 장식적인 수식어가 동반되지 않을 경우에도 역시 균형이 존재한다. 그렇지 않다면 문체는 희극적인 면모를 띄게 될 것이다. 바로 이것이 클레오폰이 행했던 것이다. 왜냐하면 그의 표현들 중 몇몇은 '장엄한 무화과'와 같은 표현이 있기 때문이다.

정념

문체는 정념들을 표현한다. 가령 심한 모욕이 있을 경우, 그것을 표현하는 언어는 화가 난 사람의 언어가 되며, 또한 부도덕하고 부끄러운 행위가 있을 경우, 그 언어는 분개하고 그것을 표현하는 것조차 주저하는 자의 언어가 될 것이다. 칭송할만한 행위에 관련해서는 찬사의 언어행위가 될 것이며, 동정심을 유발하는 행위들과 관련해서는 겸손한 언어로 드러나게 될 것이다. 이외의 경우도 마찬가지이다. 게다가 적합한 문체는 사실을 개연성이 있게 만든다. 정신은 추론의 착오 때문에 말하는 사람의 진실성을 믿게 되는 경우도 있다. 왜냐하면 그러한 상황에서 사태가 웅변가가 확신하고 있는 것 그대로가 아닐지라도, 사람들은 사태들이 표현된 그대로라고 믿는 경향이 있다. 또한 청자는 별것도 아닌 것을 감동적으로 말하는 자에게 항상 호감을 갖기 때문이다. 수많은 웅변가들은 자신들이 불러일으키는 소란스러움을 통해 청중들을 어리둥절하게 만들기도 한다.

성격

지표들에서 출발한 이러한 설명들은 성격들을 표현하는 데 적합할 수 있다. 왜냐하면 이러한 설명은 각각의 유형들과 각각의 습관에 적합한 문체로 표현되기 때문이다. 나는 나이를 이러한 유형으로 받아들이고자 한다. 가령 어린 아이의 나이, 성인이나 노인의 나이가 그러하다. 또한 성별을 통해 남여를 구별하고, 국적을 통해 라코니아인 혹은 테살리아인을 구별한다. 존재방식 역시 살아가는 방식을 통해 각각의 유형을 구분할 수 있다. 왜냐하면 살아가는 방식들이 각자를 그러한 식으로 만들게 되는 것은 아무런 경향에나 따르는 것이 아니기 때문이다. 따라서 웅변가가 존재방법에 적합한 낱말들을 사용할 경우, 그는 성격을 표현하게 될 것이다. 왜냐하면 천박한 사람과 교양 있는 사람은 동일한 사태를 말할 수도 없을뿐더러 같은 용어를 사용하지도 못할 것이기 때문이다. 또한 청중들은 연설이나 변론을 대신해주는 수사학자들이 매우 상투적인 어구를 남발하기 때문에 어떠한 특정한 인상을 받게 된다. 예를 들어 그들은 "누가 모르겠어?", "누구나 알고 있지"와 같은 표현들을 사용했던 것이다. 이때 청중은 무지를 감추기 위해, 그리고 교양을 갖추고 있다는 인상을 주기 위해 수사학자들의 말에 동의하고 마는 것이다.

효과의 적절성

이러한 표현방법들을 사용함에 있어 적절성과 부적절성은 다른 모든 장르들에 공통으로 해당된다. 모든 과장의 유형들에 대한 방책은 흔히 사람들 사이에서 회자되는 방책이다. 웅변가는 미리 스스로를 검열해야만 한다. 왜냐하면 그가 말하는 것은 참으로 여겨지기 때문이며, 또한 그는 자신의 과장된 표현을 의식하고 있기 때문이다. 게다가 이러한 비슷한 표현방법들을 동시에 사용해서는 안 된다. 이러한 주의를 기울이게 되면, 기술은 청자에게 드러나지 않게 된다. 가령 사용된 단어들이 딱딱하다면, 어조와 얼굴 표정과 그것들 간의 일치에 있어서까지 딱딱함을 주어서는 안 된다. 그렇지 않으면 딱딱한 표현들은 겉으로 드러나게 될 것이다. 만일 이러한 성격을 다른 사태가 아니라 어떤 한 사태에 부여한다면, 기술은 동일하더라도 눈에 띄지는 않을 것이다. 반대로 부드러운 사태들이 딱딱하게 표현되거나 딱딱한 사태들이 부드럽게 표현된다면, 설득은 이루어지지 않을 것이다. 상당수를 차지하는 합성명사와 우언법, 그리고 특히 엉뚱한 표현들은 감동적인 문체에 적합하다. 가령 사람들은 화가 난 사람 앞에서 악을 '하늘처럼 커다란' 것 혹은 '무시무시한' 것으로 표현함으로써 용서를 구하는 것이다. 이러한 문체는 웅변가가 이미 자신의 청중들을 좌지우지하고, 찬사나 비난, 분노 혹은 우정 등을 통해 청중의 정념을 자극했을 때 여전히 유효하다. 예를 들어 이소크라테스는 『찬사』의 마지막 부분에서 '영광과 기억'과 '과감하게 행동했던 자들'과 같은 표현을 사용하기도 했다. 따라서 사람들은 열정의 수단을 그렇게 표현하는 것이다. 또한 청중들은 같은 습관에 속하는 이러한 언어에 대해 분명한 동의를 표하게 된다. 따라서 이러한 언어표현은 시의 언어로 적절하다. 왜냐하면 시는 영감이 담겨져 있기 때문이다. 그러므로 이러한 문체를 사용해야하고, 혹은 고르기아스나 『파이드로스』)의 예들에서처럼 아이러니컬하게 사용해야 한다.

8장. 리듬

문장은 리듬을 가져야만 한다

문체의 형식은 운율적이지 않아야하나, 리듬이 없어서는 안 된다. 사실 운율은 설득의 고유한 요소가 아니다. 왜냐하면 운율은 인위적인 것으로 보이고, 운율 전체는 주의를 분산시키기 때문이다. 또한 사람들은 동일한 운율이 언제 다시 나타나게 될지에 관심을 갖기 때문이다. 그렇기 때문에 "풀려난 노예가 누구를 주인으로 선택했는가?"라는 사령들의 질문에 아이들은 "클레온"이라고 대답했던 것이다. 리듬이 없는 것은 불명확한 것이다. 그런데 문체는 명확해야만 한다. 그렇다고 해서 운율에 의해서 결정되어서는 안 된다. 불명확한 것은 쾌락과 인식에 적합하지 않다. 모든 것은 수에 의해 명확해진다. 그런데 문체의 형식에 적용되는 수는 리듬이다. 이러한 리듬의 운율들은 단락들에 지나지 않는다. 결과적으로 담론은 하나의 리듬을 가져야 하지 운율을 가져서는 안 된다. 그렇지 않다면 담론은 시가 될 것이다. 하지만 이러한 리듬이 엄격해서는 안된다. 그렇게 되면 일정한 수준을 넘어서지 못하는 경우가 발생할 것이다.

리듬만이 산문에 적합하다

리듬들 가운데서도 영웅서사시는 장중함을 갖는다. 하지만 영웅서사시는 대화에 어울리기에는 부족한 면이 있다. 반면에 단장격시는 일상 대화에서 동일한 장단을 가지고 있다. 또한 모든 사람들은 말하면서 다른 시구의 형태보다도 훨씬 빈번하게 단장격의 3음격 시를 만들어 낸다. 그런데 담론은 품격을 가져야만 하고 감동을 줄 수 있어야만 한다. 장단격은 우스꽝스럽고 절제가 결여된 '코르닥스 춤'의 모습을 지나치게 연상시킨다. 사람들은 이러한 모습에서 4운율시구를 떠올리게 된다. 왜냐하면 그것들은 매우 빠른 리듬을 가지고 있기 때문이다. 우리는 트라시마코스에서 시작된 목가풍의 리듬을 사용하기 시작했는데 그것이 어디서 어떻게 만들어진 것인지는 알 수 없다.

페온 리듬의 3대 2의 비율

페온은 앞에서 제시된 리듬들과 연결된 세 번째 리듬을 일컫는다. 페온의 두 요소들은 3대 2의 함수관계이다. 첫 번째 리듬은 1대 1의 관계를 나타내고, 두 번째 리듬은 2대 1의 관계를 나타낸다. 따라서 이 두 관계는 3대 2 비율로 나타나며 이것이 바로 페온의 관계인 것이다. 또 다른 리듬들은 앞서 언급한 이유들로 인해 서로 떨어져 있어야만 한다. 왜냐하면 이러한 리듬들은 운율이기 때문이다. 따라서 반드시 페온이 채택되어야 한다. 왜냐하면 앞서 언급한 리듬들 중 페온만이 시를 지을 수 있는 유일한 리듬이기 때문이다. 또한 가장 눈에 띄지 않는 것도 페온이다.

첫 번째 페온과 네 번째 페온

실제로 페온은 우리가 시의 처음과 끝에 사용할 수 있는 유일한 리듬이다. 하지만'끝에 사용된 '페온은 처음에 사용된 페온과 구분되어야 한다. 그런데 서로 대립되는 두 종류의 페온이 있다. 그 하나는 시작에 적합한 것이며, 그렇기 때문에 우리는 그것을 시의 첫 부분에 사용하는 것이다. 이렇게 첫 번째 사용되는 페온은 한 개의 장음으로 시작하여 세 개의 단음으로 끝을 맺는 리듬이다.

반대로 다른 하나는 세 개의 단음으로 시작하여 하나의 장음으로 끝나는 페온이다. 이러한 페온이 결구를 만들어낸다. 불완전한 단음은 문장의 균형을 잃게 한다. 따라서 문장은 장음으로 끊겨야 하며, 마지막 운율은 필사생이나 구두점에 의해 표시되는 것이 아니라, 리듬에 의해 표현되어야 한다.

요약

우리는 문체가 조화를 이루고 리듬을 이루어야 한다는 점을 언급하였다. 즉 문체가 이러한 조화를 이루게 되는 것이 어떠한 리듬을 통해서인지, 그리고 그 리듬이 형성하는 구조가 어떤 것인지에 관해서 언급한 것이다.

9장. 문장의 구성

정돈된 문체와 복잡한 문체

문체는 반드시 정돈되어야만 한다. 즉 문체는 고대시인들의 음절전환과 같이 복잡하거나 유사한 격정적 서정시의 서두에서처럼 접속사에서만 통일성을 유지해야만 한다.

정돈된 문체

정돈된 문체는 아주 오래된 문체의 형식이다. "투리오이의 헤로도토스가 행한 역사적 고찰에 대한 설명이 있다." 모든 사람들이 최초에 사용했던 문체가 바로 그의 문체였다. 하지만 현재에는 그의 문체를 거의 사용하지 않는다. 나는 사물에 대한 발화가 완성되지 않았을지라도, 그 자체로 끝을 맺지 않는 문체를 정돈된 문체로 이해한다. 이러한 문체는 바람직스럽지 않다. 왜냐하면 이 문체는 미완의 것이기 때문이다. 그런데 모든 사람들은 명확하게 끝맺음이 있기를 바란다. 바로 이러한 이유 때문에 종착점에 도착한 달리기 선수들은 숨을 헐떡이고 결국엔 쓰러지고 마는 것이다. 이들 눈앞에는 목적지가 목전에 있음에도 불구하고 더 나아가지 못하게 되는 것이다. 바로 이러한 양상들이 정돈된 문체에 관한 형식인 것이다.

복잡한 문체

복잡한 형식은 총합문의 형식을 일컫는다. 나는 그 자체로 시작과 끝이 있는 문장과 한 눈에 파악할 수 있는 확장된 문장의 형태를 총합문이라고 이해한다. 이러한 형식은 바람직한 것이며, 이해가 용이하다. 바람직스러운 이유는 미확정의 문장과는 반대되는 것이기 때문이며, 청자의 입장에서는 늘 하나의 완결된 사태를 온전히 파악했다고 느끼게 되기 때문이다. 하지만 그 어떠한 것도 예측불가능하며, 그 어떠한 것도 완벽한 이해에 이르지 못하게 하는 것은 바람직하지 못하다. 이해하기 쉬운 이유는 기억하기 쉽기 때문이다. 이러한 사실은 총합문의 문체가 조화를 잘 이루고 있다는 점에 기인하며, 이는 곧 우리가 사태를 가장 잘 기억할 수 있다는 사실을 의미한다. 그렇기 때문에 모든 사람들은 산문보다 시를 더 잘 기억하게 되는 것이다. 왜냐하면 시는 운율을 통해 조화를 잘 이루고 있기 때문이다. 총합문은 의미와 더불어 완성되어야 하며, 소포클레스의 단장격의 시구 "펠롭스의 땅이었던, 칼리돈의 영토가 바로 이곳이구나."처럼 두 부분으로 나뉘어져서는 안 된다.

왜냐하면 이러한 시구에서 단락을 나누는 것은 앞서 제시한 예에서 볼 수 있듯이 마치 칼리돈이 펠로폰네소스에 속해 있다고 믿게끔 하는 것처럼 실제의 사실과는 반대의 사실을 가정하게 만들기 때문이다.

간결한 총합문과 복잡한 총합문

총합문은 때로는 구절로 구성되기도 하고, 때로는 간결하게 구성되기도 한다. 구절로 이루어진 총합문은 완결된 것이고, 분할된 단락들을 포함하고 있다. 따라서 문장의 호흡을 조절하기 쉽다. 하지만 문장은 앞선 예의 총합문에서처럼 잘려지는 것이 아니라, 하나의 전체를 이룬다. 구절은 총합문의 두 단락 중 한 단락이다. 나는 하나의 구절만을 가진 총합문을 간결한 총합문이라고 명명한다. 그런데 구절들과 총합문들은 너무 잘게 잘려져서도 너무 길게 잘려서도 안 된다. 너무 잘게 잘려진 구절은 청자를 종종 혼란스럽게 한다. 왜냐하면 문장이 너무 짧아지면 웅변가의 말이 끝나기도 전에 이미 문장의 끝을 향해 나아갔던 청자는 문장에 끝 부분에서 가로막히는 일이 발생하기 때문이다. 다시 말해 청자는 장애물에 부딪혀 어리둥절하게 되는 것이다. 한편 너무 길게 잘려진 구절들은 청자가 따라가지 못하게 만든다. 문장을 늘어뜨리는 이러한 구절들 또한 한계를 넘어서며, 이 구절을 따라가는 자들을 뒤처지게 만든다. 마찬가지로 너무 길게 잘려진 총합문은 한 담화의 여러 절들을 취하게 되고, 바로 여기에 격정적인 서정시의 서두와 흡사한 문장의 모습들이 나타나게 된다. 그래서 키오스의 데모크리투스가 음절전환 대신에 격정적인 서정시의 서두의 형식을 사용했던 멜라니피데스를 "사람들은 타인에게 악을 행하고자 함으로써 잘못을 저지르게 된다 (…) 그리고 너무 긴 서두는 시인에게 상당한 해를 끼칠 수 있다."와 같이 조롱했던 것이다.

이러한 비판은 또한 너무 긴 구절들에도 해당될 것이다. 만일 구절들이 너무 짧다면, 더 이상 총합문은 없을 것이다. 이때 청자는 아주 빠르게 이해하게 된다.

병치와 대조

구절들로 구성된 문장에서, 두 부분은 때로는 병치되기도 하고, 때로는 대조를 이루기도 한다. 이 두 부분들은 다음과 같은 예문, "나는 종종 찬양 연설문을 수집하는 사람들과 경기 대회를 조직하는 사람들을 존경한다"에서처럼 병치되기도 하며, 두 구절들 각각에서 반의어들이 대립될 때 혹은 동일한 단어가 반의어들과 결합될 때는 대조법이 된다. 예를 들면 "그들은 이런 저런 사람들에게 봉사를 하며, 남아 있었던 사람들과 따라왔던 사람들에게도 봉사한다. 이들은 어떤 사람들에게서는 자신들의 조국보다 더 커다란 하나의 제국을 얻었고, 또 다른 이들에게는 그들에게 합당한 조국을 넘겨주었다."가 그것이다. 여기서 대조를 이루는 용어들은 '남아 있다'와 '따라 온다', 그리고 '충분한'과 '더 커다란'이다. "따라서 또 다른 부를 획득하고자 하는 사람들과, 자신들이 소유한 부를 즐기고자 하는 사람들"에서도 마찬가지다. 즉 여기서의 대조법은 '즐기다'와 '획득하다'에 있다. 또한 "종종 부의 변화에 따라서 신중한 사람들은 실패를 겪고 부주의한 사람들이 성공하기도 한다." 어떤 이들은 즉석에서 상 받을 만한 가치가 있다고 판단되기도 하고, 얼마 지나지 않아서 그들은 해양제국을 이루었다." "대륙을 횡단하여 항해하고, 바다를 넘어 걸어간다. 헬레스폰트에 다리를 놓고 아토스 산에 터널을 내면서 말이다." 자연은 그들을 시민으로 만들었고, 법은 이들에게서 시민의 자격을 빼앗았다." "어떤 사람들은 비참하게 죽었고, 또 다른 이들은 수치스럽게 살아남았다.", "개인적인 삶에서는 야만인들을 하인으로 삼았고, 공적인 삶에서는 우리의 동맹자들이 저항도 못하고 노예의 삶을 사는 것을 보았다.", "혹은 살아 있는 동안 이러한 영광을 누리거나 혹은 죽은 후에 그 영광을 유산으로 남기기도 한다.", "이 사람들은 자신들의 나라에서는 여러분들을 팔아먹었고, 이들은 여러분들의 나라에 와서는 여러분들을 샀습니다." 이 모든 문장들은 우리가 앞서 이야기한 대조법을 이루고 있다. 이러한 종류의 문체는 갈채를 받는다. 왜냐하면 대조를 이루는 낱말들은 매우 잘 알려져 있으며, 비교에 의해서 더욱 더 이런 종류의 문장들은 삼단논법과 유사하기 때문이다. 왜냐하면 논박적인 삼단논법은 대조적인 전제들을 비교하는 것이기 때문이다.

평형 리듬과 양극단 리듬

따라서 대조법은 앞서 이야기한 것과 같다. 문장의 구절들이 대등한 위치에 있을 때를 '평형 리듬법'이라고 하며, 각각의 구절들이 유사한 양 극단에 위치하고 있을 때를 '양극단 리듬법'이라고 한다. 이 두 가지는 반드시 문장의 시작이나 끝에서 이러한 유사성을 보여주고 있다. 문장의 시작부분에서는 항상 전체 낱말들에서 이러한 유사성을 보여주고 있다. 문장의 끝부분에서는 낱말들의 마지막 음절들에서 혹은 같은 낱말의 여러 경우들에서 혹은 같은 낱말에서 유사성을 보여주고 있다. 시작부분에서 양극단 리듬법은 "메마른 땅, 바로 그것이 그에게서 얻은 것이다.", "사람들은 그것들을 선물로 얻을 수 있었고, 말을 통해 그것들을 획득할 수 있었다."와 같은 것이다.

끝부분에서는 "사람들은 그가 아이의 아버지였다는 것이 아니라, 그 자신이 아이였다는 사실을 믿었다."와 같으며, 동일한 명사의 경우는 "너무나 큰 근심과 너무나 작은 희망을 갖고서", "한 조각의 청동의 가치도 없는 그를 위해 사람들이 청동상을 건립해주는 것이 더 낫다는 것인가?"와 같다. 동일한 낱말의 경우는 "그가 살아 있었을 때, 너는 그에 대해 나쁜 말을 했었다. 그가 죽은 지금, 너는 그에 대해 나쁜 글을 적고 있다."와 같으며, 하나의 음절에서 발생하는 유사모음반복은 "네가 인간의 게으름을 확인했었다면, 네가 겪었던 것은 얼마나 이상한 느낌이었던가!"와 같다. 동일한 구절은 모든 문체를 동시에 나타낼 수 있다. 다시 말하면 평형 리듬법과 동일동결 리듬법이라는 모든 대조법 전체를 제공한다. 총합문의 자질들과 관련해서 말하자면, 그 자질들은 테오덱테스의 이름이 적힌 개론서에 거의 모든 것이 나열되어 있다. 또한 예를 들면 에피카르모스의 시구에서 볼 수 있듯이 "때로 나는 그들의 집에 머물렀으며, 때로 나는 그들 곁에 있기도 했다."와 같은 거짓 대조법도 있다.

10장. 올바른 표현

배우고자 하는 욕망은 인간에게 있어서 타고난 것이다

위와 같은 문제들을 정의한 이후, 올바른 표현과 명구가 어디에서 얻어지는지를 말해야만 한다. 이러한 표현들을 만들어내는 것은 타고난 재능들과 장기간의 연습을 전제로 한다. 하지만 이러한 표현들이 무엇으로 구성되는지를 보여주는 것은 우리를 과학적 탐구에 이르게 한다. 따라서 여기에 해당되는 여러 표현들에 관하여 이야기하고 나열해보자. 이야기를 다음과 같은 점에서부터 출발해보자. 쉽게 배운다는 것은 본질적으로 모든 인간들에게 바람직한 것이다. 다른 한편 표현들은 하나의 한정된 의미(작용)을 갖는다. 그렇기 때문에 우리가 배우는 모든 표현들은 매우 바람직하다.

은유의 장점

어의소들이 우리에게 잘 알려지지 않은 것들일지라도, 우리는 일상적인 단어들을 알고 있다. 특히 적절한 효과를 낳는 것은 은유이다. 왜냐하면 시인이 노인을 두고 '밀 지푸라기'라고 부를 때, 시인은 장르라는 수단을 통해 우리를 가르치고, 하나의 지식을 전해주기 때문이다. 이때 이 두 단어들은 이미 신선함을 잃은 것을 의미하기 때문이다.

비교

동일한 효과는 시인들의 비교들을 통해서도 생겨난다. 이러한 비교들이 잘 이루어진다면, 문체는 분명 우아한 표현을 갖추게 될 것이다. 『수사학』 3권 4장에서 언급했듯이, 비교는 표현의 방식을 통해서만 차이를 가질 수 있는 은유이다. 하지만 이러한 비교는 덜 바람직한 것이다. 왜냐하면 그것은 지나치게 긴 문장으로 나타나기 때문이다. 게다가 비교는 이것이 곧 저것이다라는 것을 말하는데 국한되지 않는다. 따라서 그것은 정신이 추구하고자 하는 것에도 그치지 않는다. 그런데 필연적으로 문체와 우아한 생략삼단논법들은 우리에게 새로운 지식을 빠르게 전달해주는 것들이다. 그렇기 때문에 피상적인 생략삼단논법(누구에게나 자명한 사실과 그 어떠한 탐색도 필요치 않은 것들을 피상적이라고 하자)도, 발표할 때 전혀 이해되지 않게 말하는 자들이 좋은 평가를 받지 못하는 이유가 바로 여기에 있다. 하지만 우리가 발화하는 즉시 우리의 정신을 밝게 비추어 주는 것들은 비록 그것이 이전에는 정신에 빛을 던져주지 못했고, 지성이 동반되지 않는 것이라 할지라도 좋은 평가를 받는 것들이다. 이런 식으로 우리는 하나의 지식을 얻게 되는 것이다. 하지만 앞선 두 경우는 직접적인 지식도 간접적인 지식도 아니다.

대조적 문체

말하여진 것의 내용에 관련해서는 이미 좋은 평판을 받은 위와 같은 생략삼단논법들이 있다. 문체와 관련해서는 각각의 형식으로 인해 좋은 평판을 받은 것들이 있다. 발화된 두 가지 문장이 대조를 이루는 경우가 있다. 가령 "다른 사람들에게는 공동의 이익이었던 이 평화가 그들의 특정한 이익에 있어서는 전쟁이다."라는 문장이 있다고 할 때, 이 때 전쟁은 평화와 대조를 이루는 것이다. 이러한 대립관계는 두 낱말에서 드러난다. 비록 이 두 낱말들이 하나의 은유를 가지고 있으며, 이 은유는 전혀 어색하거나 어떠한 인상도 남길 수 없을지라도 그러하다. 게다가 이러한 은유가 어떤 사태를 만들어내기보다 이미지를 만들어 낼지라도 그러하다. 왜냐하면 청중은 사태가 만들어지고 있다는 것을 보아야 하기 때문이다. 따라서 우리는 다음과 같은 세 가지 관점인 은유, 대조, 생동감을 주시해야한다.

유추에 의한 은유

은유에는 네 가지 종류가 있다. 그 중에서도 가장 잘 알려진 것들은 추론에 기반한 것들이다. 페리클레스가 전쟁 중에 죽은 젊은이들이 봄이 잘려나가듯 도시에서 사라졌다라고 말한 것이 그 예이다. 렙토스는 스파르타 사람들에 대해서 말하면서 어쩌면 헬라드가 두 눈 중 하나를 잃게 내버려 뒀을지도 모른다고 말했다. 그리고 카레스가 오린트 전쟁과 관련하여 자신의 속셈을 지나치게 조급하게 드러낸 것에 분개한 케피소도토스는 이러한 상황에서 자신의 속셈을 차리고자 하는 것을 국민들의 목을 죄는 행위라고 말했다. 어느 날 현지에 식량을 공급하는 한이 있더라도 아테네 사람들을 에우보이아를 통과하게 했던 그는 밀티아데스 조약은 전투를 촉발할 것이라고 말했다. 이피크라테스는 아테네인들이 에피다우로스와 이웃 연안지방들과 맺은 휴전협정에 분개하였다. 이때 그는 아테네인들이 전쟁비용을 절약했다고 말했던 것이다. 피토라오스는 '갤리선'은 민중을 괴롭히는 곤봉이고, 세스토스는 피레아스의 뒤주라고 불렀다. 페리클레스는 에이나의 파괴와 피레아스의 눈꼽을 요구했다. 모에로클레스는 페리클레스가 그 누구보다도 정직한 사람이며, "그는 백 명 중 서른 세 명에게 부정직한 사람인데 반해, 나는 열 명에게만 부정직하다."고 말했다. 또한 결혼을 미루고 있는 자신의 딸들에 관한 아낙산드리데스의 단장격 3음격시도 마찬가지이다. "나의 딸들은 결혼 정년기를 놓쳤다."또한 뇌졸중을 앓고 있는 어떤 스페우시푸스 인에 대하여 폴리외크트는 "그는 부를 얻은 후 병을 앓고 있었음에도 불구하고 휴식을 취할 수 없었다."와 같이 말한다. 케피소도토스는 삼단 노예선을 형형색색의 물레방아라고 불렀다. 또한 견유학자는 선술집들을 아테네풍의 페이디티아(함께 먹는 식사)라고 불렀다. 아이손은 사람들이 시칠리아 섬의 모든 도시를 퇴각시켰다고 말했다. 바로 여기에 은유와 묘사가 담겨 있다. 또한 '헬라드를 소리치게 하는'이라는 표현에도 역시 어떤 의미에서는 하나의 은유와 묘사가 담겨 있는 것이다. 그래서 케피소도토스는 너무 어수선하게 하지 말라는 주의를 주었던 것이다. 찬사를 받으며 무리를 지어 달리는 사람들에게 이소크라테스가 말했던 것도 마찬가지이다. 또한 리시아스의 『추도사』에서처럼 살라미스의 무덤 위에서 헬라드가 머리카락을 자른 것은 옳은 일이다. 왜냐하면 헬라드는 머리카락의 가치와 자신의 자유를 함께 매장했던 것이기 때문이다. 사람들이 망자들과 함께 묻힌 머리카락의 가치에 대해 눈물을 흘리는 것이 옳았다고 말한 것은 바로 이러한 행위가 은유이자 동시에 하나의 묘사이었기 때문이다. "머리카락의 미덕과 자신의 자유를 함께 매장한다."고 말하는 것은 일종의 대조법의 표현이다. 이피크라테스가 말한 것, "내 연설의 의도는 카레스에서 행한 행동들의 한 가운데를 가로지르는 것이다."라고 말한 것은 유추에 의한 은유이고, 이때'…의 한가운데서'라는 표현은 하나의 묘사가 되는 것이다. 위험들을 위험에 대한 구조요청으로 일컫는 것은 묘사하는 은유라고 할 수 있다. 리코레온이 카브리아스를 옹호하기 위해 말한 것, 즉 "그를 위해 청동으로 제작된 동상을 세우라는 요청을 전혀 고려하지도 않은 채"라고 말했던 것은 항상 유효하지 않은 상황의 은유이고, 또한 하나의 묘사이기도 하다. 실제로 동상이 필요했던 시기는 카브리아스가 위험에 처해 있는 동안이었다. 따라서 이때 무생물은 생기를 띠게 된다. 즉 도시에 세워진 가장 높은 기념물들 중 하나가 된 것이다. 그리고 "하찮게 생각하는 연습을 한다는 사태에서" 역시 상황에 따른 은유이다. 왜냐하면 이 때 '연습하다'라는 말은 어떤 의미에서 과장한다는 것을 의미하기 때문이다. 또한 "신이 지성에 불을 지피고, 영혼에 빛을 비춘다."는 표현도 역시 그러하다. 왜냐하면 이 두 단어들은 이미지를 만들고 있기 때문이다."우리는 전쟁을 멈추지 않는다. 다만 휴전할 뿐이다."라는 이소크라테스의 표현에서 휴전과 일종의 평화라는 두 개념은 유예상태를 의미한다. 조약들은 전쟁에서 높이 칭송받은 자들보다도 더욱 값진 승리의 기념물이라고 말할 수 있다. 왜냐하면 전쟁으로 인해 명예를 얻는 자들은 거의 중요하지도 않은 사건들과 특정한 상황 만에 의해 추켜세워지기 때문이다. 반면 그 외의 다른 사람들은 전쟁 전체에 의해서 추켜세워지는 것이다. 바로 이러한 두 경우들에서 승리의 지표들이 나타난다. 끝으로 도시들에서 일어나는 사람들에 대한 비난들은 손익계산서와 다를 바 없다. 왜냐하면 이러한 계산서는 정의와 관련된 일종의 손해를 표시해주기 때문이다.

11장. 회화적 문체와 올바른 표현

우리는 올바른 표현들은 유추에 의한 은유들에서 기인하고 묘사된다는 점을 제시하였다. 이제는 우리가 묘사로 이해하는 것과 어떻게 그것의 효과가 발생하는지에 관해 말해야 할 것이다.

회화적 문체의 정의와 예들

낱말들이 실행 중에 있는 사태를 의미할 때, 나는 이 낱말들이 묘사하고 있는 것으로 본다. 예를 들어 덕이 있는 사람을 '반듯하다'라고 말하는 것은 바로 은유에 해당한다. 왜냐하면 바로 여기에는 두 가지 완벽한 사태가 있기 때문이다. 단지 이것은 행위를 의미하는 것뿐만 아니라, "만개한 꽃과 절정에 이른 활력"도 의미하기 때문이다. 이것이 바로 행위이다. 마찬가지로 "너는 마치 고삐가 풀린 '자유로운' 짐승 같구나"라고 말하는 것 역시 행위에 해당된다. 그리고 "이제 가벼운 발걸음으로 뛰어가는 아테네인들…"과 같은 표현에서 '뛰어가는'의 표현은 하나의 행위인 동시에 은유이다. 왜냐하면 이러한 표현은 빠르다는 것을 말하고자 하기 때문이다. 이 표현방식은 호메로스가 수많은 곳에서 사용했던 것이기도 하다. 그는 은유를 사용하여 무생물에 활력을 불어넣어 주었다. 이러한 표현방식은 모든 과정들을 맛보게 해주는데, 왜냐하면 이러한 표현 방식은 행위를 보여주기 때문이다. 다음의 예문들 "그리고 또 다시 돌은 부끄러움도 모른 채 땅위를 구른다.", "화살은 날아오른다.", "목표물을 향해 날아가려는 불타는 욕망을 품은 채, 돌과 화살은 육신의 맛을 보지 못하고 입맛을 다시며 땅에 내리꽂혔다."와 같은 인용이나, "긴 투창은 가슴을 관통하여 맹렬하게 내달았다."와 같은 모든 문구들에는 행위를 의미하는 무생물 대상에 생명이 주어져 있다. 부끄러워하지 않는 것, 욕망을 체험하는 것, 그리고 행위만큼이나 또 다른 감정들이 이입되어 있는 것이다. 이러한 낱말들의 적용은 유추를 통한 은유의 덕택으로 이루어진다. 바위와 시지프의 관계는 뻔뻔하게 담판 짓는 자와 뻔뻔한 자로 취급되는 자 사이의 관계와도 같은 것이다. 동일한 효과는 무생물 대상에 적용된 유명한 비교 "불쑥 일어나, 거품을 뒤집어 쓴 파도는 앞서거니 뒤서거니 한다."에서도 발생한다. 이러한 모든 낱말들은 움직임과 생명력을 가져온다. 이때 행위는 움직임이 된다.

은유는 통찰을 필요로 한다

이미 앞서 언급했듯이, 적합하기는 하지만 결코 분명한 것은 아닌 사태들에서 그에 알맞은 은유들을 이끌어 내야 한다. 이것은 마치 철학에서 상당히 동떨어진 대상들 사이에서 동일한 유사성들을 간파해 내는 것이 명철한 지성을 보여주는 것과 같은 이치이다. 그래서 아르키타스는 중개자와 제단은 동일한 것들이라고 말했던 것이다. 왜냐하면 이것들은 부정의한 일을 겪는 모든 것의 도피처이기 때문이다. 혹은 닻과 갈고리 역시 동일한 것이다. 다만 하나는 아래에 달려 있는 것

이고 다른 하나는 위에 달려 있을 뿐이다. 마찬가지로 수준측량이 도시들에서

시행된다고 말하는 것은 동일한 용어를 매우 상이한 대상들에 적용하는 것이다. 즉 균등함이란 농지의 넓이와 동력기구들에 관련되기 때문이다.

올바른 낱말은 실수를 예방해준다

대부분의 올바른 낱말들은 은유를 통해 만들어지며, 우선 청중에게 던져진 환상에서 비롯된다. 올바른 낱말은 청중이 과거의 상태와 반대되는 정신 상태를 겪으면서 이해하게 되었을 때 더욱 명확해진다. 이때 정신은 '맞아, 이게 진리야, 내가 실수 했었어'라고 말하는 듯하다.

금언

마찬가지로 재치 있는 금언들은 우리가 이해한 것을 말하지 않는데 있다. 예를 들어 스테시코로스의 금언, "매미들은 땅 속에서는 오직 자신들만을 위해 울 것이다."가 그러하다

수수께끼

마찬가지로 잘 포장된 수수께끼는 같은 이유로 바람직한 것이다. 왜냐하면 이러한 수수께끼들은 우리에게 무언가를 가르쳐 주고 은유의

형식을 취하기 때문이다.

예기치 못한 낱말들과 허위의 낱말들

테오도르가 말한 것이 그 예가 될 수 있다. 즉 전대미문의 기발한 말을 하는 것이다. 낱말이 역설적이고 그 표현 자체를 사용하기 위한 것일 때 발생하는 것은 우리가 기대했던 것과는 일치하지 않지만 익살에서 남발되는 모방과 흡사하다. 마찬가지로 농담하면서 우리가 낱말의 철자를 뒤바꿀 때 동일한 효과가 발생하며, 우리를 당황스럽게 만든다. 이러한 방식은 시구에서 종종 이루어질 수 있다. 예를 들면 "그는 걸어가고 있었다, 발에는 가벼운 동상을 입고."에서처럼 시인은 청중이 예상했던 것은 말하지 않는다. 청중들은 시인이 '샌달을 신고'라고 말할 것을 예상했을 것이다. 하지만 사태는 우리가 그것을 말하는 순간 분명해져야 한다. 한 낱말의 철자를 뒤바꾸는 농담에서는 청중에게 평범한 의미를 전달하는 것이 아니라, 변화가 가져온 다른 의미를 전달한다. 이와 같은 방식은 바로 테오도르가 키타라 연주자인 니콘을 두고 말한 예와 같다. 그는 "이것이 너를 곤경에 처하게 할꺼야."라는 말을 숨기기 위해 "너는 트라스의 딸에 불과해."라는 말을 했던 것이다. 그는 청중을 속였다. 왜냐하면 다른 사태를 말했기 때문이다. 하지만 이때 청중들은 이해한다는 데에서 즐거움을 찾는다. 왜냐하면 니콘이 트라스인이라는 사실을 알지 못한다면, 이 표현은 재치있어 보이지 않을 것이기 때문이다. "원한다면 가져가도 좋아 - 너는 가방을 꾸리려고 한다."라는 표현도 마찬가지다. 이 두 경우에 있어 표현은 적합한 의미와 함께 사용된다.

올바른 표현으로의 회귀

이러한 사정은 올바른 표현에서도 동일하다. 이것은 마치 아테네인들에게 있어서 '바다의 제국'이라는 표현이 불행의 시작이 아니었던 것과도 같다. 왜냐하면 이러한 표현은 그들에게 유용했기 때문이다. 혹은 이소크라테스가 말했던 것과 같이 '제국'이 '도시에서 불행의 시작'이었다는 것을 말했던 것과도 같다. 왜냐하면 이러한 두 가지 의미에서 사람들은 그 누구도 말하려고도, 그리고 그 사실이 진실이라고 인정하려 들지도 않았던 것을 말했기 때문이다.

'제국'이라는 낱말과 '시작'이라는 낱말이 동음이의어의 관계에 있다고 말하는 것은 그렇게 미묘한 문제가 아니다. 사람들이 의미하고자 하는 것은 다른 것이다. 그래서 '아르케'라는 낱말은 두 번째의 예에서는 동일한 의미가 아니라, 아주 상이한 의미가 되는 것이다.

동음이의어

이러한 특징들 모두에서 우리가 동음이의어 혹은 은유를 통해서 적절하게 낱말을 도입한다면, 그 효과는 올바른 것이 된다. 예를 들어 "아나스케토스는 참을 수없는 인물이다."라는 예문에서 우리는 이것을 동음이의어의 예로 받아들이지 않는다. 다만 이 인물이 실제로 성격이 모난 사람이라면 이 낱말은 적절하게 사용된 것이다. "지금의 너보다 더 낯설 수는 없다."의 예에서도 마찬가지이다. 여기서 "지금의 모습보다 더 낯설 수는 없다"라는 표현은 "주인(크세노스, 즉 이방인 혹은 외국인)은 항상 낯설어서는 안 된다"라는 표현과 동일한 것을 의미한다. 왜냐하면 이 '낯설다'라는 낱말은 마찬가지로 다른 의미를 띠고 있기 때문이다. 분명 아낙산드리데스의 유명한 시구 "그래, 죽어 마땅한 그 어떤 일도 행하기도 전에 죽는다는 것은 잘 된 일이야."에서도 같은 예를 찾아 볼 수 있다.

왜냐하면 이러한 표현은 "그래, 죽을 만한 일을 행하지 않고도 죽음을 맞게 해주는 것이 죽음이 갖는 장점이야" 혹은 "그래, 죽음에 어떠한 이득을 주지도 않으면서 죽을 수 있다는 것은 죽음이 갖는 장점이야"라든지 "죽음에 이득을 안겨주는 그 어떠한 행동도 하지 않았을 때" 등과 동일한 의미를 갖기 때문이다.

이러한 식의 문체는 모든 낱말들에서 발견된다. 그렇지만 이 표현들은 잘 알려진 것일수록 그 형식은 간결하고 반어적인 것이 된다. 왜냐하면 지성은 반어법 덕택에 더욱 간결해지고, 간결함 덕택에 더욱 명민해지기 때문이다. 게다가 사용된 낱말이 사실과 외양적 요소를 표현할 때에는 표현하고자 하는 인물에 관련한 정확성이나 그 특징들의 적절함이 덧붙여져야 한다. 그런데 이러한 자질들은 서로 분리되어 나타날 수 있다. 예를 들어보자. "어떠한 잘못도 저지르지 않고 죽어야만 한다"라는 표현은 재치 있는 표현은 아니지만 올바른 것이다."자기 자신에게 어울리는 여인과 약혼해야하며, 그녀에게 어울리는 사람이 되어야 한다."이러한 표현 역시 재치 있는 표현은 아니지만 올바른 표현이다. 낱말을 재치 있게 만들기 위해서는 다음과 같은 두 자질들이 동시에 나타나야 한다. "그래, 죽음의 장점은 우리가 죽음에 어떠한 이득을 주지 않을 때 죽는 데 있다."게다가 이렇게 결합된 자질들이 많으면 많을수록 이 낱말은 더욱 더 재치 있는 것처럼 보인다. 예를 들어 만일 이 낱말들이 은유에 기초해 있거나, 한정된 종류에 대한 은유이거나, 반어법 또는 평행 리듬법일 경우에도 재치 있는 표현이 되며, 마찬가지로 이 낱말들이 하나의 행위를 의미할 경우에도 그러하다.

비교

잘 알려진 비교들은 이미 우리가 앞서 살펴본 바와 같이 은유들의 의미를 갖는다. 왜냐하면 이러한 비교들은 유추에 의한 은유와 같은 두 개의 항으로 구성되기 때문이다. 가령 흔히 말하는 "방패는 아레스의 트로피이다." 혹은 "활은 활시위가 없는 포르민크(4현금)이다."라는 표현이 그 예가 될 수 있다. 이처럼 우리가 말하고자 하는 의미는 단순한 것이 아니지만, 활을 리라로, 방패를 트로피로 비유하는 것만큼은 단순한 것이다. 이것이 사람들이 비교법을 사용하는 이유이다. 예를 들어 플룻 연주자를 원숭이로, 근시안을 물에 젖은 램프로 표현하는 것이 비교법들이다. 왜냐하면 이러한 두 표현들은 나름대로의 특징들을 띠고 있기 때문이다. 비교가 은유를 암축하고 있을 때, 그 비교는 좋은 표현이 된다. 실제로 우리는 방패를 아레스의 트로피로 비교할 수 있으며, 잔재를 집의 일부로 비교할 수 있다. 이러한 맥락에서 사람들은 트라시마코스의 비교에서처럼 니케라토스를 프라티스에게 패배한 필록테테스라고 부르는 것이다. 이것은 트라시마코스가 음유시인 경연대회에서 프라티스에게 패배하여 망신창이가 된 니케라토스를 보면서 했던 비유이다. 여기에서 우리는 음유시인들이 잘 해내지 못했을 경우에는 실패의 나락으로 떨어지고, 성공했을 경우에는 유명해진다는 사실을 알 수 있다. "그의 다리는 파슬리처럼 굽었다. 필라몬이 멍에와도 같은 가방 때문에 애를 먹었던 것처럼."의 예에서 시인들은 두 항의 조응관계를 잘 보여주는 경우를 보여주고 있다. 이 표현에는 많은 비교법이 담겨 있다. 그리고 이러한 비교들은 은유들을 이룬다. 우리는 이 점을 여러 차례 지적한 바 있다.

속담

속담 역시 장르를 넘나들며 나타나는 은유들이다. 예를 들어 만일 어떤 이가 타인으로부터 재화를 받을 요량으로 도움을 요청했는데 손해를 보았다면, 그것은 소위 카르파토스 섬의 주민들과 산토끼의 관계와 같은 것이다. 왜냐하면 두 경우 모두 동일한 착오를 보여주기 때문이다.

과장법

우리는 올바른 표현들의 원천과 그 이유들에 대해 거의 모든 경우를 고려하였다. 여기에는 은유에 해당되는 익히 알려진 과장법들 역시 포함되어 있다. 가령 멍든 눈을 두고 사람들이 '오디 한 바구니'라고 표현하는 것이 그 예이다. 이때 눈에 생긴 멍은 실제로 붉은 그 어떤 것과 관련이 있다. 이처럼 과장은 양에 관련된다. '이것처럼 혹은 저것처럼'과 같은 표현은 문체에 따라 달라지는 일종의 과장법이다. 따라서 '필라몬이 멍에와도 같은 가방 때문에 애를 먹었던 것처럼'이라는 문장에서 사람들은 멍에를 '필라몬이 가방 때문에 애를 먹고 있는 모습'으로 표현하는 것이다. "파슬리처럼 굽은 다리를 지닌,"의 표현도 마찬가지이다.

이러한 표현을 사람들은 '그의 다리가 너무나 굽었기 때문에 다리가 아니라, 파슬리를 가지고 있다'라고 표현하게 된 것이다. 과장법들이 젊음의 특징을 지니게 되는 이유는 표현상의 격렬함이 나타나기 때문이다. 특히 사람들은 분노에 관련해서도 다음과 같은 과장법들을 사용한다.

"안돼! 그가 나에게 선물을 준다하더라도 그건 안돼.
모래알이나 먼지만큼이나 많은 선물이라할지라도.
나는 아트레의 딸인 아가멤논과 약혼하지 않을테야.
그녀가 금처럼 빛나는 아프로디테와 겨룰만한 아름다움을 가졌다 할지라도.
그리고 그녀가 아테나의 업적들에 비견할만한 사람일지라도!"

이러한 예들은 나이든 사람이 과장법을 사용하는 데에는 어울리지 않는다는 사실을 보여준다. 특히 과장법을 많이 사용하는 사람들은 아테네의 웅변가들이다.

12장. 여러 장르들의 문체들

각각의 장르는 고유한 문체를 가지고 있다.

각각의 장르에는 그것에 어울리는 고유한 문체가 적합하다는 사실을 잊지 말아야 한다. 왜냐하면 작품의 구성이나 창작의 문체는 토론의 문체와 동일하지 않으며, 의회에서 사용하는 문체 또한 법정에서 사용하는 문체와는 같지 않기 때문이다. 그런데 상이한 두 가지 문체들에 대해서 모두 알 필요가 있다. 토론의 문체는 희랍어에 관한 지식을 요구한다. 그런데 창작의 문체 덕분에 사람들은 자신의 생각을 전달할 때 침묵하지 않아도 된다. 하지만 글을 쓸 줄 모르는 자는 불편함을 겪는다.

글의 담론과 말의 담론

작품 창작의 문체는 가장 정확하다. 한편 토론의 문체는 행위에 더욱 적합한 것이다. 토론의 문체는 두 가지 장르를 포함한다. 하나는 특징을 표현하는 것이고, 다른 하나는 정념을 표현하는 것이다. 바로 이러한 점에서 배우들은 정념이 담긴 비극을 추구하고, 시인들은 이러한 천부적인 재능을 가진 배우들을 추구한다. 그럼에도 불구하고 읽기에 적합한 작품들을 쓴 시인들은 폭넓은 독자층을 갖는다. 가령 케레몬(기원전 4세기의 비극시인이나 산문가라고 부르는 것이 더욱 정확함), 리킴니오스(디오니소스를 찬양하는 시인) 등을 예로 들 수 있다. 우리가 말의 담론과 글의 담론을 비교했을 때, 글의 담론은 토론에서 매우 옹색한 모습을 띠게 될 것이다. 여러 차례 다루기 쉬운 것으로 여겨져 왔던 웅변가들의 담론들은 세속적인 자들의 작품처럼 보인다. 그 이유는 이러한 종류의 문체는 토론에 적합하기 때문이다.

또한 행위를 지향하는 담론들은 행위가 사라졌을 때, 더 이상 그 기능들을 완수할 수 없으며, 하찮은 것으로 나타난다. 예를 들어 접속사 생략법과 빈번한 용어반복은 작품을 창작하는 문체에서 사용해서는 안 된다. 하지만 토론의 문체에서는 사용가능하며, 특히 웅변가들은 이러한 기법들을 종종 사용하고 있다. 왜냐하면 웅변가들의 문체는 행위에 적합한 표현기법들이기 때문이다.

반복

그런데 동일한 사태를 반복 할 경우, 표현을 다양하게 해야 할 필요가 있다. 즉 하나의 행동에 대해 여러 표현방식을 도입하는 것이 필요하다. "당신의 물건을 훔친 자가 바로 그 사람이다. 당신을 속인 자가 바로 그 사람이다. 더구나 당신을 적에게 넘기려고 했던 자도 바로 그 사람이다."와 같은 것이 반복의 예이다. 또한 배우 필레몬이 아낙산드리아드의 작품인 『노인들의 광기』에서 "라다만티스와 팔라메데스"라고 말했을 때, 그리고 『독실한 사람들』이라는 작품의 서막에서 "바로 나다!"라고 반복했던 것 등이 그 예이다. 왜냐하면 행동이 이와 같은 문구들에 더해지지 않으면, 흔히 속담에서 말하듯이 "행동은 들보를

짊어진 사람의 발걸음처럼"둔해지기 때문이다.

접속사 생략

이러한 사정은 접속사가 생략된 문장인 "내가 왔다, 나는 그를 만났다. 그에게 내 부탁을 전했다."에서도 마찬가지이다. 이러한 표현은 행위를 통해 다양해질 필요가 있다. 이러한 표현들을 마치 유일한 사태인양 읊어서는 안 된다. 또한 동일한 특성과 동일한 억양을 가지고 읽어서도 안 된다. 게다가 접속사가 생략된 문장들은 하나의 특이성을 나타낸다. 이렇게 되면 동일한 시간에 많은 것들을 말하는 것처럼 보이게 된다. 왜냐하면 이때 접속사는 여러 사태들을 하나의 덩어리로 만들기 때문에 만일 접속사를 생략하게 될 경우, 반대의 효과가 생겨날 것이라는 점은 자명하다. 또한 하나의 유일한 사태 대신에 여러 가지 사태들이 생겨날 것이라는 것 역시 분명하다. 따라서 "내가 왔다, 내가 말했다, 그것을 간청했다"(이러한 문장은 여러 사태들처럼 보인다.) "그는 내가 말했던 모든 것을 무시했다"와 같은 접속사의 생략은 의미의 확장을 가져온다. 이것이 바로 호메로스가 반복을 통해 만들어내고자 했던 효과이다.

결국 우리가 여러 가지 사태들을 통해 말했던 인물("니레, 시메에서 온 (…), 니레, 이굴라스의 아들 (…), 니레, 가장 아름다웠던 자.")은 반드시 여러 차례 언급되게 된다. 따라서 만일 우리가 그 인물을 여러 차례에 걸쳐 언급한다면, 그는 여러 차례의 위업을 달성한 것처럼 보이게 된다. 그러므로 시인은 이와 같은 거짓 추리를 통해 그 사람의 중요성을 더욱 부각시켰던 것이다. 시인은 단지 한 문단에서 그를 언급했음에도 이러한 방식을 통해 그를 유명하게 만든 것이다. 물론 이 문단 이후로는 어디에서도 그의 이름을 찾아 볼 수 없음에도 말이다.

토론의 문체

시민의회에 적합한 문체는 모든 면에서 흡사 원근법에 따라 그려진 그림과도 같다. 청중의 수가 많으면 많을수록, 바라봐야 하는 지점은 군중들로부터 더욱 더 멀어지게 마련이다. 동시에 세부사항들에 대한 정확한 설명이 불필요해진다. 이렇게 되면 이러한 두 경우에는 난처한 결과를 초래하게 될 것이다. 그러나 사법적 문체는 더 많은 정확도를 요구하고, 특히 하나의 사건을 한 사람의 재판관이 담당할 때에는 더욱더 그러하다. 이 경우 수사학의 역할은 매우 축소되기 때문에, 소송에 고유한 것과 낯선 것은 더욱 쉽게 한눈에 파악 된다. 더구나 설전이 없기 때문에 재판관의 판결의 준엄성을 해칠만한 것은 아무것도 없다. 그렇기 때문에 동일한 웅변가들이 모든 장르에서 평판을 얻는 것은 아니다. 행위가 더 많은 역할을 갖게 되는 지점에서 문체의 정확성은 최소한으로 축소된다. 이러한 경우는 목소리를 내야만 할 때 그러하며, 더 많은 목소리를 내야할 경우는 특히 더 그러하다.

제시적 장르의 문체

제시적 장르의 문체는 글로 쓴 담론에서 가장 많이 요구된다. 왜냐하면 이 문체의 고유한 기능은 독서이기 때문이다. 다음으로 요구되는 문체가 사법적 장르의 문체이다.

문체의 멋

문체에 대한 연구에서 여러 구분들을 더욱 확장하는 것은 필요가 없을 것이다. 문체가 멋과 화려함을 지녀야 한다고 말하는 것 역시 필요가 없을 것이다. 어째서 간결함, 자유분방함, 그리고 다른 정신상의 미덕들보다도 이러한 특징들이 필요하지 않는 것일까 앞서 열거한 이러한 특징들은 우리가 문체의 미덕을 적절하게 정의 했을 때, 분명 문체에 멋을 주게 될 것이다. 그렇다면 어떠한 목적 때문에 문체는 명료해져야 하며, 단조로움을 피하고, 적절성을 획득해야 하는가? 만일 문체가 너무 현란해지면, 정확성이 떨어지게 되며, 반대로 너무 간결해도 마찬가지일 것이다. 이때 중용의 태도가 적합성의 척도가 된다는 사실은 분명하다. 게다가 문체의 멋은 열거된 특징들, 일상어 및 색다른 표현, 리듬과 적합성에 따른 설득의 적절한 조화를 통해서도 획득된다.

우리는 일반적으로는 모든 장르에 대해, 그리고 개별적으로는 각각의 장르의 문체에 대해 설명하였다. 이제부터는 담론 부분들의 차원에 관해 다루도록 하자.

13장. 담론의 부분

두 부분, 즉 설명과 증명만이 필수적이다.

담론에는 오직 두 부분만이 있을 뿐이다. 왜냐하면 무엇이 주제인지 말하는 것과 그것을 증명하는 것이 반드시 필요하기 때문이다. 그렇기 때문에 일단 주제가 설명된 이후에는 그것을 증명하지 않는다거나 미리 그 주제를 설명하지 않고 증명한다는 것은 불가능하다. 왜냐하면 증명한다는 것은 증명해야 할 무언가를 전제로 하기 때문이다. 그렇게 되면 선험적인 설명이란 하나의 목적인 증명만을 갖게 된다. 이러한 두 부분들 중 한 부분은 명제이며, 다른 부분은 그것에 대한 확증이다. 이것은 우리가 문제와 증명을 따로 구분하는 것과 마찬가지이다.

구분의 남용

이러한 사실들 대신에 우리는 불필요한 구분들을 하기도 한다. 왜냐하면 서술은 사법적 담론에만 속한다고 말할 수 있기 때문이다. 하지만 제시적 담론들이 하나의 에필로그인 상황에서 제시적 담론과 연설이 어떻게 우리가 정의한 그대로의 서술 혹은 상대편의 반박이 될 수 있겠는가 서론, 논거들의 비교, 약술 등은 대립되는 토론일 경우에만 연설 속에 나타나게 된다. 실제로 이러한 부분들은 연설문에서 종종 발견된다. 이때 담론들은 고소와 변론을 함축할 뿐, 조언을 하는 것은 아니다. 게다가 다음과 같은 사실을 기억해야 할 것이다. 결론 자체가 모든 사법적 담론에서 나타나는 것은 아니다. 예를 들면 담론이 짧다거나 담론의 소재를 쉽사리 떠올릴 수 있는 경우가 그러하다. 이 때 장황한 분량을 줄이기 위해 결론 부분을 생략하는 경우도 더러 있다. 따라서 필수적인 부분들이란 설명과 확증이다. 이러한 부분들은 담론의 속성들이다. 게다가 담론은 서론, 명제, 확증, 결론들을 포함하고 있다. 상대방에게 반대하여 말할 때에는 증거들이 필요하다. 논거들에 대한 비교는 소송인에 의한 논증의 확장이다. 결과적으로 이러한 비교는 증거들의 일부가 된다. 이러한 비교를 하는 자는 무엇인가를 증명하고자 하기 때문이다. 하지만 그렇다고 해서 이것이 서론의 경우는 아니며, 기억을 환기시킬 뿐인 결론의 경우도 아니다. 따라서 이러한 구분을 하게 될 때, 가령 테오도르학파에서처럼, 서술 이외에도 후-서술과 전-서술, 반박, 후-반박 등이 있을 것이다. 그런데 명사는 어떤 종류나 어떤 차이점을 의미하기 위해서만 사용해야 한다. 그렇지 않다면 쓸데없는 표현과 장황설에 빠지게 될 것이다. 리킴니오스가 자신의 작품인 『테크네』에서 '자신의 논거에 유리한 헛된 수사들', '여담', '사족'에 해당하는 표현들을 사용했던 것이 그 예가 될 수 있다.

14장. 서론(부)

정의

서론은 담론의 시작이다. 비극시에서의 서두, 혹은 플루트곡에서의 전주곡과 같다. 그렇기 때문에 서론에는 여러 종류의 시작방법들이 있다. 이러한 출발들을 도모하는 사람들에게는 여정의 시작과도 같다.

서론-전주곡

따라서 플루트곡에서의 전주곡은 제시적 담론들의 서론과 흡사하다. 그래서 결국 플루트 연주자들은 자신들이 잘 연주할 수 있는 짤막한 서곡을 들려줌으로써 연주를 시작하고, 이 서곡을 앞으로 연주해야 할 작품 전체의 주음절부와 연관 짓는다. 이처럼 제시적 담론들에서는 이러한 특징을 지닌 일부분을 기술해야 한다. 이렇게 채택된 일부분은 낭독되자마자 뒤이어 담론의 전체적인 어조에 동화되고 연결되어야 한다. 모든 웅변가들이 이러한 방식을 택하고 있다. 예를 들면 이소크라테스의 『헬레네』의 서두가 그러하다. 왜냐하면 메가라파(派)들은 헬레네와 긴밀하게 연관된 것이 아무것도 없기 때문이다. 동시에 웅변가가 여담을 하게 될 경우에도, 담론의 조화에 있어서는 단조롭지 않은 것이 더 바람직하다.

제시적 장르에서의 서론의 소재 : 찬사 혹은 비난

제시적 담론들의 서론들은 그 소재를 찬사나 비난에서 빌려 온다. 예를 들면 고르기아스가 『올림픽 연설』에서 "그리스인들이여, 저 사람들은 군중의 찬사를 받을만하오."라고 말한 것은 그 예가 될 수 있다. 그는 시상식을 마련한 자들을 칭송했다. 하지만 반대로 이소크라테스는 그들이 신체적 미덕을 선물을 통해 드높였다고 비난했다. 또한 정신적으로 탁월한 사람들에게는 어떠한 상도 주지 않았다는 사실을 비난했다.

조언

서론들은 또한 조언에서도 끌어낼 수 있다. 예를 들어 선행을 베푸는 사람들의 명예를 드높여야 할 경우가 그러하다. 그리고 바로 이러한 이유로 웅변가는 아리스티데스에게 찬양을 했던 것이다. 또한 명성이 높지는 않지만 천한 성품을 가지고 있지 않은 사람들을 찬양했다. 예를 들면 프리아모스의 아들인 알렉산드로스와 같이, 미덕이 무시되어온 자들도 찬양했다. 왜냐하면 이러한 경우에 웅변가는 조언을 하기 때문이다.

사법적 장르에서 빌려온 것

게다가 제시적 장르는 사법적 서론에서, 즉 청중과 관련된 것에서 빌려온다. 만일 담론의 주제가 많은 사람들에게 있어서 역설적이거나 고통스럽거나 진부한 것이라면, 이러한 사실은 웅변가가 너그러운 사람이라고 말하게 해주는 것이다. 예를 들어 바로 이러한 것이 코에릴로스의 인용문 "이제부터는 모든 분배가 이루어졌으니…"에서 찾아볼 수 있다.

요약하자면, 제시적 담론들의 서론들은 찬사, 비난, 권고, 억제, 청중과 관련된 이유들에서 유래된다. 그리고 이러한 도입부들은 담론의 주제에 있어서 반드시 낯선 것이기도 고유한 것이기도 하다.

사법적 장르에서의 서론의 소재: 비극과 서사시의 비교

사법적 담론의 서론은 비극의 서곡과 서사시의 서두와 동일한 기능을 가지고 있다는 사실을 받아들여야 한다. 디티람부스(디오니소스 찬가)의 서두는 제시적 담론의 서두와 유사하다. 즉 "너, 너의 선물 혹은 적에게서 빼앗은 전리품 때문에….")와 같다. 담론들과 서사시들에서 서론은 주제의 표본이다. 그렇기 때문에 청중들은 담론이 무엇을 겨냥하고 있는지를 미리 알게 될 것이며, 그렇게 되면 청중들의 정신은 망설이지 않게 될 것이다. 왜냐하면 결정되지 않은 것은 청중을 모호함 속에 남겨두는 것이기 때문이다. 따라서 만일 우리가 청중들에게 시작 부분을 알 수 있도록 해준다면, 이는 청중에게 담론을 따라갈 수 있는 하나의 실마리를 주는 것과 마찬가지다. 이러한 이유로 호메로스는 『일리아드』에서 "여신이여, 원망을 노래하오… 뮤즈여, 나에게 영웅을 말해주시오…"와 같은 구절로 시작하고 있다. 또 다른 예로는

"다른 이야기로 나를 이끌어 주시오. 즉 어떻게 대전쟁이 아시아 대륙으로부터 유럽 대륙으로 번졌는지를…"이 있다.

비극시인들은 비극의 행동과 관련된 유사한 정보를 보여준다. 유리피데스가 했던 것처럼 시작부터는 아닐지라도, 적어도 소포클레스가 『오이디푸스 왕』에서 했던 것처럼 "나의 아버지는 폴리뷔스였다."로 서론을 진행하면서 말이다. 그리고 희극에 있어서도 마찬가지 방식으로 진행된다.

서론은 담론의 대상을 가리킨다

따라서 서론의 가장 필수적이고 고유한 기능은 담론이 지향하는 목적을 가리키는데 있다. 그렇기 때문에 만일 목적이 뚜렷하고, 사건의 중요성이 극히 미미하다면, 우리는 서론을 사용해서는 안 된다. 웅변가들이 사용하는 또 다른 표현 형식들은 청중들의 단점 혹은 실수를 보완하는 치유책이며, 담론의 모든 부분들에 공통된 것들이다.

소송인과 상대방 : 고소

또 다른 표현 형식들은 웅변가, 청중, 사건, 상대방에 관련된 것이다. 소송인과 상대방은 고소와 관련된 모든 본론 부분을 주체로 삼아, 그 고소를 파기하기도 하고 제기하기도 하는 것이다. 하지만 이 두 경우는 유사한 것이 아니다. 자신을 변호하는 경우에 있어서는 혐의와 관련된 것이 서론 부분에서 드러나야 하며, 고소하는 경우에 있어서는 혐의와 관련된 부분이 결론에 들어 있어야 한다. 이러한 순서를 취하는 이유는 어렵지 않게 알 수 있는 것이다. 즉 자신을 변호하는 사람은, 자신의 인격을 드러내 보이고자 할 때, 반드시 장애물들을 제거해야 한다. 또한 그는 자신에 대한 의혹을 일소시키는 것부터 시작해야 한다. 하지만 혐의를 부각시키고자 하는 사람은 결론 부분에 그렇게 해야 한다. 이는 사람들이 그의 말을 더 잘 기억하도록 하기 위한 것이다.

청중 : 호의적인 태도, 주의 깊은 태도, 순응적 태도

청중과 관련된 논지들은 청중을 호의적으로 만들거나 분노를 일으킬 수 있는 것에서 취해진다. 이것은 때로는 청중의 주의력을 불러일으키는데 적합한 것 혹은 그 반대의 것에서도 취해질 수 있다. 왜냐하면 청중으로 하여금 항상 주의 깊은 태도를 취하게 만드는 것은 별로 중요한 일이 아니기 때문이다. 그렇기 때문에 수많은 웅변가들이 청중을 웃게 만들려고 애쓰는 것이다. 이해시키고자 하는 논지의 배열에 있어서 사람들이 원한다면 모든 것을 활용할 것이며, 심지어는 정직해 보이려고도 할 것이다. 왜냐하면 사람들은 이러한 성격을 가진 웅변가에게 더 많은 주의를 기울이게 될 것이기 때문이다. 청중들은 중요한 사안들과 개인적으로 관심이 가는 사안들, 자신들에게 놀라움을 불러일으키는 사안들과 바람직한 사안들에 주의를 기울이게 될 것이다. 그렇기 때문에 웅변가들은 자신들의 담론이 이와 같은 주제들에 근거하고 있다는 생각을 청중들에게 심어주어야만 한다. 만일 웅변가가 청중들의 관심을 떨어뜨리거나, 다른 문제로 돌리고자 한다면, 언급하는 내용이 별로 중요하지 않고, 그들과는 아무런 이해관계도 없으며, 오히려 그들이 거북하다는 사실을 말하면 그만이다. 이러한 종류의 모든 고려사항들이 담론과는 매우 이질적인 것이라는 사실을 잊지 말아야 한다. 왜냐하면 지엽적인 문제에만 귀 기울이는 수준이 낮은 청중들만을 그 대상으로 하기 때문이다. 실제로 청중이 이러한 자질을 전혀 갖추지 못했다면, 원인을 요약적으로 설명하는데 있어 반드시 필요한 것 이외에는 그 어떠한 서론도 필요치 않다. 그렇게 되면 결과적으로 논지 전체가 서론이 될 것이다. 게다가 필요하다면 청중을 주의 깊게 만드는 것은 논지의 모든 부분들에 있어서 공통적으로 필요하다. 주의 깊은 태도는 도입부 이후로는 거의 모든 부분에서 약화된다. 한편 모든 청중들이 매우 주의 깊은 태도로 경청하고 있음에도, 도입부에서 요구되었던 주의력을 계속 확인하는 것은 우스운 일이 될 것이다. 결과적으로 기회가 날 때마다 "제가 이제부터 얘기하려는 것을 주의 깊게 들으십시오. 저뿐만 아니라 여러분에게도 관련이 있는 이야기입니다."라고 말하거나 "내가 여러분에게 알려주게 될 것은 너무나 낯선 이야기이기 때문에 여러분이 이런 식의 이야기는 듣지도 보지도 못했을 것입니다."라고 말해야 할 것이다. 바로 이런 식의 이야기가 프로디코스가 말했던 것과 같다. 청중들이 고개를 끄덕이며 반응을 보일 때마다 그는 자신의 연설에 50드라크마 짜리 연설 대목들을 삽입하곤 했다.

장황한 서론

하지만 이러한 모든 것이 듣는 자인 청중에게 전달되는 것은 아니다. 이것은 당연한 일이다. 그렇기 때문에 모든 웅변가들은 서론에서부터 상대방에게 혐의를 두기 위해 노력하거나 자신들에게 두려움을 가져다주는 혐의를 무산시키고자 노력한다.

> "왕자님, 저는 당신께 곧 나에게 다가올 초조함이 무엇인지 말하지 않겠습니다…"
> "이러한 전조는 과연 무엇을 예고하는 것일까요?"

바로 이러한 말들이 좋지 않은 원인을 갖고 있거나 청중들에게 그렇게 보이는 웅변가들이 하는 방식이다. 이들에게 있어서는 원인보다는 그 어떠한 것이든 주제를 설명하는 것이 더욱 낫다. 잘못을 저지른 노예들도 마찬가지이다. 그들은 질문에 답하기는커녕 딴 짓을 하거나 끝날 것 같지도 않은 서론만 둘러대기 때문이다.

우리는 어떠한 것이 청중들로 하여금 호의적인 반응을 보이게 하는 수단인지를 언급했다. 그리고 이러한 종류의 각각의 다른 사항들에 관해서도 이야기 했다. 따라서 호메로스가 다음과 같이 말한 것은 옳았다.

> "내가 방문했던 집에 살던 페아키아인들은 내게 우호적이었고 나를 불쌍히 여겼다는 점을 인정하십시오."

위의 예문에서 우리가 도달해야하는 두 가지 목적을 찾아 볼 수 있다.

제시적 장르에서의 동일한 규범

제시적 담론들에 있어서 찬사의 몫이 개인이든, 가족이든, 자신의 행동이든, 혹은 그 어떠한 방식으로든 청중에게 있다는 점을 인지시켜야 한다. 왜냐하면 소크라테스가 자신의 추도사에서 말했던 것은 사실이기 때문이다. 아테네인들 앞에서 아테네인들을 칭찬하는 것은 어렵지 않지만 스파르타인들 앞에서 그들을 칭찬하는 것은 어려운 일이기 때문이다.

공식연설에서의 서론

시민에게 행해지는 담론의 서론들은 사법적 담론들에서 사용되는 서론들에서 차용한 것이다. 하지만 본질적으로 이러한 서론의 역할은 그다지 중요한 것이 아니다. 실제로 청중들은 우리가 무엇에 관해 토론하고 있는지 알고 있으며, 이때 이 사안에는 서론이 필요치 않다. 만일 웅변가 혹은 그 반대자들의 성격 자체에 기인하는 것이 아니거나, 혹은 당신들이 주장하는 것만큼이나 중요한 -그것이 중대한 일이든 사소한 일이든 간에- 사안이라고 청중들이 생각하지 않을 때는 서론이 필요치 않다. 또한 혐의를 불러일으키거나 일소할 필요가 있을 때에는 결국 서론을 부풀리거나 축소시키게 된다. 이러한 목적들을 위해서나 담론의 장식을 위해서도 서론은 필요한 것이다. 왜냐하면 만일 담론에 서론이 빠져 있다면, 그 담론은 즉흥적인 것으로 보이기 때문이다. 이러한 것이 고르기아스가 엘레아인들에게 바쳤던 찬사의 내용이다. 그는 어떠한 준비도 없이, 그리고 미리 감정을 불러일으키지도 않으면서 "엘리스, 행복의 도시여!"라는 고르기아스의 유명한 구절로 연설을 시작한 것이다.

15장. 고소

변호를 위하여

논거 1: 고소에 관한 첫 번째 논거는 소송인에게 불리한 편견을 없애는데 있다. 편견이 상대방의 담론에서 기인하는 것이든 아니든 별로 중요하지 않다. 또한 법규는 보편적인 것이다.

논거 2: 상대방의 논쟁적 근거들에 대답하기(논박하기) 위해서 또 다른 논거는 문제되는 행위가 실제로 일어나지 않았고, 그것이 해가 되지 않으며, 더구나 원고에게 해를 끼치지 않았다는 것을 뒷받침하는데 있다. 또한 그 행위가 그렇게까지 해가 되지는 않는다는 것, 그리고 불법적이지도 않다는 것, 따라서 거의 불법적이지도 비도덕적이지도 않기 때문에 결국 대수롭지 않을 것이라는 점을 주장하는데 있다.

실제로 이러한 것들이 논쟁의 쟁점들이다. 이피크라테스가 나우시크라테스를 상대로 변호했던 것도 바로 이러한 맥락에서이다. 이피크라테스는 전가된 행위와 피해를 입힌 사실은 시인했지만, 그렇다고 위법성을 시인한 것은 아니었다. 그렇지 않았다면 그는 자신의 위법성을 인정함으로써, 그 반대 근거로 원고에게는 불리하지만 그 행위가 도덕적이었다는 점과 원고의 입장에서는 화가날만한 행위였지만 그것은 유용하고 또 다른 이유가 있었다는 점을 제시해야만 했을 것이다.

논거 3: 실수나 불운 혹은 제약 때문에 저질러지기도 하는 경범죄의 경우. 예를 들어 소포클레스는 분명 두려움에 몸서리 쳐졌다고 이야기하고 있다. 만일 상대방의 주장대로였다면 그는 일부러 늙어 보이려고 한 셈이다. 사실 그는 어찌 할 도리가 없었다. 80세라는 나이가 된 것은 자신의 의도가 아니었기 때문이다. 사람들은 반대논거를 통해 결론을 이끌어내기도 한다. 사람들은 해를 끼칠 의도는 없지만, 그런 행동을 저지르기도 한다. 그렇다고 해서 그 행동이 일어나지 않은 것은 아니다. 따라서 발생된 피해 상황은 우연의 결과이다. 하지만 그 행동에 의도가 있었다면 분명히 스스로 후회할 것이다.

논거 4: 특정 고소인을 현재 발생한 혹은 이전에 있었던 동일한 고소에 연루시키기도 하고, 또는 고소인 자신 또는 측근 중 한 명을 고소에 연루시키기도 하는 경우.

논거 5: 다른 사람들이 동일한 고소에 연루될 수 있는 경우. 비록 그들이 혐의가 없다는 사실을 알고 있음에도 그러하다. 가령 간통죄는 교묘한 사건이기 때문에, 이러한 유형의 사건은 역으로 간통죄가 될 수 있다.

논거 6: 고소인이 이미 고소사건에 연루된 다른 사람들을 고소했거나 아니면 다른 어떤 사람이 그들을 고소한 경우. 설령 고소되지 않았더라도, 그들은 지금 당신과 마찬가지로 같은 혐의의 대상이 된다. 그러나 그들의 무죄는 차후에 드러난다.

논거 7: 고소를 통해 고소에 대응하는 것은 믿을 가치가 없는 사람에게 믿음을 기대하는 것처럼 부조리한 일이 될 것이다.

논거 8: 소송에서 이미 판결이 내려진 경우. 에우리피데스는 재산권 교환 사건에서 위증을 하도록 부추겼다는 이유로 자신을 부도덕한 사람으로 비난한 히기에논에게 다음과 같은 시로 대답했다.

"세 치 혀로는 약속했으나, 마음으로는 그렇지 않았다."

시에서 볼 수 있듯이 히기에논은 디오니소스 축제의 비극경연대회에서 내려진 결정들을 법정에 제시함으로써 위법을 저질렀다. 그런데 에우리피데스가 이미 문제되었던 말들을 해명했던 곳은 바로 디오니소스 경연대회에서였다. 그는 히기에논이 자신을 또 다시 고소하고자 했다면, 똑같이 해명했을지도 모른다.

논거 9: 고소를 비난하고, 고소의 내용이 얼마나 중대한 것인지를 말한다면, 그것은 곧 또 다른 소송으로 이어질 것이다. 따라서 고소가 현재 진행 중인 사건과는 아무런 관련이 없다는 점을 밝혀야만 한다.

논거 10: 추측 가능한 증거들을 내세울 수 있게 해주는 공론은 양측에 공통적이어야한다. 예를 들어 『테우케로스』에서 율리시스는 테우케로스가 프리아모스와 인척관계라고 말하고 있다. 실제로 헤시오네는 프리아모스의 누이이다. 하지만 어떤 사람은 테우케로스의 아버지인 텔라몬이 프리아모스의 적이었고, 테우케로스는 자신의 잠입 사실을 밝히지 않았다고 반박한다.

고소를 위하여

논거 1: 고소인은 또 다른 논거를 통해 별로 중요하지 않은 부분은 장황하게 칭찬하면서 한편 중대한 결과를 낳는 부분은 간략하게 비난해야 한다. 혹은 서두에서 상대측에게 유리한 몇 가지 사실들을 나열한 후, 그 중 소송에 유리한 한 가지 사실을 집중적으로 비난해야 한다. 이것이 바로 기술적으로 매우 능수능란하면서도 매우 정직하지 못한 사람들이 취하는 방식이다. 이런 사람들은 선과 악의 구분을 뒤섞음으로써 선을 이용하여 악을 추구하는 자들이다.

논거 2: 고소인과 피고인에게 공통적인 논거의 경우. 하나의 행동은 여러 목적으로 행해질 수 있기 때문에 고소인은 상대방의 행위를 가장 나쁜 것으로 해석함으로써 상대방을 깎아내려야만 한다. 피고인은 그 행위를 최선의 행위로 해석해내야 한다. 가령 율리시스를 편애했던 디오메데의 경우가 그러하다. 어떤 이는 디오메데가 율리시스를 가장 용맹한 사람으로 생각했다고 말할 것이고, 또 다른 이는 그것이 사실이 아니라, 오히려 용맹하지 못한 율리시스는 디오메데의 상대가 될 수 없는 유일한 자였다고 말할 것이다.

고소와 관련한 논의는 이것으로 충분하다.

16장. 서술(부)

제시적 장르: 단속적 서술

제시적 담론들에서 서술(부)은 연속적인 담론으로 이루어지는 것이 아니라, 부분들로 이루어진다. 실제로 담론의 주제를 구성하는 행동들을 상세하게 이야기해야 한다. 왜냐하면 담론에는 두 요소들이 있기 때문이다. 한 요소는 기술적인 요소가 아닌 반면 (왜냐하면 웅변가는 행동들에 어떠한 책임도 없기 때문이다), 다른 한 요소는 기술적인 요소이다. 웅변가는 그 행위가 믿기 힘든 것일지라도 실제로 일어난 것임을 보여주어야 한다. 또한 그 행위가 질적으로나 양적으로 그렇다는 사실을 보여주어야만 한다. 혹은 행위가 모든 특징들을 동시에 가지고 있다는 사실을 보여주어야 한다.

그렇기 때문에 모든 것을 연속적으로 말해서는 안 되는 경우가 있다. 왜냐하면 그러한 여러 사실들을 연속적으로 소개하는 것은 기억하기 쉽지 않기 때문이다. 어떤 행동들은 용기를 보여주며, 또 다른 행동들은 등장인물의 지혜나 정의를 보여준다. 이러한 유형의 담론은 훨씬 간단하다. 하지만 다른 면에서는 통일성을 갖추지 못하고 어수선한 담론을 이루게 된다.

서술해야 할 행동

잘 알려진 행동에 대해서는 단순한 암시만으로도 충분하다. 따라서 대부분의 담론은 서술할 필요가 전혀 없다. 가령 아킬레스를 예찬할 경우, 모든 이들은 이미 그의 행동들을 알고 있기 때문에, 이때에는 그의 행동들 중 일부를 언급하는 것만으로도 충분하다. 반면에 크리티아스를 예찬하고자 한다면, 그의 행동 전부를 이야기해야 할 것이다. 왜냐하면 사람들은 그의 행동을 자세히 모르고 있기 때문이다.

사법적 장르

1. 고소를 위하여: 서술의 길이

서술을 빨리 진행해야 한다고 주장하는 것은 진정 우스운 일이 아닐 수 없다. 빵 반죽을 되게 해야 할지 아니면 묽게 해야 할지를 물어보는 빵 가게 주인에게는 "뭐라고요 적당하게 반죽할 줄 모르신단 말입니까"라고 밖에 말할 수 없는 것이다. 이러한 경우는 우리의 논의에서도 마찬가지이다. 서술에서는 장황한 표현들을 피해야 하며, 이것은 서론 및 증거에 관한 설명에서도 마찬가지이다. 왜냐하면 여기서 최선의 것은 빠른 호흡과 간결함이 문제가 아니라, 적절한 길이가 문제이기 때문이다. 적절한 길이란 문제가 되는 사실을 밝혀줄 수 있는 모든 것을 말하는데 있다. 혹은 그 사실이 완결되었거나 피해를 줄 수 있는 것, 불법적인 것이었다고 믿게끔 하는 모든 것을 말하거나 보여주고자 하는 사실 그대로를 말하는데 있다. 상대방에게는 반대의 경우가 적용된다.

장식적 서술

경우에 따라 웅변가의 장점을 부각시킬 수 있는 모든 것(나로 말하자면, 나는 계속해서 그를 비난해왔고, 끊임없이 정의로운 것을 말해왔으며, 자식을 버려서는 안 된다고 말해왔다.)을 이야기 속에 도입해야 한다. 동시에 상대방의 패륜에 주의를 기울일 수 있는 모든 것들(그는 내게 자신이 가는 곳이면 어김없이 아이들을 생겼다고 말했었다.)을 이야기에 도입해야만 한다. 헤로도토스는 나라를 떠나 뿔뿔이 흩어진 이집트인들의 증언을 전하고 있다. 또한 재판관들에게 호감을 줄 수 있는 모든 것들을 이야기 속에 도입해야 한다.

2. 변호를 위하여

변호에 있어서 서술은 훨씬 더 간략해야한다. 왜냐하면 논쟁의 쟁점들이 다음과 같은 경우들이 될 수 있기 때문이다. 행위가 아직 끝나지 않은 경우, 해롭지도 불법적이지도 않을 경우, 결과가 심각하지 않은 경우가 그것이다. 하지만 그 주장이 예를 들어 어떤 행위가 이루어지기는 했지만 불법적인 것은 아니라는 명제의 입증에 기여하지 않는 인정된 사실에 대해서는 시간을 허비할 필요가 없다.

축소된 서술

지나간 과거의 사실들을 현재의 사실처럼 보여줌으로써 연민이나 반감을 불러일으키지 않는 선에서, 과거의 사실들을 이야기해야 한다. 예를 들어 페넬로페에게 보냈던 60개의 시구로 이루어진 『알키노오스에게 보내는 이야기』나, 시인 파일로스가 쓴 『순환』의 요약본, 그리고 『오에네우스』의 머리말 등이 그것이다.

서술의 윤리적 특징

서술은 도덕적 성격을 띠고 있어야 한다. 이것은 결과적으로 우리가 어떠한 관습을 알고 있는지 아닌지를 확인하게 해준다. 첫 번째 조건은 우리의 도덕적 의도를 보여주는데 있다. 관습들이 도덕적인 이유는 의도가 도덕적이기 때문이다. 그런데 이러한 의도가 도덕적인 이유는 추구된 목적 때문이다. 한편 수학 개론서들은 도덕적 성격을 전혀 가지고 있지 않다. 왜냐하면 그것들은 도덕적 의도를 담고 있지 않기 때문이다. (사실상 궁극적인 목적 자체에서도 도덕적 특징을 찾아볼 수 없다.) 반면에 『소크라테스의 대화편』들은 도덕적 특성을 지닌다. 왜냐하면 이 책들은 도덕적 성격의 주제들을 다루고 있기 때문이다. 또한 각각의 특징에서 파생되는 다른 도덕적 특징들도 있다. 예를 들어 "그는 걷는 중에도 말하곤 했다."라는 표현이 있다고 할 때, 이 문장은 그 사람의 결단력 있고, 거침없는 성격을 보여준다. 이러한 그의 행동은 계산에서 비롯된 것이 아니라, 의도에서 비롯된 것이라고 말해야 한다. 다음의 두 경우를 살펴보자. "적어도 그것은 내가 바랐던 것이고, 그래서 내가 선택한 거야."그리고 "만일 내가 아무것도 얻지 못했다 하더라도, 적어도 그것은 바람직한 것이었으니까." 첫 번째의 경우는 신중한 사람의 언어이다. 두 번째의 경우는 선한 사람의 언어이다. 신중한 사람은 유용성을 추구하며, 선한 사람은 아름다운 것을 추구한다. 만일 사실이 믿기 힘든 것이라면, 그 사실에 동기에 대한 설명을 덧붙여야 한다. 이것이 바로 소포클레스가 했던 바이다. 소포클레스는 『안티고네』에서 이와 관련된 한 예를 보여준다. 작품 속에서 여주인공은 남편이나 아이들보다도 더 자신의 오빠를 걱정했다고 밝히고 있다. 왜냐하면 남편이나 아이들은 잃더라도 다시 얻을 수 있기 때문이다.

"그런데 나의 아버지와 어머니가 하데스의 곁으로 떠났기 때문에,

오빠는 다시 태어날 수 있는 방법이 없지 않은가."

만일 제시할 동기가 없더라도, 적어도 당신들은 당신의 말이 얼마나 터무니없는 일인지 잘 알고 있음을 말해야지 당신의 성격이 그러하다고 말해서는 안 된다. 왜냐하면 사람들은 어떤 자발적인 행동에는 이익보다는 다른 목적을 추구할 수 있다고는 어렵게 믿기 때문이다.

서술의 비장한 특징

나아가 서술에 사용하는 용어들은 정념의 표현들에서 빌려와야 한다. 이때 정념이 불러일으킬 효과들, 만인이 알고 있는 사실, 그리고 자기편 혹은 상대편에 관련된 특수한 사항들 역시 놓쳐서는 안 된다. "그는 자리를 뜨면서 나를 쏘아 보았다." 마찬가지로 아이스키네스 역시 크라틸로스가 야유를 보내고, 주먹을 휘두르며 떠났다고 이야기하였다. 이러한 설명은 설득력 있는 것인데, 왜냐하면 우리가 알고 있는 사실들은 우리가 모르고 있는 사실들의 상징에

다름 아니기 때문이다. 이러한 형태의 설명들 대부분이 호메로스에게서 빌어온 것들이다.

"그녀가 말하자, 노파는 두 손으로 얼굴을 가렸다."

이러한 문장을 쓴 까닭은 우리가 흔히 울기 시작할 때면 손으로 두 눈을 가리기 때문이다.

주의할 점

처음부터 단호하게 자신을 소개해야 한다. 그래야만 사람들은 당신을 있는 그대로 바라볼 것이며, 당신의 상대방에게 있어서도 그렇게 할 것이다. 하지만 이 모든 것은 사람들이 알아채지 못하도록 해야 한다. 전령들의 태도에서 그 증거를 찾아내기란 얼마나 쉬운 일인가. 그들이 이야기한 것에서 어떠한 사실도 알아내지 못했다 하더라도, 우리는 그 사실에 대한 어떤 생각은 품을 수 있을 것이다.

서술(부)의 위치

서술(부)이 위치해야 할 여러 대목들이 있다. 하지만 종종 서두에 위치하지는 않는다.

토론적 장르

엄숙한 연설에서는 서술이 가장 덜 드러난다. 그렇기 때문에 미래는 거의 서술되지 않는다. 그렇지만 우리가 서술을 해야 한다면, 청자들이 과거에 있었던 것을 기억하면서 앞으로 일어날 것에 대해서 좀 더 토론을 하기 위해 서술은 과거에 근거해야 할 것이다. 우리가 의혹을 불러일으키거나 찬사를 보내기 위해서 우리는 이야기를 만들어낸다. 하지만 이때 연설가는 조언의 기능을 수행하지는 않는다. 만약 이야기 된 사실들이 믿기 힘든 것들이라면, 그 사실의 원인을 지체 없이 제시하고, 청중들이 원하는 이야기의 배열을 채택해야 한다. 가령 카르시노스가 『오이디푸스』에 등장하는 이오카스테가 자신의 아들을 찾는 사람의 질문에 언제나 대답할 것이라고 약속했던 것이 바로 그 예이다. 또한 소포클레스의 하이몬의 경우도 마찬가지이다.

17장. 확증, 증거

증거의 사용

1) 사법적 장르의 경우

증거들은 증명적 힘을 지녀야 한다. 그런데 여기에는 논쟁에 영향을 미치는 4가지 사항들이 있다. 그렇기 때문에 반대의 관점을 명백하게 드러내기 위해서는 그 증거를 제시해야 한다. 예를 들어 소송에서 어떤 행위가 행해지지 않았다는 것을 주장할 때, 이때 증명은 근본적으로 반대의 관점에 입각해 있어야만 한다. 또한 그 행위가 손해를 입힌 것이 아니라고 주장하고자 한다면, 손실의 규모를 증명해야 한다. 이때 손실이 그렇게 크지 않다고 주장하거나, 행위가 합법적이라고 주장하고자 한다면, 나아가 그게 어쨌든 실제 내용과 관련된 것이라면, 증명의 과정은 필요할 것이다. 하지만 잊지 말아야 할 것은 상대방을 악한 자로 제시하는 것은 사건에 대한 토론에서일 뿐이다. 왜냐하면 적법성에 대한 이의의 경우에서와 마찬가지로 무지는 행위의 원인이 될 수 없기 때문이다. 따라서 그러한 관점을 계속해서 취하면서 주장해야 한다. 이러한 주장은 다른 경우들에 있어서 해서는 안 되는 것이다.

2) 제시적 장르의 경우

제시적 담론에서 행해진 행동이 옳고 유용하다는 사실을 제시하기 위해서는 확장이 가장 큰 부분을 차지하게 된다. 이러한 행위는 신뢰할만한 것이어야 하기 때문에, 만일 행위들이 믿을 수 없는 것들이거나, 행위의 책임 소재가 제3자에게 있을 경우에는 행위에 대한 증거를 얻을 수 없을 것이다.

3) 토론적 장르의 경우

시민들을 대상으로 하는 담론들에서는 제안한 조치들이 일정한 결과들을 갖지 못할 것이라거나, 혹은 그 결과들이 발생하긴 하지만 올바르지도 유용하지도 중요하지도 않을 것이라는 점을 주장할 수 있다. 또한 우리는 상대방이 사안에서 벗어난 거짓 주장을 전개하는지 아닌지를 살펴보아야만 한다. 이를 통해 나머지 부분도 거짓이라는 사실을 알려주는 지표들을 발견할 수 있다.

예증

예증들은 시민들을 대상으로 행해지는 담론 속에서 특별한 지위를 차지하고 있다. 한편 사법적 담론에서는 생략삼단논법이 특별한 지위를 차지한다. 실제로 엄숙한 연설의 예증들은 미래에 영향을 미치기 때문에 반드시 과거에서 이끌어내야만 한다. 반면에 사법적 장르의 예증들은 사건의 현실성과 비현실성과 관련이 깊다. 따라서 예증들에 대한 증명은 사법적 담론에서 더욱 큰 지위를 차지한다. 인과관계 역시 마찬가지이다. 왜냐하면 과거는 인과관계의 특성을 띠기 때문이다.

생략삼단논법

연속해서 생략삼단논법들을 사용해서는 안 된다. 오히려 다른 논증들과 섞어 사용해야만 한다. 그렇지 않으면 생략삼단논법들은 서로 상충된다. 왜냐하면 생략삼단논법은 사용횟수의 한계가 있기 때문이다.

"친구여, 자네는 현자나 말할 수 있을법한 모든 것을 말했기 때문이네…"

그렇다고 현자가 그렇게 말하지는 않았을 것이다. 따라서 모든 문제들에 있어서 생략삼단논법을 추구해서는 안 된다. 그렇지 않다면, 당신들은 몇몇 철학자들처럼 논리적 삼단논법을 이용하여 전제들보다도 더 일반적이고 믿을만한 결론들을 이끌어내는 우를 범하게 될 것이다.

정념

마찬가지로 당신이 정념을 불러일으키고자 한다면, 생략삼단논법을 사용해서는 안 된다. 실제로 생략삼단논법의 사용은 정념을 없애거나, 아무런 소득도 가져오지 않을 것이다. 왜냐하면 이러한 생략삼단논법 사용은 서로 배타적이기 때문이다. 즉 서로를 가리거나, 약화시키는 결과를 초래한다.

도덕적 특징

만일 당신이 담론에 도덕적 특징을 부여하고자 한다면, 생략삼단논법을 동시에 추구해서는 안 된다. 왜냐하면 증명은 도덕적 특징이나 의도를 함축하고 있지 않기 때문이다. 그렇지만 서술과 증거에서는 금언들을 사용할 필요가 있다. 왜냐하면 이러한 금언들은 도덕적 요소이기 때문이다. "누구도 믿지 않아야 한다는 사실을 잘 알면서도 나도 역시 주었습니다."라는 문장에서, 만일 우리가 정념의 효과를 불러일으키고자 한다면 다음과 같이 말해야 할 것이다. "내가 부당한 일을 겪게 될지라도 후회하지 않습니다. 그에게는 결국 이익이 되겠지만, 정당한 일을 했으니까요!"

세 장르의 비교

시민들 앞에서 말하는 것은 법정 앞에서 말하는 것보다 더욱 어렵다. 장엄한 연설은 미래와 관련이 있는 반면, 사법적 담론은 과거와 관련되어 있기 때문에 크레타섬의 에피메니데스가 말했듯 이러한 원리는 당연히 점성술사들의 학문의 대상이 된다. 왜냐하면 점성술사는 자신이 예견한 점술을 응당 있어야 했던 것에 적용하는 것이 아니라, 이미 일어났지만 모호한 채로 남아 있었던 것에 적용시키기 때문이다.

게다가 법률은 사법적 담론의 기반이 된다. 이때 하나의 원칙을 갖게 되면, 더욱 쉽게 증명할 수 있게 된다.

나아가 시민들 앞에서 연설하는 이는 변론가가 자신의 상대방에게 그러하듯 자신의 인격에 대해서 장황하게 늘어놓거나, 자신의 담론을 감동적으로 만들기 위해 이야기를 지체할 틈이 전혀 없다. 반대로 이러한 연설에 가장 적합하지 않은 사람은 비록 그 사람이 청중을 주제에서 벗어나게 하지 않더라도 온갖 종류의 장르를 다루는 사람이다. 따라서 논거가 부족할 경우, 아테네의 웅변가들, 특히 이소크라테스처럼 조언을 하면서 동시에 비난을 해야 할 것이다. 이 소크라테스가 『찬사』에서 스파르타인들에 대해 행했던 비난이나 사회적 분쟁에 관해 언급한 자신의 연설에서 카레스를 비난했던 것이 그 예이다. 제시적 담론에서는 이 소크라테스가 했던 것처럼 일화들을 통해 찬사를 도입해야한다. 그는 항상 자신의 연설에 몇몇 인물들을 소개하고 있다. 이것이 바로 고르기아스가 자신의 담화에는 부족함이 없다고 주장했을 때 말하고자 했던 바이다. 가령 고르기아스가 아킬레우스에 관해서 이야기 한다면, 그는 펠레우스와 아이아코스 그리고 신들에 대해 줄줄이 찬사를 보내기 시작할 것이고, 마찬가지로 이런저런 위업을 달성한 용맹한 자나 온갖 종류의 사람들에 관해서 늘어놓을 것이다.

따라서 이와 같이 우리가 증거들을 가지고 있을 때에는 담론에 도덕적 성격과 증명적 성격 모두를 부여해야만 한다. 만일 우리가 생략삼단논법을 사용하지 않을 경우에는 도덕적 성격에 만족해야 한다. 게다가 교양인에게는 엄격한 논증을 제시하기보다 스스로를 덕이 있는 자로 보여주는 것이 더욱 적합하다.

생략삼단논법에서 논박을 펼치는 사람은 증명을 하는 사람보다도 더욱 높이 평가된다. 왜냐하면 논박이 발생했던 모든 경우에서는 연역이 자리잡고 있다는 사실은 분명하기 때문이다. 실제로 대조되는 항들은 나란히 있을 때 더욱 잘 드러나기 때문이다.

상대방에 대한 논박

상대방에 대한 논박 역시 다른 장르에 속하는 것이 아니라 증거들에 속하는 것이다. 우리는 때로는 소송을 통해, 때로는 논리적 삼단논법을 통해 상대방의 주장을 사법적 장르와 마찬가지로 논박할 수 있다. 사법적 장르만큼이나 토론적 장르에서도 우선 자신의 증거들을 내세워야 하며, 뒤이어 상대의 논거들을 논박하고 먼저 비난해야 한다. 만일 상대방의 논증이 다양한 형식을 띠고 있다면 칼리스트라토스가 메세니아의 의회에서 그러했듯이 우선 반대의 논거를 공격해야 한다. 칼리스트라토스는 자신의 의견과 장차 대립될 이유들을 미리 논박했다. 바로 이때에만 그는 자신의 고유한 주장을 개진한 것이다. 만일 두 번째로 이야기하는 경우, 상대방의 담론에 대답하는 것으로 말을 시작해야 한다. 즉 반대되는 논리 삼단논법을 이용하여 상대방의 논거들을 논박해야 한다. 특히 상대방의 논거들이 높이 평가되고 있을 경우에 더욱 그러하다. 이러한 상황은 실제로 사전에 의심이 있었던 사람에게 마음이 닫혀 있을 경우에도 마찬가지이다. 이러한 경우 그 담론이 환영받지 못함은 당연하다. 만일 상대방이 만족스럽게 말을 한 것으로 보일지라도 환영받지는 못할 것이다. 따라서 청중들 마음속에 앞으로 전개될 담론의 내용을 받아드릴 분위기를 조성해주어야 한다. 첫 번째 담론에 뒤이어 내세울 만한 것이 없을 경우에는 다음과 같은 상황이 벌어지게 될 것이다. 즉 매우 중요한 논거들, 혹은 사람들로부터 높이 평가받고 있는 논거들, 혹은 반박하기 쉬운 논거들 모두를 물리치고 난 이후에야 비로소 자신의 고유한 근거를 납득시킬 수 있을 것이다. 다음의 예를 살펴보자.

> "우선 나는 여신들의 시녀들을 차지할 것이다.
> 왜냐하면 내게 있어서 헤라는…"

이 시구에서 시인은 가장 취약한 점을 공격하고 있다. 증거에 관한 설명은 이상과 같다.

자신의 이름을 걸고 너무 많이 말하지 말라

도덕적 성격과 관련하여 웅변가는 시샘을 불러일으키거나 너무 장황하게 보이거나 모순을 야기하지 않으면서 자기 자신에 대한 구체적인 설명을 제시할 수는 없기 때문에, 그리고 타인에 대해 잘못 말하는 것은 명예를 훼손하거나 무례한 일이기 때문에 다른 사람이 말하게끔 해야 한다. 우리는 이러한 예를 이소크라테스가 『필립』과 『교환에 관하여』라는 담화들 속에서 했던 예에서 찾아볼 수 있다. 또한 아르킬로코스는 자신의 풍자시에서 딸에 관해 말하는 아버지를 등장시키고 있다. "돈 문제에 관해서는 무슨 일이 일어날지 모르니, 어떠한 것도 맹세하지 마라."

소포클레스의 작품들에서도 하이몬은 아버지로부터 아티고네를 변호하기 위해 타인의 말을 인용한다.

생략삼단논법을 금언으로 변화시키기

마찬가지로 생략삼단논법의 형식들을 바꾸어야 하고, 때로는 금언의 형식으로 변화시켜야 한다. 예를 들어 현명한 사람은 운이 따를 때 자산을 잘 운용해야 한다. 왜냐하면 이때에는 매우 큰 이익을 얻을 수 있기 때문이다. 앞의 내용을 생략삼단 논법으로 바꾸면, 다음과 같은 문장이 될 것이다. "만일 계약들이 가장 유용하고 이익이 남을 때 체결되는 것이라면, 계약을 체결하기 위해서는 상당한 재산을 이용해야 한다."가 된다.

18장. 질문과 대답, 그리고 재담들

언제 질문해야 하는가?

첫 번째의 경우

질문의 경우, 질문을 던질 수 있는 좋은 기회는 상대방이 반대의 논제를 제시했을 때이다. 따라서 상대방이 부조리함을 말하게끔 하기 위해서는 단 하나의 질문을 던지는 것만으로도 충분하다. 가령 페리클레스가 람폰에게 '건강'이라는 이름의 아테네 여신 살뤼테르의 수수께끼 입문에 관해 질문을 던졌던 것이 바로 그 예이다. 비입문자들이 여신에 대해 말하는 것은 허락되지 않는다는 람폰의 대답에 대하여 페리클레스는 그가 수수께끼의 답을 알고 있었는지 아닌지를 되물었다. 그러자 람폰은 알고 있다고 대답을 한 후, "그런데 당신은 어떻게 그 답을 알고 있는 것이요? 당신은 입문도 하지 않았잖소?"라는 질문을 던졌던 것이다.

두 번째의 경우

두 번째로는 최초의 관점이 명백하고, 상대방이 자신에게 질문을 던질 사람의 두 번째 관점을 인정할 것이 분명할 때, 질문을 던지게 된다. 실제로 첫 번째 질문을 통해 당신들이 내세운 전제들 중 하나에 관한 정보가 주어진다면, 당신은 하나의 명백한 관점에 관한 두 번째 질문을 던지기 보다는 그에 대한 결론을 언급해야만 한다. 예를 들어 멜레토스에게서 신을 믿지 않는다는 이유로 비난을 받았던 소크라테스는 멜레토스가 다이모니온에 관해 이야기하고 있다는 사실을 알아채고는 그에게 다이모니온이 신이거나 혹은 신적인 어떤 존재들의 자식들은 아니었는지를 질문했다. 그러자 멜레토스는 그렇다고 대답했다. 이에 소크라테스는 "그렇다면 신의 존재를 믿지 않고서 어찌 신의 자식들이 존재한다는 사실을 믿을 수 있겠는가?"라고 반박했다.

세 번째 경우

사람들은 상대방이 모순적이라는 사실 혹은 역설을 옹호하고 있다는 사실을 보여주고자 할 때에도 질문을 던진다.

네 번째 경우

네 번째는 상대방이 오직 궤변적인 답변으로 제기된 질문을 해결하는 경우이다. 왜냐하면 어떤 사태가 그러하기도 하고 그렇지 않기도 하고, 혹은 어떤 경우에는 그 사태가 이러하고, 어떤 경우에는 그렇지 않고, 혹은 어떤 관점에서는 참이고 다른 관점에서는 거짓이라고 대답한다면, 이러한 옹색한 대답은 결국 청중의 항의를 불러일으키게 될 것이기 때문이다.

이러한 경우 이외에는 질문을 뒤섞어서는 안 된다. 왜냐하면 상대방이 제기된 질문에 이의제기를 하게 된다면 그가 이긴 것처럼 보이게 될 것이기 때문이다. 실제로는 청중들의 이해가 미숙하기 때문에 많은 질문을 던지는 것은 가능하지 않다. 마찬가지로 생략삼단논법들을 최대한 간결하게 표현해야만 한다.

어떻게 대답해야 하는가?

우리는 추론을 통해 구분을 지어가면서 모호한 질문들에 답변하되, 지나치게 간략하게 해서는 안 된다. 우리를 모순 속에 가두는 것 같은 질문들의 경우 우리는 상대방이 다시 질문하거나 결론을 내리기 전에 즉각 그 답변에 해결책을 내놓아야 한다. 왜냐하면 그 추론이 어떻게 이루어졌는지를 예상하기란 어렵지 않기 때문이다. 이 점에 관해서, 그리고 그 문제에 관해 제시된 해결책들은 『토피카』에 나온 예들을 참조하자. 결론을 대신해서 하나의 질문이 결론을 이루고 있을 때, 그 이유를 제시해야만 한다. 가령 자신에게 400명으로 이루어진 평의회의 설립을 의회의 다른 의원들과 마찬가지로 결정했는지 여부를 물었던 피잔드로스의 질문에 소포클레스는 그렇다고 대답했다. 그러자 피잔드로스는 "뭣이라! 그 계획에 비열한 속셈이 있다고 생각지 않소?" 라고 말한다. 이에 소포클레스는 "그렇소."라고 답했다. "그러니 당신은 이 비열한 짓을 범했단 말이지요?" 그러자 소포클레스는 "그렇소, 왜냐하면 더 나은 해결책이 없었기 때문이오."라고 대답했다. 또한 감독관에 관해 설명하면서도 이 스파르타인은 동료들의 죽음이 정당한지 여부를 질문 받았을 때처럼, 여전히 긍정의 대답을 했다. 나아가 피잔드로스가 "하지만 당신은 그들과 똑같은 조치를 취하지 않았소?"하고 묻자, 그는 또 다시 "그렇소."라고 대답했다. "그렇다면 당신 또한 죽어 마땅하지 않소!"라고 피잔드로스가 말하자, "아니오, 왜냐하면 다른 사람들은 그렇게 행동하면서 돈을 챙겼지만 나는 그렇지 않았기 때문이오. 오히려 나는 나의 양심에 따라 행동했소."라고 반박했다.

그렇기 때문에 결론이 난 이후에는 더 이상 질문하지 말아야 하며, 질문의 형태로도 끝을 맺지 말아야 한다. 다만 그 진실이 당신에게 전적으로 이익이 될 경우는 예외이다.

재담

재담에 관해서는, 소송에 있어 어떤 유용성이 있는 것처럼 보일 뿐만 아니라, 고르기아스의 옳은 지적에서처럼 상대방의 진지함을 웃음으로 무너뜨리고, 혹은 그 반대로 웃음은 진지함으로 무너뜨려야 하기 때문에, 『시학』의 서론에서 얼마나 많은 종류의 재담들이 있는지를 언급한 바 있다. 이러한 재담들 중 어떤 것들은 자유인의 성격에 적합하며, 다른 것들은 그렇지 못하다. 따라서 당신들은 당신의 인격에 부합하는 것만을 재담에서 취하는데 주의를 기울여야할 것이다. 자유인에게는 익살스러움보다는 아이러니가 더욱 적합하다. 웃음을 통해 아이러니스트들은 자신만의 고유한 즐거움을 추구한다. 반면 익살꾼은 타인의 즐거움을 추구한다.

19장. 결론(부)

결론(부)은 무엇으로 이루어져야 하는가?

연설의 결론(부)은 네 가지 요소들로 구성된다. 첫째, 청중들이 우리에게 호감을 갖게 만들고, 우리의 상대방에 대해서는 나쁜 감정을 갖도록 하는 것. 둘째, 이러한 감정들을 확장시키거나 약화시키는 것. 셋째, 청중에게 정념을 불러일으키는 것. 넷째, 본론의 요점을 요약, 열거하는 것이다. 따라서 실제로 자연스러운 순서는 우선 우리가 믿을만한 사람이고, 상대방은 거짓말쟁이라는 사실을 보여준 뒤, 찬사와 비난을 배치하고, 끝에서 마지막 손질을 보는 것이다.

특징

다음의 두 가지 목적들 중 하나를 목표로 삼아야 한다. 즉 청중의 관점에서 우리가 좋은 사람이라는 것을 보여주거나, 우리가 전적으로 선한 사람들이라는 점을 보여주는 것이 그 하나이고, 다른 하나는 역시 청중의 입장에서 상대방이 나쁜 사람이거나 전적으로 악한 사람이라는 점을 보여주는데 있다. 이러한 효과들을 내기 위해 사용해야 할 방법들에 관해서 우리는 어떤 사람들을 정직하거나 부정직한 사람으로 보이게끔 하는 논거들의 공론을 나열한 바 있다.

확장과 과소평가

이러한 증명들이 행해진 이후, 뒤따르는 것은 주제의 본질에 따라 과장하거나 폄하는 것이다. 만일 우리가 이 주제의 중요성에 관해 말하고자 한다면, 증명된 사실들에 동의해야 하기 때문이다. 사실상 신체의 성장은 이미 존재하고 있는 상태들에서만 비롯되는 법이다. 확장과 과소평가해야 하는 '공론들'에 관해서는 이미 앞서 언급한 바 있다.

정념

이어서 우리가 정념의 질과 양에 대해서 잘 보여주게 될 때, 청중을 정념들로 이끌어야 할 것이다. 그 정념들이란 연민, 분개, 분노, 증오, 갈망, 경쟁심, 반박정신 등인 것이다. 이러한 정념들에 대한 '공론'은 앞서 열거되었다.

결론에서 본론을 요약, 열거하는 기법

따라서 이전에 이야기 되었던 것을 기억을 통해 약술하는 것만이 남게 된다. 몇몇 사람들이 머리말에서 진행시키라고 추천하는 것처럼 하는 것이 적합할 것이다. 그렇지만 그것은 잘못된 것이다. 왜냐하면 청중을 잘 이해시키기 위해서 그들은 동일한 논거들을 종종 반복하라고 조언하기 때문이다. 서론부분에서 원인을 설명해야 한다. 왜냐하면 청중들이 그들이 말해야만 하는 것을 몰라서는 안 되기 때문이다. 결론부분에서는 증명에 사용되었던 논거들을 요약해야 할 것이다. 따라서 첫 번째 논점은 모든 약속을 지켰다는 것을 말하는 것이다. 그러므로 어떤 이유들을 통해서 정립시켰는지를 말해야 한다. 이러한 요약은 상대방의 논증과의 비교로부터 이루어진다. 이러한 대조는 양측이 동일한 관점에 관하여 말했던 모든 것을 대조시키거나, 혹은 이유들을 대립시키지 않으면서 이루어진다. "내 상대방은 그 주제와 관하여 그렇게 이야기 했다. 하지만 나는 이러한 이유들 때문에 이렇게 이야기 했다."혹은 우리는 아이러니를 통하여 이러한 대조를 진행할 수도 있다. 예를 들면, "내 상대방은 그렇게 이야기 했고, 나는 이렇게 이야기했다. 만일 내 상대방이 그것 대신에 이것을 증명했다면 어떻게 되었을까?" 혹은 의문문을 통해서 대조를 진행할 수도 있다. "무엇이 증명되지 않았는가?" 혹은 "내 상대방은 무엇을 증명하였는가?" 이러한 비교는 다음과 같은 방식으로 이루어진다. 이유들을 서로 대립시키거나, 혹은 자연적인 순서에 따라, 그들이 설명했던 그 고유한 논거들을 취함으로써, 혹은 예외적인 상대방의 논거들을 따로 취함으로써 비교가 이루어진다.

담론의 마지막 부분에는 접속사가 생략된 문장이 적합하다. 그 이유는 새로운 담론을 부연해 설명하기 위한 것이 아니라, 결론을 위한 것이기 때문이다. 즉 "나는 말했다. 당신들은 이해했다. 당신들은 질문을 가지고 있다. 판단해 보시오."와 같은 말이다.

시학

ANAGNORISIS

RHETORIC&POETICS

ARISTOTELES

1장. 모방으로 이루어진 시

시학의 대상

우리는 여기서 시학의 대상인 시 창작 기술 그 자체에 관해 언급하는 동시에 그 종류와 적합한 효과, 시를 잘 짓고 싶을 때 필요한 스토리를 짜는 방법을 다룰 것이다. 게다가 이와 유사한 연구나 조사와 관련된 다른 모든 주제처럼 시를 구성하는 요소들의 수와 본질에 관해서도 살펴볼 것이다. 그러면 우선 자연의 이치에 따라 가장 먼저 등장하는 기본적인 것부터 논의해 보자.

모방으로 구성된 시. 모방하는 방법: 모방의 세 가지 차이

서사시와 비극 시는 희극 쓰기, 디오니소스 찬가인 디튀람보스 짓기, 피리 연주와 키타라 연주 기술 등과 마찬가지로 대부분 모방들의 보편적 방식이다. 하지만 서사시와 비극 시는 세 가지 방식에서 서로 차이가 있다. 그것들은 서로 다른 수단으로 모방하거나, 다른 대상을 모방하거나, 같은 방식이 아닌 다른 방식으로 모방한다.

목소리로 모방을 하는 이들이 있듯이, 색채와 이미지를 낳는 사물의 형상으로 모방을 하는 사람(예술의 도움으로 모방하거나 습관에 따라 모방하는 이)들이 있기 때문에 앞서 인용한 여러 예술에서와 마찬가지로 모든 이는 리듬, 언어, 멜로디(선율)를 결합해 모방을 실현하기도 하고, 혹은 각각 따로 실현하기도 한다. 예를 들어 피리 연주, 키타라 연주, 유사한 고유의 효과를 내는 다른 예술은 목동의 피리 연주와 마찬가지로 멜로디와 리듬만을 사용하면서 모방한다. 무용은 멜로디 없이 리듬의 도움으로 모방한다. 왜냐하면 무용수들은 무용의 형상이 표현하는 리듬만의 도움을 받아 성격, 정념, 행동을 모방하기 때문이다.

모방 방식에 따른 여러 종류의 시

리듬 없이 언어만으로 모방하는 예술의 경우, 언어는 산문이나 운문에서 나타나며, 운문의 경우에는 서로 다르게 뒤섞인 운문이 사용되기도 하고, 혹은 동일한 운문이 사용되기도 한다. 하지만 그러한 것들은 오늘날까지 아무런 고유 명칭도 붙여지지 않은 채 남아 있다. 실제로 소프로노스와 크세나르코스의 소극(mimos), 소크라테스의 대화에 동시에 적용될 수 있는 공통된 명칭은 없으며, 단장 3절 운율, 애가 운율, 그 밖의 여러 다른 종류의 운문에서 만들 수 있는 모방에서도 공통 명칭은 없다. 운문의 이름에 시라는 낱말을 갖다 붙여 애가 시인이나 서사 시인이라고 부르고, 그들을 시인이라고 명명하는 것은 모방 때문이 아니라 같은 운율을 사용한다는 사실 때문이다.

실제로 운율을 이용해 의학이나 자연학의 주제를 설명하는 사람을 관례적으로 시인이라고 불렀다. 하지만 호메로스와 엠페도클레스에게서 운율을 사용했다는 점을 제외하고는 어떤 공통점도 찾아볼 수 없다. 따라서 호메로스를 시인이라 부르고, 엠페도클레스를 시인이라기

보다는 자연주의자라고 부르는 것은 당연하다. 동시에 카이레몬이 모든 종류의 운문을 혼합한 랍소디아《켄타우로스》에서 했던 것처럼 모든 운율을 섞어 모방의 작품을 완성했을 경우 그에게 시인의 명칭을 부여해야 할 것이다.

그러므로 소재에 관해 구별해야 하는 것이 바로 그런 것이다. 앞서 언급한 리듬, 노래, 운율 등의 수단을 사용하는 예술이 있는데, 그것은 마치 디오니소스를 찬미하는 디튀람보스의 시, 송가(nomos), 비극, 희극 등에서 나타나는 예술과 같다. 이러한 예술은 어떤 것은 앞서 언급한 세 가지 수단, 즉 리듬, 노래, 운율을 동시에 사용하고, 또 다른 것은 수단을 하나씩 번갈아 가며 사용한다는 점에서 차이가 있다.

이상에서 언급한 내용은 모방의 수단에 따라 예술에서 정해지는 차이에 관한 것이다.

2장. 모방 대상에 따른 여러 종류의 시

시학의 대상

모방하는 인간이 행동하는 인간을 나타내는 것처럼, 행동하는 인간은 필연적으로 유능한 사람들 또는 무능한 사람들 가운데 하나이다. 인간의 성격은 거의 언제나 이러한 두 종류만으로 귀결되며, 악한 이와 선한 이는 모든 이들에게 있어 성격의 차이를 만든다. 화가들이 그러하듯이 행동하는 인간은 평범한 일반인보다 더 좋거나, 더 나쁘거나, 비슷한 수준의 인간을 묘사한다. 예를 들어, 폴리그노토스는 더 아름다운 인간을, 파우손은 덜 아름다운 인간을, 디오니시오스는 일반인과 비슷한 실제로 존재하는 그대로의 인간을 그렸다. 이미 언급한 각각의 모방도 역시 그러한 차이를 보일 것이기 때문에 그 각각은 또 다른 유형의 모방이 될 것임이 분명하다. 이러한 모방은 앞서 언급했던 방식으로 상이한 대상을 모방할 것이기 때문이다.

이러한 차이는 무용, 피리 연주, 키타라 연주에서 만나 볼 수 있으며 산문 또는 음악이 없는 운문에서도 나타난다. 예를 들어, 호메로스는 실재보다 우등한 인물을, 클레오폰은 실재와 비슷한 평범한 인물을, 최초의 패로디 작가인 타소스의 헤게몬과 『데일리아다』의 저자 니코 카레스는 실재보다 열등한 인물을 각각 모방했다. 디오니소스 찬가와 송가의 경우는 티모테오스와 필록세노스가 『키클롭스』에서 보여 주었던 것과 같은 방식으로 인물을 모방할 수 있을 것이다. 비극과 희극의 구별은 바로 그러한 차이에서 비롯되는데, 희극은 실재보다 열등한 인간을, 비극은 실재보다 우등한 인간을 모방하기 때문이다.

3장. 모방 방식에 따른 여러 종류의 시

예술에서 각 대상을 모방하는 방식과 관련한 세 번째 차이는 여전히 존재한다. 왜냐하면 같은 수단으로 같은 대상을 모방할 때 시인은 직접 말을 하거나, 호메로스의 경우처럼 다른 이의 입을 통해서, 인격을 잘 유지하면서 모방할 수 있다. 또한 모든 등장인물을 활동가로 혹은 행동하는 존재로 내세우면서 모방할 수 있다.

모방하는 방식

앞서 말한 바와 같이 모방의 세 가지 차이로는 수단에 관한 차이, 모방의 대상에 관한 차이, 모방의 방식에 관한 차이 등이 있다. 따라서 어떤 의미에서 소포클레스에서의 모방의 차이는 호메로스의 그것과 동일한 유형의 모방자 모습을 볼 수 있다. 왜냐하면 이 둘은 고상한 성격을 가진 등장인물을 모방하기 때문이다. 다른 관점에서 보면 소포클레스는 아리스토파네스와도 같은 유형의 모방자라고 할 수 있다. 왜냐하면 이 둘도 역시 행동하는 등장인물, 극적 등장인물을 모방하기 때문이다.

'극(劇)'과 '희극'이라는 말

몇몇 사람의 말에 따르면 비극과 희극을 '극(劇)'이라고 부르게 된 이유는 행동하는 등장인물을 모방했기 때문이다. 도리아인이 비극과 희극을 자신들이 구상한 것이라고 강력하게 주장하는 것도 이러한 이유에서이다. 희극이란 말은 그리스의 민주정치 시대에 사는 메갈리아인에 의해 생겨났다고 주장하고, 시켈리아 섬에 이주해 사는 메갈리아인은 키오니데스나 마그네스보다 오래전부터 그곳에 살고 있었던 매혹적인 시인 에피카르모스가 희극을 만들었다고 주장한다. 비극은 펠로폰네소스의 도리아인들에 의해 만들어졌다고 주장한다. 도리아인들은 사용된 용어의 근거로 상황 증거를 활용한다. 그들은 근거로 도시의 근처에 있는 작은 마을을 '코메(kome)'라는 명칭으로 정하는 데 반해, 아테네인들은 그것을 '데메스(dèmes)'라고 한다는 것이다. 그리고 희극배우는 자신의 이름을 '축제를 벌이다'라는 의미인 '코마제인(Komazein)'에서 생겨난 것이 아니라, 도시로부터 멸시를 당해 밀려나 여기저기 장소를 옮겨 공연했던 사실에서 유래했다고 주장한다. 또한, 도리아인은 행동을 의미하기 위해 드라마의 유사어인 '드란(dran)'의 낱말을 사용한 반면에, 아테네인들은 '프라데인(prattein)'이라는 낱말을 사용했다고 주장한다.

지금까지 우리는 모방에 존재하는 차이의 수와 본질에 관해 살펴보았다.

4장. 시의 형성 과정

시의 기원과 탄생

시의 기원은 두 개의 타고난 원인에서 유래하는 것처럼 보인다. 첫 번째 원인인 모방의 성향은 인간에게는 천부적이기에 유년 시절부터 나타난다. 인간은 모방의 소질을 갖고 있다는 의미에서 동물과는 다르고, 인간의 첫 번째 지식 습득은 바로 그러한 모방의 도움으로 이루어진다. 두 번째 원인은 인간은 모방하는 데에서 기쁨을 느낀다는 점이다.

그러한 징후는 실생활에서 자주 일어난다. 생물의 실물이 매우 흉해 보이더라도 가장 정확하게 형상화된 생물의 이미지는 감탄하면서 바라보고 싶어 한다. 예를 들어, 가장 비천한 동물과 시체의 형체에서가 그러하다.

게다가 무언가를 배운다는 것은 철학자뿐만 아니라, 다른 모든 이에게도 똑같이 기분 좋은 일이라는 이유도 있다. 그러나 다른 사람은 철학자와는 다르게 매우 적은 부담만을 지고 있을 뿐이다. 우리는 이미지를 보고 좋아한다. 왜냐하면 그것을 보면서 배우기 때문이고, 각 사물이 나타내는 것, 예를 들면 '이 모습이 바로 막연했던 그것이었네'를 추론하기 때문이다. 만약 그 사물을 전에 한 번도 본 적이 없는 경우, 그것은 모방의 대상이 아니라 제작, 색깔 또는 이와 유사한 종류의 원인으로 인해 기쁨을 느낀다.

모방의 본능은 인간에게 타고난 것이며, 멜로디와 리듬 또한 그러하기에(왜냐하면 운율은 리듬의 일부이기 때문이다) 본능의 관점에서 가장 훌륭한 재능을 부여받은 사람이 조금씩 발전시켰으며, 그의 즉흥적 창작으로부터 시가 탄생했다.

시의 역사: 호메로스

시는 시인의 고유한 성격에 따라 구분된다. 고상한 정신을 가진 시인은 아름다운 행동과 유능한 사람의 행동을 모방했다. 저속한 시인은 비천한 사람의 행동을 모방했다. 고상한 시인이 찬가와 송사를 썼듯이, 저속한 시인은 주로 비난조의 풍자시를 썼다.

호메로스 이전의 시인이 쓴 그러한 비난조의 풍자시를 한 편도 인용할 수는 없지만 많은 시인이 쓴 것으로 보인다. 호메로스 이후부터는 그러한 시를 인용할 수가 있는데, 예를 들면 그가 쓴 풍자시 『마르기테스』가 있고, 다른 시인들이 주제에 잘 맞춰 쓴 유사한 시들이 있다. 이러한 시에는 단장격이라 불리는 운율이 사용되었는데, 이것은 오늘날 '이암베이온(iambeion)'이라는 이름을 갖고 있다. 왜냐하면 이 시의 운율을 풍자, 농담을 서로 주고받는 데 사용했기 때문이다. 그래서 옛 시인들 가운데 일부는 영웅시의 운율로, 일부는 단장격 시의 운율로 썼다.

호메로스는 고상한 장르에서도 탁월했고(실제로 그는 뛰어난 작품뿐만 아니라, 극적 모방을 구성하는 유일한 작가였다), 동시에 최초로 희극의 밑그림을 보여 주었다. 그는 비난조의 풍자시를 쓰지 않고, 우스꽝스러운 것을 극적 모방으로 만들었다. 왜냐하면 그의 익살스러운 풍자시 『마르기테스』가 희극인 것은 『일리아드』와 『오딧세이』가 비극인 것과 같은 관계이기 때문이다.

비극과 희극이 등장한 후 시인은 자신의 고유한 본성에 따라 두 장르 가운데 하나를 선택했다. 일부 시인들은 단장격 시 작가 대신에 희극 작가가 되었고, 일부 다른 시인들은 서사시 작가 대신에 비극 작가가 되었다. 왜냐하면 후자의 두 문학 형식인 희극이나 비극이 전자의 문학 형식인 단장격과 서사적 문학 형식보다 더욱 중요하고 인정을 받았기 때문이다. 비극의 구성 요소가 충분히 발전 단계에 이르렀는지 아닌지를 비극 자체로 판정하거나 연극 공연과 관련해 검토하는 것은 또 다른 문제다.

비극의 기원: 단장격의 3보격

비극은 즉흥시에서 처음 탄생한다. 희극도 비극과 마찬가지다. 비극은 디오니소스 찬가(디튀람보스)의 작가까지 거슬러 올라가며, 희극은 오늘날에도 여전히 많은 도시에서 높게 평가받는 디오니소스적 축제 노래인 남근 노래(찬가)의 작가에서 시작된다. 비극은 분명히 비극에 속한 고유한 모든 것을 발전시켰기 때문에 조금씩 확장되었고, 이후 여러 차례 변화를 거쳐 자신의 본래 모습을 갖게 되면서 정착되었다.

아이스킬로스는 처음으로 배우의 수를 한 명에서 두 명으로 늘렸고, 합창의 중요성을 줄이는 대신 대화의 역할을 우선시했다. 소포클레스는 배우의 수를 세 명까지 늘렸으며, 무대 장치를 생생하게 표현했다. 심지어 비극은 사티로스극에 기원을 둔 짧은 스토리와 유쾌한 말투(언어)의 사용을 버리고 극의 크기, 즉 길이와 규모를 넓혀 나갔고 이후에는 장엄함도 갖추게 되었다.

운율에 있어서도 장단격의 3보격이 장단격의 4보격 운율을 대신했다. 처음에는 장단격의 4보격 운율을 사용했다. 왜냐하면 그 당시 시는 사티로스적이었고 무용과 밀접했기 때문이다. 그러나 대화의 어조가 도입된 이후, 자연 그 자체는 가장 적합한 운율을 떠오르게 했다. 왜냐하면 모든 운율에서 장단격의 3보격은 대화의 어조에 가장 적합한 운율이기 때문이다. 그 증거는 대화할 때 6각시 운율보다는 장단격의 3보격이 주로 사용되었으며, 6각시 운율은 대화의 어조에서 벗어날 때에만 사용했다는 사실에서 알 수 있다. 게다가 삽화(episode)의 수는 여전히 많이 존재했으며, 미화하기 위한 윤색들 또한 있었다. 하지만 그것들을 여기서 하나하나 검토하는 것은 오랜 시간이 필요한 작업이기 때문에 다루지 않을 것이다.

5장. 희극의 정의

첫 번째 발전 과정

제2장에서 언급했듯이 희극은 정신적으로 열등한 사람을 모방하는 것으로서 악행들에서가 아니라 우스꽝스러운 영역에서 일어난다. 우스꽝스러운 것은 추한 것의 일부이다. 우스꽝스러운 것은 고통이 없고, 손해도 끼치지 않는 결함이자 추함이기 때문이다. 그래서 희극 배우의 가면은 고통의 표현을 나타내지는 않지만 추하고 흉하게 생겼다.

그런데 비극의 연속적 변형과 그것의 창조자는 익히 알려져 있지만, 초창기 작품에서의 희극은 우리의 기억에 남아 있지 않다. 희극이 처음에는 인기가 거의 없었기 때문이다. 집정관이 희극 시인에게 합창대를 제공한 것은 아주 나중 일이었다. 그 전의 희극 시인들은 자비를 부담하는 자원봉사자였다. 희극작가라고 부르는 시인의 기억을 간직하는 것은 희극이 구체적으로 형성되고 난 뒤부터이다. 누가 희극에 가면, 도입부, 배우의 수와 이러한 장르의 세부 묘사들을 가져다주었는지에 관한 사실은 모른다. 하지만 희극의 스토리를 창작하는 구상은 에피카르모스와 포르미스를 거슬러 올라간다. 그러한 구상은 시켈리아에서 유래한 것으로서 아테네의 시인들 중에서 크라테스가 처음으로 단장격의 형식을 버리고, 보편적 주제를 다루는 스토리를 제작했다.

비극과 서사시의 비교

서사시는 운율을 사용하고 고결한 가치를 갖춘 이의 도움을 받아 모방한다는 점에서는 비극과 나란히 가지만, 단조로운 하나의 운율을 사용하며 하나의 짧은 이야기(recit)라는 점에서 비극과 다르다. 게다가 서사시와 비극은 시간적 기간에서도 차이가 있다. 비극은 가능한 한 태양의 1회 공전주기(하루) 내의 시간 또는 조금이라도 그 시간을 넘지 않는 선에서 해결하려고 애쓰는 데에 반해, 서사시는 시간적으로 제한이 없다. 하지만 초기에 시인들은 서사시에서나 비극에서나 시간을 제한 없이 사용했다.

구성 요소에서도 어떤 요소는 서사시와 비극에 공통적으로 같지만, 다른 어떤 것은 비극에만 고유한 것으로 남아 있다. 그래서 좋은 비극과 나쁜 비극을 구별할 수 있는 사람은 서사시에서도 구별을 할 수 있다. 서사시가 갖고 있는 요소들은 비극에 모두 있기 때문이다. 그런데 비극에 있는 요소들이 서사시에 다 있는 것은 아니다.

6장. 비극의 정의

6각시에서의 모방 기술과 희극에 관해서는 24장~26장에서 다시 언급하기로 하고 여기서는 비극의 본질에 관한 정의에서부터 비극을 살펴보기로 하자. 비극은 일정 규모의 범위를 가진 고결하고 완벽한 행동을 모방하는 것이며, 여러 요소에 따라 독특한 종류의 자극적 언어를 사용한다. 비극에서의 모방은 스토리의 형식을 이용하는 것이 아니라, 행동하는 등장인물에 의해 만들어지는 것이며 연민과 두려움을 불러일으키면서 비슷한 감정에 적절한 카타르시스를 수행한다. 리듬, 멜로디, 노래를 가진 언어를 '흥을 돋우어 주는 격조 있는 언어'라 부르고, '독특한 종류의 자극적인 것'은 어떤 부분은 운율만의 도움으로 실현되고, 어떤 부분은 노래의 도움으로 실현되는 것으로 이해한다.

비극의 여섯 가지 구성 요소

모방하는 주체는 바로 행동하는 등장인물이기 때문에 반드시 공연의 공간 구성을 비극의 일부로 간주해야 할 것이다. 게다가 노래와 표현(법)도 그러하다. 왜냐하면 그것들은 모두 모방하기 위해 사용되는 수단이 되기 때문이다. '표현(법)'은 시구의 조합만을 가리키며, '노래'에 있어 낱말은 매우 분명한 의미를 갖는다. 다른 한편 비극은 행동의 모방과 관련되어 있으며, 행동은 행동하는 등장인물을 필요로 한다. 행동하는 사람은 반드시 이런저런 서로 다른 성격과 사상을 가진 자이기에 행동들, 즉 사상과 성격을 결정하는 두 개의 자연적 원인이 존재하는 것이다. 항상 우리를 성공하게 하거나 실패하게 하는 것도 바로 그러한 두 행동에 의해서다. 행동의 모방은 바로 스토리다. 왜냐하면, 여기서 수행된 행동의 결합을 '스토리'라고 하고, 이런저런 특성을 갖고 행동하는 등장인물을 말하게 해 주는 것을 '성격'이라 부르기 때문이며, 어떤 것을 보여 주고 또는 결정한 것을 표명하도록 등장인물을 말하게 하는 모든 것을 '사상'으로 이해하기 때문이다.

그러므로 모든 비극에는 이런저런 비극을 만드는 여섯 개의 요소, 즉 스토리, 성격, 표현(법), 사상, 공연 연출, 노래 등이 반드시 존재한다. 이들 중 모방의 수단은 두 요소, 모방의 방식은 한 요소, 모방의 대상은 세 요소를 구성하고 있으며 그 외에는 아무것도 없다. 시인은 이러한 구성 요소들을 사용한다. 왜냐하면, 모든 비극은 무대장치, 성격, 스토리, 표현(법), 노래, 사상 등을 똑같이 포함하고 있기 때문이다.

(1) 행동과 스토리

이 여섯 가지 요소 중 가장 중요한 것은 수행한 행동의 결합, 즉 스토리다. 왜냐하면 비극은 인간을 모방하는 것이 아니라, 그의 행동과 삶을 모방하는 것이기 때문이며, 행복과 불행은 행동에 있는 것이고 삶의 목적은 어떤 행동을 실행하는 방식이지, 존재하는 방식이 아니기 때문이다. 인간의 성품이 이러한지 저러한지는 성격에 따라 나타나고, 인간이 행복한지 불행한지는 행동에 달려 있다. 그러므로 등장인물은 자신의 성격을 모방하기 위해 행동하는 것이 아니라, 자신의 성격과 행동을 충분히 고려해 받아들이는 것이다. 그래서 행동과 스토리는 비극의 목적이며, 이러한 목적은 그 모든 것 중에서 가장 중요한 것이다.

게다가 행동 없는 비극은 존재할 수 없지만, 성격 없는 비극은 존재할 수 있다. 실제로 거의 모든 작가의 비극에는 성격이 없으며, 그러한 현상은 일반적으로 많은 시인들의 경우에서 볼 수 있는데, 특히 여러 화가 가운데 폴리그노토스에 대한 제욱시스의 경우에게서 나타난다. 왜냐하면 폴리그노토스는 훌륭한 성격을 나타내는 화가인 데 반해, 제욱시스의 그림은 아무런 정신적 특징을 갖고 있지 않기 때문이다.

또한 시인이 성격을 반영하는 독백을 계속해서 강조하고, 독백이 표현(법)과 사상의 관계하에서 아주 성공적으로 이루어진다 해도, 비극의 고유한 활동을 실현하지는 못할 것이다. 하지만 이러한 관계에 있는 하위의 비극으로 행동의 결합, 즉 스토리를 갖춘 비극의 고유한 활동을 훨씬 더 잘 실현할 수 있을 것이다. 비극에서 관객의 마음을 얻기 위한 즐거움의 주요 원천은 사건의 급전과 재인(再認)인데, 이것들은 스토리를 구성하는 요소에 해당한다.

또 다른 지표는 거의 모든 옛 시인의 경우에서 볼 수 있는 현상인데 시에 처음 등단하는 시인은 행동을 결합할 수 있기 이전에 표현(법)과 성격에서 올바른 진리에 도달할 수 있다는 점이다.

따라서 스토리는 비극의 영혼과 같이 중요한 첫 번째 요소가 되고, 성격은 두 번째로 중요하다. 실제로 회화에서도 거의 비슷하게 나타나는데, 가장 예쁜 색깔로 무질서하게 칠한 것은 이미지를 개괄적으로 그린 것보다 덜 매혹적이다. 비극은 행동의 모방이고, 비극이 행동하는 사람을 모방하는 것은 무엇보다도 행동을 고려해서이다.

(2) 사상

세 번째로 중요한 요소는 사상이다. 사상은 상황, 즉 적절한 언어가 함축하고 있는 언어를 찾아내는 능력으로 이루어져 있는데, 이 능력은 담론에서 정치학과 수사학의 활동이 된다. 실제로 옛 시인이 등장인물에게 시민의 삶이 담긴 언어를 제공했다면, 요즘의 시인은 등장인물을 수사학자와 같이 말할 수 있게 한다.

(3) 성격

성격은 행동의 중요한 가치 노선을 나타나게 하거나, 의심스러운 경우에는 되도록이면 채택하거나 회피하는 해결책을 제시하는 것이다. 말하는 사람에 의해 어떤 것이 채택되거나 기피된 것인지를 알지 못하는 말투에서는 성격 또한 존재하지 않는다. 그런데 그러한 일의 존재 여부를 증명하거나 일반적인 생각을 규정하는 곳에 사상이 있다.

(4) 표현(법)

여러 언어의 내재적 요소들 중 네 번째 것은 표현(법)이다. 이것은 앞서 언급한 것처럼 언어 표현으로 사상을 번역하는 것이다. 이러한 네 번째 요소는 운문의 작품에서나 산문의 작품에서나 동일한 특성을 가진다.

(5) 노래와 공연

또 다른 구성 요소들 중에서 노래는 흥취를 돋우어 준다는 점에서 가장 중요한 것이다. 공연은 본래 대중을 유혹하기는 하지만 예술에서는 낯선 것이며, 시학에서는 덜 적절한 것이다. 왜냐하면 비극의 역량은 경연이나 배우가 없이도 지속되는 것이며, 게다가 연출에 있어서 무대장치를 떠맡은 사람의 기술이 시인의 기술보다 더욱 중요하기 때문이다.

7장. 행동의 크기

비극의 구성 요소들에 이어 이제는 행동들이 어떻게 구성되어야 하는지를 살펴보도록 하자. 이것이 비극의 첫 번째 논점이며 가장 중요한 요소이기 때문이다.

우리는 비극이 완전하고 흠 없는 행동의 모방이며 어떤 일정한 크기를 가진 것으로 보았다. 왜냐하면 완전한 것이 아무런 크기를 갖지 못한 전체도 있기 때문이다. 완전한 전체는 시작, 중간, 끝을 갖고 있다. 시작은 본래 다른 것을 뒤따르지 않고, 본질적으로 그 뒤에 다른 것이 있거나 생겨나는 것이다. 반대로 끝은 본질적으로 다른 것을 뒤따르고, 그다음에는 아무것도 없는 것이다. 중간은 본래 다른 것을 뒤따르고, 그다음에 어떤 것이 이어지는 것이다.

그러므로 스토리를 잘 짜려면 아무 곳에서 시작하거나 끝을 맺으면 안 되고, 위에서 언급한 원칙에 따라야만 한다.

또한 잘생긴 동물과 아름다운 요소로 구성된 것은 어떤 질서뿐만 아니라, 어떤 크기를 전제로 한다. 왜냐하면 아름다움은 크기와 질서에 있기 때문이다. 그렇기 때문에 잘생긴 동물은 지나치게 작거나(왜냐하면 시각이 거의 감지되지 않은 순간만 지속될 때는 분명하지 않기 때문이다), 클 수가 없다(왜냐하면 사람들은 그 대상을 한눈에 볼 수 없기 때문이고, 그 반대로 통일성과 전체성이 관객의 시야에서 벗어나기 때문이다. 예를 들어 수천 미터의 운동장 길이를 가진 동물을 상상해 보라). 그렇기 때문에 신체와 동물들을 한눈에 볼 수 있게 하기 위해서는 일정한 크기가 필요하듯이, 스토리도 쉽게 파악할 수 있도록 일정한 길이가 필요하다.

연극 경연과 관객의 지각 능력을 고려해 정한 시간적 길이의 제한은 작시 기술(법)의 영역이 아니다. 왜냐하면 만일 백 편의 비극들을 상연해야 한다면, 가끔 예전에는 그랬다고 말하듯이 물시계로 시간을 측정했어야만 할 것이다. 하지만 반대로 사물의 본질 자체와 조화롭게 일치하는 제한에 관해 말한다면 다음과 같다. 전체를 잘 파악할 수 있는 범위 내에서는 스토리의 시간적 길이가 길면 길수록 규모의 폭넓음이 주는 아름다움은 더욱 커진다. 그래서 시간적 길이는 사실임 직함(vraisemblance)과 필요성에 의거해 연속적으로 이어지는 일련의 사태에서 불행의 주인공에서 행복의 주인공으로 또는 행복의 주인공에서 불행의 주인공으로 이행시키는데, 그러한 시간의 길이는 스토리의 제한을 충분히 만들어 낸다.

8장. 행동의 일치

호메로스의 예

스토리는 몇 사람이 생각하듯이 한 명의 주인공만 있기 때문에 일치를 이루는 것은 아니다. 왜냐하면 한 사람의 삶이 많은 사건, 일치를 이룰 수 없는 무한한 양의 사건을 포함하고 있기 때문이다. 마찬가지로 동일한 사람이 일치된 하나의 유일한 행동만을 구성하지 않으며 여러 많은 행동을 실행한다. 『헤라클레스』나 『테세우스』 그리고 비슷한 다른 시를 창작한 시인들은 모두 잘못 생각한 것처럼 보인다. 왜냐하면 그들은 헤라클레스와 같이 한 명의 주인공만 있다는 생각에서 스토리도 당연히 하나일 것이라고 믿었기 때문이다.

하지만 호메로스는 다른 분야에서도 뛰어나지만 작시 기술(법)에 관한 그의 지식이나 타고난 그의 재능 덕택에 이 점에 관해서는 잘 이해하고 정확하게 보았던 것 같다. 그는 『오디세이아』를 쓰면서 오디세우스의 삶에서 일어났던 모든 사건을 언급하지 않았다. 예를 들어 오디세우스가 파르나소스 산에서 부상당한 일이나, 그리스인의 원정군 소집에서 정신착란을 가장한 사건들 중 그는 어떤 사건도 언급하지 않았고, 필연적이고 사실에 가까운 사건도 다루지 않았다. 하지만 앞에서 이해한 바와 같이 그는 하나의 일치된 행동으로 『오디세이아』를 썼으며 마찬가지로 『일리아스』도 창작했다.

따라서 다른 모방의 기법들처럼 모방의 일치는 대상의 일치에 기인해야 한다. 그것은 스토리에서도 마찬가지다. 왜냐하면 스토리는 행동의 모방이고, 이러한 행동은 하나의 행동이거나 전체의 행동이어야 하기 때문이다. 또한 행동의 요소들 중에 하나를 뒤바꾸어 놓거나 삭제하게 되면 전체가 흔들리거나 뒤엎어져야만 한다. 왜냐하면 이렇다 할 특별한 결과 없이 더 첨가되거나 제외되는 것은 전체의 일부를 이루지 않기 때문이다.

9장. 시와 역사의 비교

시인과 역사가의 차이

그런데 앞서 말한 바에 따르면 시인의 고유한 작품은 실제로 일어난 것이 아니라, 일어날 수 있는 것을 말하는 것이라는 점은 분명하다. 사건은 사실임 직함과 필연성에 따라 일어날 수 있다. 실제로 역사가와 시인의 차이는 운문으로 이야기하느냐, 산문으로 이야기하느냐에 의해서가 아니라(헤로도토스의 작품은 운문으로 쓸 수도 있지만, 그 작품은 산문보다는 여전히 운문으로 된 역사임에 틀림없다), 오히려 역사가는 일어난 사건을 말하고, 시인은 일어날 수 있는 사건을 말한다는 점에서 차이가 있다. 그러므로 시는 역사보다는 더 철학적이고 더 고상한 특징을 갖는다. 왜냐하면 시는 비교적 보편적인 것을 말하고, 역사는 개별적인 것을 말하기 때문이다. 보편적인 것은 이런저런 부류의 사람이 진실임 직하게 혹은 필연적으로 이런저런 것을 말하거나 행하는 것을 의미한다. 시는 등장인물에 고유의 이름을 부여하면서도 시가 목표로 하는 것은 바로 그러한 재현(representation)이다. 한편 개별적인 것은 알키비아데스가 행한 것 또는 그에게 일어난 것을 의미한다.

희극과 비극으로의 적용

희극에 있어서 그 적용은 명확하게 드러난다. 왜냐하면 희극에서 시인은 사실임 직한 행동을 이용해 스토리를 짠 후에 임의로 택한 고유의 이름을 등장인물에 부여하고, 그 반대로 단장격의 풍자 시인들은 개성적 인물을 토대로 하여 시를 짓기 때문이다.

비극에서는 기존에 실제로 존재했던 사람의 이름에 애착을 갖는다. 그 이유는 가능성이 있는 것을 믿기 때문이다. 일어나지 않는다는 것이 아무 문제없이 가능할 것이라는 사실은 믿지 않지만, 반대로 일어난 것은 분명히 가능하다고 생각하기 때문이다. 불가능한 것이었다면 일어나지 않았을 것이기에 더욱 그러하다.

하지만 여러 비극 가운데 한두 개의 이름만이 알려진 유명한 이름이고, 나머지 다른 이름은 가상으로 고안해 낸 것이다. 몇몇 비극에서 하나의 이름, 즉 아가톤의 『안테우스』의 경우에서만이 시인이 지어낸 것이다. 왜냐하면 이 비극에서 사건과 이름은 똑같이 시인이 꾸며낸 이름이긴 해도 그 극은 역시 만족스럽기 때문이다.

그래서 비극에 기초한 전통적 스토리에 절대 만족하지 않아야 하며, 바로 그것이 어리석은 걱정이다. 왜냐하면 누구나 잘 알고 있는 유명한 스토리도 아주 소수에 의해서만 알려진 것이고, 모든 관객을 기쁘게 할 수는 없기 때문이다.

결국 위의 사실에 의해 명백하게 드러나는 것은 시인은 행동을 모방하기 때문에 운문시의 운율보다는 스토리를 창작하는 장인이어야 한다는 점이다. 실제로 일어난 사건을 주제로 삼아 시를 쓸 때도 그가 여전히 시인이라는 점은 틀림없는 사실이다. 왜냐하면 그래도 실제 일어난 사건이 본질적으로 있을 수 있기 때문이고, 바로 그런 방식으로 그 사건을 선택한 자가 시인이기 때문이다.

삽화 방식의 스토리

단순한 스토리와 행동 중 삽화적인 것은 가장 나쁘다. '삽화적 방식'의 스토리는 삽화가 사실임 직함이나 필연성의 관계에 의해 정해지지 않은 채 연속적으로 일어날 때를 말한다. 그와 유사한 스토리는 형편없는 시인들에 의해 조합이 된다. 왜냐하면 그들은 무능하기 때문이다. 그런데 유능한 시인에 의해서 배열되기도 한다. 왜냐하면 그들은 배우를 고려하기 때문이다. 경연 작품을 쓰면서 그리고 주제가 허락하는 범위 이상으로 스토리를 확대하면서 시인은 사건의 자연스러운 맥락이나 연결을 자주 왜곡할 수밖에 없다.

두려움과 연민: 급변과 경이로움

모방은 완전한 행동뿐만 아니라, 두려움과 연민을 불러일으키는 데 적합한 사건을 목표로 한다. 이러한 정념은 무엇보다도 사건이 기대에 반해 예기치 않게 일어날 때 서로 강렬하게 동요한다. 왜냐하면 그렇게 되면 그 사건은 우연히 또는 운 좋게 일어난 것보다 더 많은 경이로움을 가질 수 있기 때문이다. 심지어 운 좋게 일어난 사건이 이를테면 고의로 일어난 것처럼 보일 때 그 무엇보다 경이로운 것처럼 보인다. 예를 들어 행사에 참가해 미티스의 죽음으로 비난받아 마땅한 사람 위를 덮쳐 죽인 아르고스에 있는 미티스 동상의 경우가 그러하다. 왜냐하면 그런 유사한 사건은 우연의 결과처럼 보이지 않기 때문이다. 그렇게 구성된 스토리는 그 어느 스토리보다 훌륭하다.

10장. 단순 행동과 복합 행동

스토리의 차이

스토리 중에는 단순한 것이 있고 복합적인 것도 있다. 왜냐하면 모방을 표현하는 스토리의 행동 그 자체가 위와 같은 두 특성을 나타내기 때문이다. '단순한' 행동이라는 것은 규정되어 있고, 일관성 있고, 단일하다는 의미에서의 행동이고, 운명의 변화가 급변하지 않거나 재인 없이 발생하는 행동을 말한다. '복합적' 행동은 운명의 변화를 재인할 수 있거나 급변하는 경우, 또는 이 둘의 특징을 다 가진 채 일어나는 행동을 말한다.

사건의 재인과 급변

사건의 재인과 급변은 앞서 일어난 사건의 결과로 생겨나기 때문에 스토리의 구성 자체에서 발생해야만 한다. 그것들은 필연적이거나 사실임 직한 방식을 통해야만 한다. 왜냐하면 어떤 한 사건이 다른 사건으로 인해 일어나는 것과 다른 어떤 사건에 이어서 일어나는 것은 차이가 매우 크기 때문이다.

11장. 복합 행동의 요소

사건의 급변

복합적 행동의 요소들 가운데 사건의 급변은 행동이 반대 방향으로 급격하게 전환되는 것을 말한다. 7장 마지막 부분에서 언급되었듯이 이 변환은 계속해서 사실임 직함과 필연성에서 이루어진다. 그러한 급변의 예는 소포클레스의 『오디세이아』에서 볼 수 있는데, 이 작품에서 사자(使者)는 오이디푸스를 기쁘게 하고 그의 어머니에 대한 공포로부터 안심시키러 오지만 그가 어떤 사람인지를 밝힘으로써 정반대의 결과를 야기한다. 또한 테오덱테스의 작품 『륑케우스』에서도 그러한 급변의 예를 볼 수 있는데 륑케우스를 죽이기 위해 끌어가고, 다나오스가 그런 륑케우스를 죽이기 위해 뒤따라가지만 결국 죽는 자는 다나오스이고 살아남은 자는 륑케우스가 되는 사건의 변화가 바로 그것이다.

사건의 재인

사건의 재인은 명사 자체에서도 나타나듯이 무지에서 앎으로의 이행을 의미한다. 등장인물이 행복하게 태어났는지 불행하게 태어났는지에 따라 증오에서 호의로 이행하기도 하고, 호의에 증오로 이행하기도 한다. 가장 훌륭한 재인은 『오이디푸스』에서 볼 수 있듯이 사건의 급변을 동반할 때다.

다른 종류의 재인도 있다. 왜냐하면 앞에서 언급한 것처럼 재인은 생명이 없는 사물과도 관련이 있기 때문이고, 어떤 사람이 그런 일을 했는지 하지 않았는지를 아는 것 역시 재인의 대상이 될 수 있기 때문이다. 하지만 스토리와 행동에 가장 적합한 재인은 앞서 언급한 재인이다. 실제로 이러한 재인은 급변을 동반하고 연민과 두려움의 감정을 불러일으킨다. 그래서 모방이라고 예측된 비극은 그러한 감정을 불러일으키는 행동이다. 게다가 불행과 행복은 비슷한 행동에 속한다.

재인이 사람들 간의 관계를 목표로 할 때, 두 사람 중 한 사람의 신분을 확실하게 재인해야 할 때가 있고, 두 사람을 대상으로 동시에 신분을 재인해야 하는 경우가 있다. 그래서 『이피게네이아』에서 이피게네이아는 오레스테스에게 편지를 보냄으로써 오레스테스가 이피게네이아를 알아보게 되지만, 반대로 이피게네이아가 오레스테스를 알아보기 위해서는 다른 재인이 필요했다.

비장한 사건

따라서 비장한 사건에는 스토리를 구성하는 두 요소, 즉 급변과 재인이 있다. 이에 더해 세 번째 요소를 이루는 비장한 사건이 있다. 급변과 재인은 앞에서 이미 설명했다. 13장과 14장에서 볼 수 있듯이 비장한 사건은 죽거나 고통을 받게 하는 행동이다. 예를 들어 무대에 펼쳐진 고민, 심한 고통, 부상, 이와 유사한 종류의 또 다른 행동들을 말한다.

12장. 비극의 구분

비극의 범위에 속하는 요소들

비극의 구성 요소로 사용해야 하는 여러 요소는 6장에서 충분히 다룬 바 있다. 하지만 비극의 범위와 비극이 공유하는 별개의 구분들을 검토해 보면 그것들은 도입부(프롤로그), 삽화(에피소드), 퇴장(엑소도스), 합창 노래(코로스)로 나뉘며, 합창 노래는 다시 등장할 때 부르는 등장 노래(파로도스)와 무대에서 하는 중간 노래(스타시몬)로 구분된다. 이러한 두 요소의 구분은 모든 비극에 공통적으로 나타나는 것이지만, 무대에서 부르는 노래와 애탄가(콤모스)는 몇몇 비극에서만 특별히 볼 수 있는 것이다.

도입부는 합창 노래에 앞서 등장하는 비극 전체를 구성하는 부분이며, 삽화는 합창의 전체 노래 사이에 삽입되어 있는 비극의 전체를 구성하는 부분이다. 퇴장은 합창 노래가 뒤따르지 않는 비극의 전체를 구성하는 부분이다. 합창 노래 중에서 등장할 때 부르는 노래는 합창이 전하는 최초의 전체를 구성하는 부분이고, 무대에서 하는 노래는 단단장격도 장단격의 시구도 포함하고 있지 않은 합창 노래다. 애탄가는 합창과 동시에 무대에서 나온 슬픈 노래다.

비극의 구성 요소로 사용해야 하는 요소들은 이미 언급했다. 하지만 비극의 범위와 비극이 함께하는 별개의 구분들을 검토해 본다면 그것들은 위에서 설명한 바와 같이 여러 요소로 구분될 것이다.

13장. 인간에 대한 스토리의 특성

스토리를 짜면서 무엇을 목표로 해야 하며, 무엇을 피해야 할 것인가? 그리고 비극을 통해서 비극이 가진 고유의 효과를 낼 수 있는 수단이나 방법을 어디서 찾을 수 있을 것인가? 앞에서 언급한 것에 이어서 여기서는 이 질문에 대해 설명하는 것이 바람직해 보인다.

운명의 변화: 배제해야 하는 조합

가장 훌륭한 비극의 구성은 단순하지 않고 복잡해야 하고, 비극은 두려움과 연민을 자극하는 행동을 모방해야 한다. 왜냐하면 그렇게 하는 것이 모방의 특성이기 때문이다. 비극에서는 우선 선한 사람을 행복에서 불행으로 떨어지는 모습으로 변환시키지 말아야 한다. 이러한 공연은 두려움뿐만 아니라 연민을 불러일으키지 않으며, 오히려 혐오감을 주기 때문이다. 그리고 악한 사람을 불행에서 행복으로 변화시키지도 말아야 한다. 그것은 비극이 요구하는 어떤 조건을 채울 수 없기 때문에 비극과는 가장 관계가 멀며, 인간적 감정, 연민, 두려움을 불러일으키지 않는다. 한편 악한 사람을 행복에서 불행한 모습으로 떨어뜨려서도 안 된다. 그러한 구성은 인간적 감정을 불러일으킬 수는 있으나 연민과 두려움은 불러일으키지 못한다. 왜냐하면 연민은 불행을 겪을 만한 가치가 없는 불행한 사람을 목표로 할 때 생기며, 두려움은 우리와 비슷한 불행을 가진 사람을 목표로 할 때 생겨나기 때문이다. 따라서 이 경우 사건은 연민과 두려움을 불러일으키는 데 적절하지 않을 것이다.

주인공이 되어야 하는 것: 결말

그러므로 선한 자와 악한 자 사이인 중간에 있는 주인공이 남아 있다. 본질적으로 미덕이 많거나 정의롭지 않은 사람은 악의와 배덕 행위 때문이 아니라 그가 저지른 잘못이 원인이 되어 불행하게 되는데 오이디푸스, 티에스테스, 그리고 이와 유사한 가문의 유명인들처럼 매우 명성이 높거나 행운을 누리는 사람이 이 부류에 속한다. 따라서 훌륭한 스토리는 일부의 사람들이 바라듯이 이중적 결말이기보다는 오히려 단일한 결말이어야 한다. 스토리에서 주인공의 운명은 불행에서 행복으로가 아니라, 그 반대로 행복에서 불행으로 전환되어야 한다. 게다가 이러한 방향 전환은 배덕 행위가 아니라, 주인공의 중대한 과실 때문이어야 한다. 주인공은 앞서 말한 오이디푸스나 티에스테스 등과 같이 훌륭한 인물이어야지 더 나쁜 인물이어서는 안 된다. 하나의 상황 증거는 그런 방식으로 일어난다. 초기에 시인들은 처음 생긴 스토리를 아무런 구별 없이 다루었으나, 오늘날 가장 훌륭한 비극들은 소수의 가문들, 예를 들면 알크메온, 오이디푸스, 오레스테스, 멜레아그로스, 티에스테스, 텔레포스 등과 같이 소름 끼치는 불행으로 고생을 겪거나 악행을 저지른 등장인물에 관한 스토리를 소재로 삼고 있다.

이상과 같은 작시 기술의 일반 원칙에 따라 가장 훌륭한 비극은 비극이 어떻게 구성되어야 하는지를 제시한다.

에우리피데스의 예

그래서 에우리피데스가 자신의 비극에서 처리한 행동을 비난하고, 대부분의 비극 작품이 불행한 결말을 제시했다고 그를 비난한 사람들은 실수를 범했다.

앞에서 언급했듯이 그러한 실행은 적절하기 때문이다. 가장 중요한 상황 증거로 무대 위에서나 경연 대회에서 비극 작품이 잘 연출될 때 가장 비극적으로 보이는 것이 바로 그런 종류의 비극인 것이고, 에우리피데스가 작품의 구조 측면에서는 부족한 결점을 갖고 있어도 시인 중에서 가장 비극적인 시인처럼 보인다.

이중 결말의 비극들

사람들은 『오디세이아』처럼 이중의 사건 구성을 가지고 있고, 선인과 악인을 서로 대립하게 하는 방식으로 결말짓는 스토리의 구성을 가장 훌륭한 비극 형식으로 보고 있지만 그것은 두 번째로 우수한 형식이다. 보통 그러한 형식에 가장 훌륭한 평가를 하는 것은 단지 관객의 감정 때문이다. 왜냐하면 시인은 관객에 따라 행동하고, 관객의 선호에 따라 작품을 쓰기 때문이다. 하지만 그런 경우에 즐거움은 비극이 주는 즐거움이 아니라, 오히려 희극이 가진 고유의 즐거움이다. 사실 희극에서는 오레스테스와 아이기스토스처럼 가장 커다란 원한을 가진 원수인 등장인물도 결국에는 친구가 되어 떠나고, 죽임을 당하는 자도 죽이는 자도 볼 수 없게 된다.

14장. 스토리에서의 비장한 사건

두려움과 연민에 관한 극적 감정의 원천

스토리에서의 비장한 사건인 두려움과 연민은 공연 장면에서 생겨나기도 하고, 사건 구성 자체에서 나오기도 한다. 이 사실은 매우 가치가 높으며 훌륭한 시인의 작품이 된다. 사실 스토리는 사건을 직접 보지 않은 채 말하는 것을 들은 사람이 전율과 연민을 느끼도록 구성되어야 한다. 이것이 오이디푸스의 스토리를 듣는 사람이 느끼는 감정이다. 하지만 공연 장면을 통해 그런 효과를 내는 것은 시인의 작시 기술과는 관계가 없고 물질적 자원만을 필요로 한다.

공연 장면을 통해 두려움이 아니라, 공포를 불러일으키는 사람은 비극과는 아무런 공통점도 없다. 왜냐하면 비극에서 얻어야 하는 즐거움이 어떤 것이든 다 좋은 것이 아니라, 비극 본래의 즐거움이어야 하기 때문이다. 시인이 모방의 도움으로 생긴 연민과 두려움이 주는 즐거움을 얻어야 하듯이, 그러한 감정에 의존하게 하는 것이 바로 사건임은 분명하다.

따라서 돌발적으로 나타나는 사건들 중에 어떤 것이 두려움을 유발하는 성질인 것처럼 보이고, 어떤 것이 연민을 일으키는 성질의 것처럼 보이는지를 살펴보도록 하자.

등장인물은 우호적이어야 한다

이러한 종류의 사건은 필연적으로 우호 관계나 적대 관계, 또는 이도저도 아닌 관계에 있는 등장인물들 사이에서 일어난다. 그런데 서로 적대 관계에 있는 사람 간에 일어나는 행동이나 의도에서는 갑작스럽게 나타나는 불행의 경우를 제외하고는 어떤 연민의 감정이 일어날 소지가 전혀 없다. 이는 친하지도 적대적 관계도 아닌, 즉 중립적 관계의 등장인물인 경우에도 마찬가지다. 반면에 비극적 사건이 일어나는 사람 간에 나타나는 모든 경우, 예를 들어 동생이 형을 죽이거나, 형이 유사한 유형의 어떤 다른 범죄를 저지르는 경우, 아들이 아버지를 죽이는 경우, 어머니가 아들을 또는 아들이 어머니를 죽이려는 경우 등은 바로 시인이 탐구해야만 한다.

시인은 전통을 존중해야 하지만 무엇이 비극적 경우인지를 고려해야 한다

그래서 전통적 스토리를 변경할 수는 없다. 예를 들어, 어머니 클리타임네스트라가 오레스테스에게 살해된다든가, 어머니 에리필레가 아들 알크메온에게 살해되는 것과 같은 전통적 스토리를 시인이 바꿀 수가 없는 것이다. 하지만 시인은 자기 방식대로 전통적 소재에 대한 적절한 방법을 발견해 사용해야 한다. 적절한 사용법이 무엇을 뜻하는지 자세히 설명해 보자.

그런 행동은 옛 시인에게서 자주 볼 수 있듯이 등장인물이 희생자를 알고 있으면서 고의로 행해지는 경우다. 에우리피데스가 주인공 메데이아에게 자기 자녀들을 죽이게 하는 방식이 그러한데, 이 경우는 옛 시인이 사건을 다루는 방식이다. 한편 등장인물이 희생자를 모른

채 중죄를 저지르고 나중에 가서야 근친 관계를 알게 되는 방식으로서 소포클레스의 오이디푸스가 그러한 경우에 해당한다. 이 작품에서 등장인물은 극의 외부에서 살해를 실행하지만, 아스티다마스의 작품에 등장하는 알크메온이나, 『부상당한 오디세우스』에 나오는 텔레고노스(오디세우스와 키르케 사이에 난 아들로 아버지인 줄 모르고 오디세우스를 살해한다)의 경우처럼 살해를 비극 그 내부에서 실행하는 경우도 있다.

세 번째는 희생자가 누구인지 알지 못한 채 돌이킬 수 없는 행위를 범하려다가 실행에 옮기기 직전에 희생자의 정체를 알아차리는 경우다. 이러한 경우들 외에 다른 방식은 없다. 왜냐하면 범죄행위는 반드시 실행되든지 되지 않든지, 범죄행위를 알면서 저지르든지 알지 못한 채 저지르든지 둘 중 하나에 해당하기 때문이다. 이 가운데 가장 좋지 않는 경우는 등장인물이 알고 실행할 준비를 하다가 결국 실행하지 못한 경우다. 이 경우는 반감을 일으키긴 하지만 비극적이진 않다. 왜냐하면 갑작스럽게 찾아오는 불행은 없기 때문이다. 어떤 시인도 그 같은 상황을 전개하는 경우는 없으며, 적어도 그런 상황은 아주 드물게 나타난다. 『안티고네』에서 크레온을 죽이려는 하이몬의 태도가 바로 그런 경우다. 다음으로 나타나는 좋지 않은 경우는 알고 있으면서 실행하려던 행동을 바로 실행하는 경우다. 최선의 방식은 등장인물이 알지 못한 채 실행하고, 실행한 뒤에 가서야 알게 되는 방식이다. 왜냐하면 이때 행위는 불쾌감을 갖지 않을 것이고, 재인은 놀라움을 야기할 것이기 때문이다.

최상의 경우는 마지막 경우다. 예를 들어 에우리피데스의 『크레스폰테스』에서 메로페가 자기 아들을 죽이려 할 때 자신의 아들임을 알아채고 죽이지 않는 경우, 『이피게네이아』에서 동생에 대한 누이의 똑같은 상황이 벌어진 경우, 마찬가지로 『헬레』에서 아들이 어머니를 적에게 넘겨주려고 할 때 어머니임을 알아보는 경우 등이 그러하다.

13장에서 언급한 바와 같이 비극이 여러 가문과 관련되지 않은 것은 바로 그러한 이유에서이다. 시인이 그런 종류의 상황이 담긴 스토리에서 자신만의 방법을 찾게 된 것은 그의 작시 기술에 의해서가 아니라, 아주 드문 뜻밖의 행운에 의해서였다. 따라서 시인은 그러한 불행이 일어나는 특정 가문만의 스토리를 소재로 사용할 수밖에 없었다.

지금까지 사건의 구성과 스토리가 어떤 것이어야 하는지에 관해 충분히 제시했다.

15장. 비극에서의 품행

성격은 선하고 적합하며 유사하고 일관성이 있어야 한다

등장인물의 성격에 있어 목표로 해야 할 품행에는 네 가지가 있다. 첫 번째 품행은 선해야 한다. 6장에서 이미 언급했듯이 등장인물의 말과 행위에서 어떤 행동 방침을 알아낼 경우 성격이 드러난다. 이때 그 행동 방침이 선하다면 성격도 선한 것이다. 모든 등장인물은 그러한 선량함을 지닐 수 있다. 왜냐하면 비록 여자는 그저 열등한 존재이고, 노예는 매우 보잘것없는 존재이지만 이 두 등장인물은 선할 수 있기 때문이다. 두 번째는 적합해야 한다. 그래서 보통 등장인물에는 남자다운 성격을 부여하지만 여자의 성격에는 그렇게 씩씩하고 용감한 성격은 어울리지 않는다.

세 번째는 등장인물의 성격이 실제의 인간성과 유사해야 한다. 왜냐하면 성격의 유사함은 바로 위에서 말한 선한 성격이어야 하고 적합한 성격이어야 한다는 것과는 전혀 다른 것이기 때문이다. 네 번째는 일관성이 있어야 한다. 심지어 모방의 대상인 등장인물이 실제와 같지 않은 성격이거나, 실제의 성격과 대등하더라도, 그는 역시 실제와 같지 않은 성격이야 한다는 일관성이 계속해서 필요하다.

쓸모없는 성격의 저속함으로 제시된 예로서는 『오레스테스』의 등장인물인 메넬라오스를 들 수 있다. 적합하지 않고 유사하지 않은 성격은 『스킬라』에서의 오디세우스의 한탄과, 멜라니페의 장광설에서 나타난다. 일관성 없이 표현된 성격의 예로는 『아울리스의 이피게네이아』가 있다. 왜냐하면 목숨을 애걸하는 이피게네이아는 후속 작품에서 등장하는 이피게네이아와는 전혀 유사하지 않기 때문이다.

성격을 미화하는 기술들: 사실임 직함과 필연성

성격에서도 사건의 구성에서와 마찬가지로 어떤 등장인물이 이런저런 방식으로 말하거나 행동할 때는 필연적인 것 또는 사실임 직한 것이어야 하고, 이런저런 일이 일어난 이후에 또 다른 이런저런 일이 연속해서 일어나는 두 사건 간의 관계가 필연적이고 사실임 직하기 위해서는 필연적인 성격과 사실임 직한 성격을 찾으려 늘 애쓰는 수밖에 없다.

신의 기계적 출현

따라서 스토리의 결말은 『메데이아』나 『일리아스』에서처럼 아테네 여신이 개입함으로써 생기는 것이 아니라, 스토리 그 자체에 기인한다는 것은 명백하다. 이러한 신의 기계적 출현(Deus ex machina)은 극 밖에서 과거에 일어난 알 수 없는 사건, 또는 이후에 일어나고, 예측되어야 하고, 알려져야 하는 사건을 위해서만 사용해야 한다. 왜냐하면 신에게서 모든 것을 볼 수 있는 재능을 발견하기 때문이다. 그러나 사건에서는 어떤 불합리한 것도 있지 않아야 한다. 만약 불합리한 것이 있을 경우에는 소포클레스의 『오이디푸스』의 경우에서와 같이 비극 밖에 있어야만 한다.

훌륭한 초상화가를 모방해야 한다

다른 한편 비극은 평범한 우리보다 더 나은 인간의 모방이기 때문에 훌륭한 초상화가를 모방해야 한다. 실제로 훌륭한 초상화가는 원본의 특이한 형태를 재현하기 위해 초상화를 유사하게 그리고 더 멋지게 꾸미면서 그린다. 또한 성격이 화를 잘 내거나 비겁한 사람 또는 이와 유사한 다른 결점을 가진 사람을 모방할 때 시인은 그들을 기품 있는 멋진 사람으로 그려야 한다. 그러한 사람은 예를 들어 아가톤과 호메로스가 표현한 아킬레우스의 경우에서 찾아볼 수 있다.

이상은 시인의 작시 기술이 반드시 수반되는 재현에 고유한 매력을 관찰하고, 고려해야 한다는 것이다. 왜냐하면 이러한 점에서 많은 실수를 범할 수 있기 때문이다. 하지만 그것들은 이미 출판된 여러 개론서에서 충분히 언급했다.

16장. 재인(再認)의 네 가지 형식

기호에 의한 재인

재인이 어떤 것인지는 11장에서 말한 바 있다. 첫 번째 재인의 형식으로는 창작 기법(술)과 가장 거리가 먼 재인이 있다. 이것은 창의력이 없는 시인이 부득이하게 자주 사용하는 것으로서 밖으로 드러난 기호에 의한 재인이다. 이러한 기호들 중에서 어떤 것은 '대지의 아들들 몸에 새겨 있는 창(槍) 모양의 점'이나 카르키노스의 『티에스테스』에 등장하는 '별 모양의 점'과 같이 선천적 재인이고, 또 다른 것은 후천적으로 얻어지는 재인으로서 흉터처럼 몸에 붙어 있기도 하고 목걸이나 『티로』에서 재인을 유도하는 꽃바구니 장식 모양처럼 몸 밖에 떨어져 있기도 하다.

게다가 이러한 표면적 기호는 어느 정도 적절하게 잘 사용할 수도 있다. 예를 들어 상처 자국의 도움으로 그의 유모에 의해 또는 돼지 치는 사람에 의해 오디세우스가 주인임을 알아보게 된다. 하지만 실제로 정체성을 통해 설득하는 재인은 유사한 종류의 모든 재인이 그렇듯이 창작 기법(술)과는 매우 거리가 멀다. 『세족 이야기』의 장면에서 일어난 재인과 같이 사태의 급반전에서 생긴 재인이 더 좋은 재인이다.

시인의 단순한 기교에 의한 재인

두 번째로는 시인이 배열한 재인인데, 그것은 창작 기법과는 거리가 먼 재인이다. 예를 들어 『이피게네이아』에서 오레스테스는 자신을 오레스테스라고 인식하게 만든다. 이피게네이아는 편지로 인해 신분이 드러나지만, 오레스테스는 스토리가 원한 것이 아니라, 시인이 바라는 바를 무의식적으로 말한다. 이것은 앞서 이미 지적한 잘못과 거의 같다. 왜냐하면 오레스테스가 제시한 몇 개의 기호가 자신에게 지대한 영향을 미쳤을 것이기 때문이다. 거의 같은 예로는 소포클레스의 『테세우스』에 나오는 베틀북의 소리를 들 수 있다.

기억에 의한 재인

세 번째 재인은 기억에 의한 것으로서 어떤 것을 보면서 지난 과거의 일을 재인해 낼 때이다. 그러한 예는 디카이오게네스의 『키프로스 사람들』에서 등장인물이 그림을 보고 난 후 눈물을 흘리는 경우, 마찬가지로 『알키노오스 이야기』에서 오디세우스가 키타라 연주를 듣고 지난 일을 회상해 눈물을 흘리는 경우가 있다. 이로 인해 두 등장인물은 서로 재인하게 된다.

추론에 의한 재인

네 번째는 논리적 삼단논법에 의해 생긴 재인이다. 예를 들어 아이스킬로스의 『제주(祭酒)를 바치는 여인들』에서 볼 수 있는 논리적 삼단논법을 보면, '나(엘렉트라)를 닮은 사람이 왔는데 나를 닮은 사람은 오레스테스 이외에는 아무도 없기에 결국 온 사람은 바로 오레스테스일 것'이라는 추론이 가능하다. 『이피게네이아』에 관해 소피스트 폴리도스가 상상하는 그러한 재인이다. 왜냐하면 '오레스테스는 누이가 제물이 되었고, 누이와 같은 운명이 자신에게도 올 것'이라는 두 경우를 연결 짓는 것이 당연하기 때문이다. 마찬가지로 테오덱테스의 『티데우스』에서 테오덱테스는 자기 아들을 찾을 것이라는 생각으로 왔다가 자신이 죽을 것이라고 추론한다. 또한 『피네우스의 딸들』에서 여인들은 전에 버림을 받은 그 장소를 보고 거기에서 죽을 것이라는 자신들의 운명에 대해 결론을 추론해 낸다. 왜냐하면 그 여인들이 위험에 노출되어 있는 곳이 바로 그 장소이기 때문이다.

하지만 그러한 추론은 잘못된 것일 수도 있다

예를 들어 『거짓 사자(使者) 오디세우스』에서 볼 수 있듯이 대중(상대방)의 잘못된 추론에 기초한 재인도 있다. 이 작품에서는 어떤 사람도 할 수 없는 것이지만 오디세우스라 활을 당길 수 있다는 사실이 시인에 의해 상상되고 그것이 바로 추론의 가설이 된다. 오디세우스가 전혀 보지 못했던 활을 재인할 수 있을 것이라고 선언했다 해도 마찬가지다. 바로 그 방법으로 오디세우스가 그 활을 재인할 수 있을 것이라고 상상하는 것은 잘못된 추론을 믿는 것이다.

사건 자체에서 생기는 재인

모든 재인 중에서 가장 훌륭한 재인은 소포클레스의 『오이디푸스 왕』이나 『이피게네이아』에서 일어난 사건 그 자체로부터 비롯된 재인인데, 이 경우 사실임 직한 사건을 통해 놀라운 일이 발생한다. 왜냐하면 이피게네이아가 오레스테스에게 집으로 보내는 편지를 맡기려 한 것은 당연하기 때문이다. 이런 종류의 재인만이 꾸며진 기교, 기호, 목걸이 등을 필요로 하지 않는다. 이어서 등장하는 훌륭한 재인은 논리적 삼단논법에서 생겨난 재인이다.

17장. 비극을 구성하는 주제에 관한 혜안(慧眼)

시인은 행동을 상상하고 등장인물과 동일시해야 한다

시인은 스토리를 짜고 가능하면 실제 상황을 직접 관찰하면서 언어 표현의 완성도를 스토리에 부여해야 한다. 왜냐하면 시인은 사건 자체에 실제로 참석한 것처럼 상황을 가장 명료하게 볼 수 있기 때문에 가장 적절한 것을 발견할 수 있으며, 반(反)하는 것으로부터 벗어날 수 없기 때문이다. 카르키노스에게 했던 질책이 그 증거다. 암피아라오스가 성소(聖所)에서 갑자기 나타나는 작품의 세부 묘사는 상연된 작품을 실제로 보지 않았을 때는 피할 수 있는 장면이지만 그 작품은 무대 위에서는 실패했다. 관객은 그러한 세부 묘사로 인해 마음이 상했기 때문이다. 또한, 시인은 되도록이면 스토리에 보충 태도를 부여해야 한다.

실제로 시인은 우리와 같은 본성을 갖고 있기 때문에 정념의 감정에 들어온 가장 설득력 있는 사람들이다. 실제로 비탄에 사로잡혀 있는 사람이 비탄의 입장에 잘 설 수 있을 것이며, 분노에 사로잡혀 있는 사람이 화를 잘 낼 수 있을 것이다. 따라서 작시 기법(術)은 천성적으로 남다른 재능을 가진 자 혹은 열광자에 속한다. 전자의 경우는 등장인물들 마음대로 쉽게 인격이 형성되는 경향이 있고, 후자의 경우에는 시적 망상에 빠져드는 경향이 있다.

일반개념과 삽화

이미 다룬 주제이든 시인 스스로가 구성한 주제이든 우선은 그 주제의 일반개념을 정해야만 하고, 삽화를 넣은 다음에 더욱 확장시켜야 한다.

『이피게네이아』의 경우를 예로 들면 다음과 같은 일반개념을 생각해 볼 수 있을 것이다. 어떤 한 소녀가 제물로 바쳐졌고 그녀는 제물을 바친 사제가 모르는 사이에 제단에서 사라져 다른 나라로 운반된다. 그 낯선 나라에는 이방인을 여신에게 제물로 바치는 관습이 유행했는데 그 소녀는 그곳에서 성직자의 지위를 부여받는다. 나중에 그 여사제의 남동생이 도착하게 된다. 남동생이 그곳에 도착하게 된 것은 이런저런 이유로 신이 그곳에 가라는 신탁(神託)에 의한 명령이다. 이러한 신의 명령과 그가 도착한 여행의 목적은 스토리 구성 밖에 있다. 그런데 그가 도착하자마자 붙잡히고 제물로 희생이 되려 할 때에 그의 신분을 보여 준다. 그 방법이 에우리피데스의 생각이든 또는 폴리도스의 발상이든 남동생은 희생되어야 했던 것이 바로 누이뿐만 아니라, 자기 자신이라는 사실을 진실인 것처럼 말한다. 남동생은 그의 신분이 폭로됨으로써 구원을 받는다.

삽화

그래서 등장인물에게 이름을 부여한 이후에는 삽화를 확정해야 한다. 삽화는 예를 들면 오레스테스의 경우처럼 그를 체포하게 하는 광기의 경우나 정결 의식을 통해 구원을 끌어들인 경우처럼 스토리의 주제에 적합해야 한다.

서사시 『오디세이아』에서의 삽화의 중요성

그런데 극에서 삽화는 짧고 간단하지만, 서사시에서 삽화의 범위는 길다. 실제로 『오디세이아』에서 주제는 길지 않다. 어떤 사람이 여러 해 조국을 떠나 떠돌아다닌다. 그는 포세이돈에 의해 밀접하게 감시를 받고 있고 고립되어 있다. 게다가 조국에서 그의 재산은 구혼자에 의해 탕진되고 그의 아들은 계략에 빠지는 등 여러 일이 일어나고 있다. 그는 고뇌에 시달리다가 몇몇 사람에게 자신의 신분을 밝히고 적을 공격한다. 그는 목숨을 구하지만 적은 죽는다. 이것이 바로 주제에 적합한 내용이고 그 밖의 나머지는 삽화다.

18장. 비극에서의 사태의 급변과 결말

정의

모든 비극에는 사태의 급변 부분이 있고 대단원 부분이 있다. 비극 밖에 있는 사건과 비극 내에 있는 몇 가지 사건은 주로 사태의 급변을 구성하며, 그 밖의 것은 대단원을 구성한다. 사태의 급변은 시작에서부터 행복 또는 불행으로 방향 전환이 일어나는 마지막 부분까지의 비극을 말하고, 대단원은 방향 전환의 시작에서 끝나는 곳까지의 비극을 말한다. 예를 들면 테오덱테스의 『륑케우스』에서, 사태의 급변은 이전에 일어난 사건과 어린이의 유괴 부분까지 포함하며, 대단원은 살인죄의 고발에서부터 마지막까지를 담고 있다.

비극의 네 가지 종류

비극은 네 종류가 있다. 왜냐하면 그것들은 앞에서 언급한 비극을 구성하는 요소의 수가 네 개이기 때문이다. 첫 번째 비극은 전적으로 사건의 급전과 재인으로 구성된 줄거리가 복잡한 비극이다. 두 번째는 아이아스나 익시온과 같이 비장한 비극이다. 세 번째는 『륑케우스』이나 『펠레우스』 같은 성격비극이다. 마지막으로 네 번째는 단순한 비극으로 『포르키스의 여인들』이나 『프로메테우스』 또는 죽은 후에 가는 영혼의 세계(Hades)에서 일어나는 모든 행동을 무대로 하는 비극이다.

그런데 시인은 모든 특성, 또는 그것들 가운데 적어도 가장 중요한 특성들을 대부분 소유하기 위해 가능한 한 최선을 다해야 한다. 시인을 비난하는 오늘날에는 특히 그러하다. 왜냐하면 이전에는 비극을 구성하는 각 종류에 탁월한 시인이 있었지만, 요즘은 한 시인이 혼자의 힘으로 그러한 여러 옛 시인의 특성 모두를 능가하기를 바라기 때문이다.

사건의 급변과 결말: 중요성

다른 한편, 비극이 또 다른 것이라거나 같은 것이라고 말할 수 있기 위해서는 그 어떤 것도 스토리와 필적할 수 없다. 동일한 사태의 급변과 대단원을 갖고 있을 때 비극 또한 같다. 하지만 사태의 급변은 잘 일으키지만 대단원은 잘 내지 못하는 시인이 많다. 그래서 시인은 항상 이러한 두 어려움을 똑같이 극복해야 한다.

비극에서의 스토리 규모

시인은 앞에서(5장, 7장, 17장) 여러 차례 언급한 것을 상기해야 하고, 서사시적 구성을 토대로 하는 비극을 써서는 안 된다. 다양한 스토리로 이루어진 구성을 서사시적 구성이라고 이해해야 한다. 예를 들어, 『일리아스』의 모든 스토리로 이루어진 비극을 쓰려고 해서는 안 된다. 실제로 서사시는 작품의 규모가 크기 때문에 그것을 구성하는 각각의 요소는 적절한 사태의 발전을 수용하지만, 극에서는 그러한 풍부함의 결과가 기대했던 것과는 다르다. 에우리피데스가 했던 것처럼 트로이 약탈에 관한 모든 스토리를 부분이 아니라 전체로 다루려는 시인, 그리고 아이스킬로스가 했던 것처럼 니오베의 스토리를 부분으로가 아니라 전체로 다룬 시인은 경연에서 실패를 했거나 그다지 성공하지 못한 사실이 상황 증거가 된다. 왜냐하면 아가톤 자신도 바로 그러한 이유로 실패했기 때문이다.

반대로 시인은 예기치 못한 사건과 단순한 행위에서 놀랄 만큼 자신의 목표에 도달한다. 왜냐하면 바로 그것이 비극적 감동과 인간적 감정을 불러일으키기 때문이다. 이러한 효과는 예를 들어 시시포스와 같이 재주는 있으나 심술궂은 주인공이 속는다거나, 용감하나 정의롭지 못한 주인공이 패배하는 경우에 나타난다. 이러한 사건은 아가톤의 설명대로 사실임 직하다. 많은 일이 사실임 직함과는 다르게 일어나는 것은 있을 수 있다.

합창곡은 행동에 협력해야 한다

게다가 합창곡은 배우의 한 사람처럼 간주되어야 한다. 에우리피데스가 아니라, 소포클레스에서 볼 수 있듯이 합창곡은 전체의 일부가 되어야 하며, 행동에 협력해야 한다. 그러나 대부분의 시인에게 있어 합창대의 노래는 스토리에는 속하지 않고, 오히려 비극에 속하는 고유한 것이다. 그래서 막 중간에 아가톤에 그 기원을 둔 '삽입 노래'를 부르게 되었다. 하지만 삽입 노래를 부르는 것과 긴 독백이나 삽화 전체를 어떤 한 시에서 가져와 다른 시에 끼워 맞추는 것 사이에는 어떤 차이가 있을 것인가?

19장. 비극에서의 사상과 표현

앞에서 비극을 구성하는 다른 부분인 스토리와 성격에 관해 언급했기에 이제는 비극에서의 사상과 표현(법)에 관해 언급하는 일만 남았다.

사상

사상에 관한 것은 수사학에 내어 주었던 개론서들에서 발견된다. 왜냐하면 사상은 시학보다 오히려 수사학 연구라는 고유한 특성을 띠기 때문이다. 언어에 의해 설정된 모든 것은 사상에 속한다. 사상을 이루는 부분들은 무엇인가를 증명하고 반박하고, 연민, 두려움, 분노와 같은 모든 정념들을 동요시키고, 더 나아가 확대하고 축소하는 데 있다. 따라서 연민 또는 두려움, 확대와 사실임 직함을 목적으로 사건들을 배열해야 할 때에는 그러한 구별들에서 출발해 사건을 다뤄야 하는 것은 분명하다. 차이(점)는 단지 언어와 관련된 효과는 화자에 의해 준비되어야 하고 언어에 의해 발전되어야 하는 반면에, 그러한 정념들의 효과는 언어적 표현 없이도 나타나야 한다는 것이다. 실제로 등장인물의 사상이 분명하고, 언어에 기인하는 것이 아니라면 그의 고유한 작품이란 것이 도대체 무엇이란 말인가?

표현(법)

표현법과 관계있는 것 중에 검토 대상이 되는 문제, 즉 표현법의 방식 또는 이 방식을 아는 것은 배우의 기술에 속하며, 그 분야에서 편입된 전문가가 마땅히 해야 하는 일들이다. 예를 들어 명령, 기도, 단순한 이야기, 위협, 질문, 답변 등을 비롯한 그러한 종류의 모든 것이 무엇인지를 알 수 있는 것이 바로 그것이다.

사실 형벌의 가치가 있는 비난을 시인의 기법(술)으로 추천하기 위해 그러한 방식의 이해와 무지를 본받을 수는 없다. 왜냐하면 프로타고라스가 호메로스에게 "여신이여, 분노를 노래하라"라는 표현에서 기원을 하는 것이라고 믿지만 실제로는 명령을 한 것이라는 비난을 어떻게 받아들일 수 있을까? 그가 그러한 일을 하라는 것인지, 혹은 하지 말라는 것인지를 말하는 것이 명령이라는 것이다. 따라서 이러한 문제는 시학이 아니라 또 다른 학문의 영역에 속하는 것으로 놔두어야 한다.

20장. 표현의 문법적 요소

표현법은 전체가 문자, 음절, 접속사, 관사, 명사, 동사, 격(格), 어법 등으로 귀결된다.

(1) 문자: 정의

문자는 불가분의 소리다. 그것은 모든 종류의 불가분의 소리가 아니라, 본질적으로 합성의 소리를 만드는 불가분의 소리다. 왜냐하면 동물들도 불가분의 소리를 내기는 하지만 그러한 동물들 중에서 어떤 동물에게도 문자의 이름을 줄 수 없기 때문이다.

(2) 종류들

문자는 모음, 반모음, 무성음을 포함한다. 모음은 혀와 입술을 붙이지 않은 채 들을 수 있는 소리를 가진 문자이고, 반모음은 예를 들면 고대 그리스어 Σ(로마자 S)나 P(로마자 R)과 같이 혀와 입술을 붙여야만 들을 수 있는 소리를 가진 문자다. 무성음은 예를 들면 Γ(로마자 G)와 Δ(로마자 D)와 같이 혀와 입술을 붙여도 그 자체로는 아무런 소리를 갖고 있지 않고, 단지 소리를 가진 문자를 동반해야만 들을 수 있는 소리다.

(3) 차이들

그러한 문자들은 입이 취하는 형태에 따라, 문자들이 생겨나는 장소에 따라, 문자들이 공기가 거칠게 나오는 격음(파열음)인가 가냘픈 음인가, 자음인가 단음인가, 날카로운 높은음인가 낮은음인가 중간 음인가에 따라 다르게 나타난다. 이러한 소리의 자세한 검토는 바로 운율학 전문가가 해야 할 일이다.

(4) 음절

음절은 하나의 무성음과 하나의 소리를 지닌 문자로 구성되어 있지만 의미가 없는 소리다. 왜냐하면 A(로마자 A)가 없는 소리 ΓΡ(GR)은 하나의 음절이다. ΓΡ(GR)에 A(A)가 붙어, 예를 들어 ΓΡΑ(GRA)를 만들어도 하나의 음절인 것처럼 말이다. 그러한 차이의 검토는 여전히 운율학에서 해야 한다.

(5) 접속사, 관사

접속사는 끝이나 중간에서 여러 개의 소리와 하나의 의미를 명확히 나타내는 표현의 도움으로 결합을 방해하지 않고 이끌지도 않는 무의미한 단어다. 그리고 μέν(한편으로는, 반면), δῆ(지금, 이제, 이미), δέ(하지만, 게다가, 더구나)와 같이 독립적 위치에 있을 때는 문장의 맨 앞에 있을 수 없다. 또한 접속사는 본질적으로 여러 의미를 지닌 소리를 하나의 의미를 지닌 표현으로 만들어 내는 무의미한 단어다. 관사는 예를 들면 ἀμφί(양쪽에), περί(약, 대략)와 같이 시작과 끝, 또는 문장의 구분을 표시하는 무의미한 단어이고, 여러 소리나 하나의 유의미한 표현의 도움으로 결합을 가로막지도 이끌지도 않는 무의미한 단어이기도 하다. 그것의 본질적 위치는 문장의 양 끝이나 중간에 위치한다.

(6) 명사, 동사

명사는 시간의 관념이 없는 유의미한 소리의 복합물로서 어떤 요소도 그 자체로 의미를 갖지 않는다. 왜냐하면 복합 명사를 구성하는 각 요소는 특별한 의미를 가지고 있지 않기 때문이다. 예를 들면 테오도로스(Theodoros)에서 도로스(doros)는 의미가 명확하지 않다.

동사는 시간의 관념과 더불어 의미가 잘 나타나는 소리의 복합물로서 명사의 경우와 마찬가지로 어떤 요소도 그 자체로는 의미를 갖지 않는다. 왜냐하면 '사람'이나 '흰색'과 같은 명사는 시간을 가리키지는 않지만, '그는 걷는다'와 '그는 걸었다'와 같은 동사의 표현은 각각 현재의 시간과 과거의 시간 표시를 의미에 결합시키기 때문이다.

(7) 격(格)

격은 명사와 동사에 영향을 미치며, '~의', '~에게'의 관계와 다른 유사한 관계를 가리킨다. 또한 격은 예를 들면 '사람'과 '사람들'과 같이 단수나 복수를 표시하기도 하고, 말하는 등장인물의 표현 양식, 예를 들면 의문(문) 또는 명령(문)과 같은 것을 보여 주기도 한다. 왜냐하면 '그는 걷는가?', '걸어라!'와 같은 의문문과 명령문은 이러한 구별에 따른 동사의 격이기 때문이다.

(8) 어법

어법은 의미 있는 소리의 복합물인데, 그중 몇 개의 요소는 그 자체로 의미를 갖는다. 왜냐하면 모든 어법은 동사나 명사로 구성되는 것이 아니기 때문이다, 하지만 예를 들면 인간에 대한 정의('발이 두 개인 동물')에서와 같이 동사가 없는 어법도 가능하다. 그런데 어법은 항상 의미 있는 부분을 포함한다. 예를 들어 '클레온이 걷는다'에서 '클레온'이라는 이름이 그러하다. 어법은 두 방법 가운데 하나일 수 있는데, 하나의 사물을 지칭할 경우나 여러 요소가 하나의 복합물로 결합되었을 때와 같은 경우다. 그래서 『일리아스』는 요소들의 결합에 의한 하나의 어법이며, 인간에 관한 정의도 하나의 유일한 사물을 가리키기 때문에 하나의 어법이다.

21장. 명사의 종류와 형식

단순명사와 합성명사

명사의 종류에는 단순명사(여기서 '단순'이라는 것은 예를 들면 γῆ(대지, 땅, 지구)와 같이 유의미한 요소의 복합물이 아닌 것을 말함)와 복합명사가 있다. 후자는 유의미한 요소와 무의미한 요소로 구성되어 있기도 하고, 유의미한 요소로 구성되어 있기도 하다. 또한 마살리아인들이 사용하는 대부분의 복합명사는 예를 들어 Hermokaikoxanthos(Ερμοκαϊκόξανθος, 이 명사의 의미는 알기 어려우나 세 개의 강 이름으로 이루어진 복합어로 추정)와 같이 서너 개, 또는 그보다 더 많은 요소로 이루어진 복합명사일 수 있다. 다른 한편 모든 명사에는 일상 명사이거나 특수 명사, 은유(법), 장식 명사, 저자가 만든 신조 명사, 늘어진 연장 명사, 짧게 단축된 명사, 변형된 명사 등이 있다.

일상 명사와 특수 명사

일상 명사는 우리가 사용하는 명사를 말하고, 특수 명사는 우리와 다른 지역에 거주하는 이들이 사용하는 명사를 일컫는다. 따라서 동일한 명사는 일상 명사이자 특수 명사가 될 수 있다. 하지만 동일한 사람에게 있어서는 일상 명사이자 특수 명사가 동시에 될 수는 없다. 예를 들어 명사 σίγυνον(창)는 키프로스 거주민에게는 일상 명사이고, 우리에게는 특수 명사다.

은유(법)들

은유(법)는 어떤 이름의 사물(대상)을 다른 사물(대상)로 빗대어 표현하는 방법이다. 이러한 전용은 유(類)에서 종(種)으로, 혹은 종에서 유로, 종에서 종으로, 혹은 유추 관계에 의해 이루어진다. 유에서 종으로 전용하는 예로는 "나의 배가 서 있다"를 들 수 있는데, 이 표현에서 '정박하다'(혹은 '닻을 내리다')라는 표현은 '서다'라는 표현의 여러 방법 가운데 하나이기 때문이다.

종에서 유로 전용한 예로는 "분명히 오디세우스는 수천 가지의 선행을 했다"는 표현에서 볼 수 있다. 왜냐하면 여기서 '수천 가지의'(종)는 '많은'(유)의 의미이며, 또한 시인은 그 표현을 '많은'의 대신으로 사용하기 때문이다. 종에서 종으로 전용한 예로는 "청동 검을 이용해 목숨을 끊다"라는 표현과 "불멸의 청동 항아리를 이용해 목을 베다"와 같은 표현이 있는데 여기서 '끊다'는 '베다'의 의미로, '베다'는 '끊다'의 의미로 사용한다. 그래서 이 두 어휘는 '잘라 내다'라는 몇 가지 방법에 속한다.

첫 번째 용어(A)에 대한 두 번째 용어(B)의 관계가 세 번째 용어(C)에 대한 네 번째 용어(D)의 관계인 모든 경우를 '유추의 관계'로 이해한다. 왜냐하면 시인은 두 번째 용어 대신에 네 번째 용어를, 네 번째 용어 대신에 두 번째 용어를 사용하기 때문이다. 게다가 가끔 은유로 대체

된 어휘와 관련이 있는 용어를 덧붙이기도 한다. 몇 개의 예를 들어 설명하면 잔(B)과 디오니소스(A)의 관계는 방패(D)와 아레스(C)의 관계와 같다. 그래서 시인은 잔으로부터 디오니소스의 방패(A+D)를, 방패로부터 '아레스의 잔'(C+B)을 말할 수 있을 것이다. 마찬가지로 노년기와 인생의 관계는 밤과 낮의 관계와 같다. 그래서 시인은 엠페도클레스와 같이 밤으로부터 '낮의 노년기'를, 노년기로부터 '인생의 밤' 또는 '인생의 황혼'을 말할 수 있을 것이다.

많은 유추 관계의 경우에서는 실재하는 특수 명사가 없기도 하지만, 동일한 방식으로 은유 관계를 표현할 수는 있다. 예를 들어, 씨앗을 던지는 행위를 '씨를 흩뿌리다'라고 하지만, 빛을 분출하는 태양의 행위를 가리키는 특수 명사는 없다. 하지만 이러한 행위와 태양 빛의 관계는 '흩뿌리다'의 행위와 씨앗과의 관계가 같기에 '신성한 빛을 흩뿌리면서'라는 표현을 말할 수 있었다. 또 다른 방식으로 이러한 은유를 사용할 수 있다. 그것은 다른 사물(대상)에 속하는 명사로 어떤 사물(대상)을 가리킨 후에 그 사물에 고유한 속성(특징)들 가운데 하나를 부정하는 방식이다. 예를 들어 방패를 '아레스의 잔'이라 부르지 않고 '포도주 없는 잔'이라고 부르는 것이다.

신조어들

신조어는 절대로 널리 사용되지 않은 채 시인 자신의 의도대로 만들어 낸 명사다. 왜냐하면 그것은 아마도 많은 명사, 예를 들면 뿔(κερατα)의 의미로 대신 사용한 ερνυγεσ(어린 싹을 키우는 작은 그릇)와 사제(ιερευσ)의 의미로 대신 사용한 αρητηρ(탄원자) 등이 있기 때문이다.

연장 명사, 단축 명사, 변형 명사

명사는 늘어지거나 단축될 수 있다. 명사는 본래의 모음보다 더 긴 모음을 넣을 때 또는 음절을 삽입할 때 길게 늘어지며, 어떤 것을 삭제하거나 생략할 때 단축된다. 예를 들어 πόλεως(도시)이 πόληος(소도시)로, πηλείδον(접착제)이 πηληιάδεω로 늘어진 명사가 연장 명사의 경우이고, 단축된 명사의 예로는 κριθάρι(보리)에서의 κρί, δώμα(회의실)에서의 δώ, μία ríνετάι άμΦοτέρων öΨ(양쪽 모양의 출현은 하나다)에서의 öΨ 등이 있다. 명사는 보통명사에서 일부는 남아 있게 하고 또 다른 일부는 나름의 방식으로 수정했을 때 변형된다. 예를 들어 δεξιόν(권리) 대신에 δεξιτερòν (κατὰ μαζόν)(오른쪽 가슴에)라고 하는 경우다.

명사의 성

명사 자체는 남성, 여성, 남성과 여성이 아닌 중간의 성, 즉 중성으로 간주된다. ν, ρ(또는 ς)로 끝나거나, ς로 끝나지는 않지만 복합 형태소(Ψ와 ξ의 두 가지가 있다), 예를 들면 'δυςκατανοήτων')로 구성된 모든 철자는 남성명사다. 그리고 항상 장모음인 명사, 예를 들면 η와 ω로 끝나는 명사이거나 길게 늘어진 모음 α로 끝나는 명사들은 여성이다. 결과적으로 남성명사와 여성명사의 경우 이러한 가능한 명사 어미들의 수는 동일하다. 왜냐하면 ψ와 ξ는 ς와 함께만이 복합 형태의 명사를 만들기 때문이다. 다른 한편 어떤 명사도 무음의 모음이나 단모음으로 끝나지는 않는다. ι로 끝나는 명사는 μέλι(꿀), κόμμι(고무), πέπερι(후추) 등과 같이 세 개뿐이며, υ로 끝나는 명사는 다섯 개뿐이다. 중성명사는 그러한 장/단모음으로 구성된 철자들 가운데 하나로 끝나거나, ν, ρ, ς로 끝난다.

22장. 주해(註解), 은유, 시적 표현의 사용

시적 표현의 명료성과 고결성: 특수 명사, 은유, 늘어진 명사

시적 표현(법)의 중요한 자질은 저급하지 않고 명료해야 한다는 점이다. 그런데 그것이 일반적인 명사로 사용될 때 완전히 명료해지기는 하지만, 저급해질 수 있다. 그러한 경우는 클레오폰과 스테넬로스의 시에서 찾아볼 수 있다. 반대로 표현은 일상적인 관용어와 관계가 없는 말을 사용할 때 숭고해 보이고 진부함에서 벗어날 수 있다. 이 방법으로 특수 명사, 은유, 늘어진 명사뿐만 아니라, 일반적으로 상용어가 아닌 다른 모든 것을 이해한다.

하지만 그런 종류의 말들로 표현을 구성한다면 수수께끼이거나 부정확한 어법이 될 것이다. 다시 말해 표현을 온통 은유로만 구성했다면 수수께끼일 것이고, 특수 명사(말)들로만 구성했다면 부정확한 어법이 될 것이다. 실제로 수수께끼의 본질은 실재하는 사물을 양립 불가능한(즉 상반된) 용어들로 조합하는 데 있다. 그런데 '다른' 명사들을 조합할 때는 그렇게 할 수 없으나 은유와의 결합이라면 가능하다. 예를 들어 "나는 다른 사람에게 불로 청동 조각을 붙이는 사람을 보았다"의 표현이나 이와 유사한 유형의 수수께끼가 그렇다. 특수 명사(말)

들의 열거를 통해 부정확한 어법을 구성한다.

따라서 그러한 명사들을 혼합해 사용해야 한다. 왜냐하면 우선 특수 명사, 은유, 장식어, 우리가 앞서 언급한 또 다른 종류의 명사들을 통해 진부함과 저급함을 피할 수 있을 것이고, 다른 한편으로 일상적으로 사용하는 또 다른 명사들은 명료함을 나타낼 수 있을 것이기 때문이다.

표현들을 진부함에 빠지지 않게 하고 명료함을 나타내는 데 많은 부분 기여하게 하는 것은 명사의 연장(길이 늘리기), 단축, 변형들에 의해서이다. 왜냐하면 보통의 언어 형태, 일상적 관용어와 차이가 있는 그러한 명사들은 표현을 진부하지 않게 할 것이지만, 관례적으로 사용함으로써 명료성은 남아 있을 것이다. 그래서 그러한 언어 사용 방식을 비난하거나, 무대 위에서 그 언어 방식을 사용하는 시인을 비웃는 이들은 잘못된 것이다. 예를 들어 희극 시인 에우클레이데스는 마음대로 말을 늘릴 수 있는 능력을 인정한다면 시를 짓기가 쉬울 것이라고 말하면서, 상용어를 사용해 풍자시를 지었다.

표현의 적절한 사용. 숭고한 표현과 진부한 표현. 예문들

어떤 의미에서 이러한 표현 방법의 지나친 사용은 우스꽝스러운 효과를 낳는다. 그래서 표현을 구성하는 각 요소의 사용에는 각각 절도(節度)가 필요하다. 실제로 은유, 특수 명사를 적절하지 않게 사용한다면, 우스꽝스러운 효과를 나타낼 목적으로 의도적으로 사용하는 것과 같은 결과에 이르게 될 것이다. 적절한 표현의 사용이 얼마나 다양하게 나타나는지는 서사시에서 일상어를 운율에 도입해 보면 알 수 있다. 특별한 단어와 은유 대신에 일상어를 사용해 보면 그 사실이 옳다는 것을 알 수 있다. 아이스킬로스와 에우리피데스는 동일한 단장격 시를 썼는데, 에우리피데스가 관례적인 일상어 대신 특별한 단어를 사용하면서, 즉 하나의 단어만을 바꿈으로써 두 시구 중에 하나는 아름답게, 다른 하나는 평범하게 만들었다. 실제로 아이스킬로스가《필록테테스》에서 표현하는 "내 발의 살을 먹는 암 덩어리"를 에우리피데스는 '먹는(ἐσθίει)'이라는 단어 대신에 '향연을 즐기는(θοινάται)'의 단어를 사용했다. 마찬가지로 "반면에 그는 보잘것없고 쓸모없는 사람이다(νῦν δέ μ' έων όλίγος τε χαί ούτιδανὸς χαί άειχής)"를 일상어로 바꾸면 "반면에 그는 작고 약하고 추한 사람이다(νῦν δέ μ' έων μιχρός τε χαί άσθενιχὸς χαί άειδής)"가 된다. 또한 "바다가 울부짖는다(ήιδνες βοδωάιν)"를 "바다가 소리를 짖는다(ήιδνες χράζονδιν)"로 바꾸었다.

아리프라데스의 비판

아리프라데스는 무대에서 비극 시인들을 비웃었다. 왜냐하면 그들은 대화에서 아무도 사용하지 않을 표현을 사용하기 때문이다. 예를 들면, ἀπὸ δωμάτων(집에서 멀리 떨어져) 대신에 δωμάτων ἀπὸ로, περί Aχιλλέως(아킬레우스에 관해)라고 하는 대신 거꾸로 Aχιλλέως περί로 표현하는 것과 같은 표현이 있다. 이러한 표현은 일상어에서는 찾아볼 수 없기 때문에 진부한(상투적인) 말 이상의 표현을 만들어 낸다는 점을 아리프라데스는 알지 못했다.

은유의 중요성

게다가 앞서 말한 각각의 표현 방식, 예를 들면 복합명사 또는 특수명사들을 적절하게 사용하는 것은 중요하지만, 그보다 더 중요한 것은 은유를 뛰어나게 잘 구사하는 것이다. 실제로 그것만은 다른 이에게서 배울 수 없는 것이고, 타고난 재능의 지표가 된다. 왜냐하면, 은유를 잘 만드는 것은 유사성을 잘 발견한다는 것을 의미하기 때문이다.

표현과 문학 장르

명사들 가운데 이중명사는 특히 디오니소스 찬가에 어울리고, 특수명사는 영웅시에, 은유는 단장격의 시에 적합하다. 게다가 영웅시에서는 앞에서 언급한 모든 표현을 사용할 수 있으나, 단장격의 시에서는 가능한 한 일상어(구어)를 모방하기 때문에 일상 대화에서 사용할 수 있는 명사들, 다시 말하면 일상어, 은유, 장식어 등만이 적합하다. 비극과 행동을 이용한 모방에 관한 것은 이 정도의 설명으로 충분하다.

23장. 서사시의 구성

서사시에서의 행동 일치

운문으로 서술하는 모방 시, 즉 서사시는 비극에서 볼 수 있듯이 극적인 방식으로, 시작과 중간 그리고 끝을 가진 하나의 전체적이고 완전한 행위에만 집중되는 방식으로 스토리를 구성해야 한다. 왜냐하면 스토리는 하나의 살아 있는 생물체와 같이 유일하고 온전하기에 그에 고유한 즐거움을 유발할 수 있기 때문이다. 스토리의 구성이 역사 이야기와 유사해서는 안 되며, 하나의 행동만이 아니라, 어떤 한 시간, 즉 시간의 흐름 속에서 어떤 한 사람 또는 여러 사람에게 일어난 모든 사건을 볼 수 있게 해야 한다. 이러한 사건은 서로 예견하지 못한 일시적 관계만을 갖고 있다. 왜냐하면 살라미스해전과 시켈리아 섬에서의 카르타고 사람과의 전투는 같은 시기에 일어났지만, 전혀 같은 결말을 지향하지는 않았던 것과 마찬가지로 한 사건 이후에 또 다른 사건이 아무런 공통의 결말이 나지 않은 채 연속해서 일어나는 경우가 자주 있기 때문이다. 그런데 거의 대부분의 시인은 그러한 오류를 범하며 시를 짓는다.

호메로스에서의 행동 일치

그러므로 8장에서도 언급한 것처럼 호메로스는 여러 시인 중에서도 가장 훌륭한 시인으로 간주될 수 있다. 그는 트로이전쟁의 시작과 끝을 가지고 있었음에도 불구하고 그 전체를 하나의 시로 다루려고 시도조차 하지 않았다. 실제로 그 스토리가 너무 방대하고 한눈에 파악하기 어려웠거나, 그러한 방대함에서 운율을 유지, 보존해야 했더라도 사건들의 다양함 때문에 매우 복잡해질 것이라고 생각했다. 그래서 그는 전쟁에 관한 한 부분만을 취하고 다른 많은 사실(건)은 바로 삽화의 형태를 사용했다. 예를 들어 군함의 목록이나 그가 자신의 시에서 사용하는 다른 삽화들의 경우가 그러하다.

다른 시인들이 행하는 것

다른 시인들은 한 영웅, 한 시대, 한 행동에 관해 시를 쓰지만, 그들이 취하는 행위는, 예를 들면 『키프로스 사람들의 노래』와 『작은 일리아스』의 저자들의 경우에서처럼, 많은 요소로 이루어져 있다. 그래서 『일리아스』나 『오디세이아』는 각각 하나 또는 두 비극의 소재만을 제공할 수 있고, 반면에 『키프로스 사람들의 노래』에서는 여러 소재를, 『작은 일리아스』에서는 최소 8개의 소재, 즉 『무기 재판』, 『필록테테스』, 『네오프톨레모스』, 『에우리필로스』, 『걸인 율리시스』, 『라케다이몬의 여인들』, 『일리언의 가방』, 『출범』, 『시논』, 『트로이의 여인들』 등을 이끌어 낼 수 있다.

24장. 비극과 서사시의 비교

서사시의 종류와 요소들

게다가 서사시의 종류는 비극의 그것과 동일한 것이어야 한다. 다시 말하면 서사시는 단순하거나 복잡해야 하고, 간결하거나 힘차고 비장해야 한다는 것이다. 구성 요소들 또한 노래와 공연을 제외하고는 동일해야 한다. 왜냐하면 서사시에는 사건의 급전과 재인, 불행의 충격들이 필요하고 사상과 표현의 탁월함도 필요하기 때문이다. 호메로스는 최초로 그 모든 것을 완벽하게 실천에 옮겼다. 실제로 그는 두 개의 시, 『일리아스』를 단순하고 비장한 시로 만들기 위해, 그리고 『오디세이아』를 복잡하고(왜냐하면 이 서사시는 처음부터 끝까지 재인을 사용한다) 힘차고 간결한 시로 만들기 위해 썼다. 이러한 그의 두 시는 표현과 사상으로 다른 시인들의 시를 능가한다.

서사시의 범위와 운율

반대로 서사시는 구성의 범위나 운율에 있어서 비극과는 다르다. 7

장에서 언급했듯이 범위의 한계는 정확하다. 말하자면 작품의 시작과 끝을 한눈에 파악할 수 있어야만 한다. 서사시 구성은 옛 서사시보다는 짧지만 한 번의 무대연출에서 전개되는 비극 구조와 거의 같은 범위라면 충분할 것이다. 서사시는 범위를 늘릴 수 있는 중요한 특성을 갖고 있다. 비극에서는 동시에 행해지는 행위의 여러 요소를 모방할 수는 없지만, 무대 위에서 배우가 연기하는 요소를 모방할 수 있다. 반대로 서사시에서는 서사시도 하나의 이야기에 해당하기에 동시에 일어나는 행위의 여러 요소를 다룰 수 있다. 그래서 이러한 행위의 여러 요소가 주제에 적절하다면 시의 분량을 늘릴 수 있다. 이러한 조건은 작품을 위대하게 하며, 관객에게 변화의 즐거움을 마련해 주며, 서로 다른 다양한 삽화를 끼워 넣는 데 기여한다. 빠르게 싫증나게 하고 비극을 실패하게 하는 이유는 이미 언급되었던 것과 유사한 것이기 때문이다.

영웅적 운율에 대해 말하자면 경험은 서사시에 잘 어울린다는 것을 보여 준다. 실제로 만약 어떤 사람이 서사적 모방을 만들기 위해 정해진 하나의 운율을 사용하거나 여러 운율을 사용한다면, 세련되지 못한 것을 보게 될 것이다. 영웅적 운율은 가장 장중하고 폭넓은 운율이기 때문이다. 따라서 그러한 운율은 특정 표현과 은유에 가장 잘 어울린다. 이런 점에서 서사적 모방은 다른 시를 능가한다. 반대로 단장격 시구와 장단격 4운율 시구는 활기가 있어 각각 행동과 춤에 알맞다. 카이레몬처럼 이러한 운율들을 섞어 서사시를 쓰면 그 결과는 부자연스럽거나 터무니없게 나타날 것이다. 그렇기 때문에 어느 누구도 영웅적 운율 이외에 다른 운율로 작품을 쓰지 못한 것이다. 4장에서도 언급했듯이 자연 그 자체가 서사시에 잘 어울리는 운율을 선택하는 방법을 가르쳐 주고 있다.

호메로스의 많은 장점

호메로스는 여러 가지 측면에서 칭송을 받을 만한 많은 장점을 가지고 있지만, 특히 그는 여러 시인 중에 유일하게 자신이 사적으로 연루되지 말아야 하는 것이 무엇인지를 아는 이였다. 실제로 시인은 개인 자격으로는 아주 최소의 것만을 말해야 한다. 왜냐하면 시인은 모방하는 사람이 아니라는 점에서 그러하다. 그런데 다른 시인은 스스로 극의 장면에 등장해 극히 최소의 것을 그리고 아주 드물게 모방하는 데에 반해, 호메로스는 짧은 서문을 제시하면서도 곧바로 한 남자나 한 여자 또는 다른 성격의 인물을 등장시키는데, 그들 가운데 어떤 이도 성격이 없는 인물은 없고 모두가 뚜렷한 하나의 성격이라도 갖고 있는 인물을 극에 등장시킨다.

경이로움

비극에는 경이로움이 필요하다. 서사시는 설명할 수 없는 불합리에 이를 수 있는데, 이는 경이로움의 커다란 원인이 된다. 그 이유는 우리의 눈으로는 활동적 인물이 보이지 않기 때문이다. 실제로 헥토르를 추격하는 장면과 연관이 있는 것은 무대에서 우스꽝스러워 보인다. 한편으로는 멈춰 서 있는 그리스인들은 추격하지 않을 것이고, 다른 한편으로는 아킬레우스가 간단한 고갯짓으로 그들을 멈추게 하기 때문이다. 그러나 서사시에서는 그런 모습을 발견할 수 없다. 그래서 경이로움은 기분 좋은 것이다. 그러한 지표는 어떤 이야기를 할 때 듣는 이를 즐겁게 해 주려는 생각으로 주장(의견)을 덧붙여 말할 때 나타난다.

능수능란한 속임수

호메로스는 그 누구보다도 시인들에게 아주 주도면밀한 속임수의 기술을 제대로 가르쳐 준 사람이다. 거짓 추론은 어떤 일이나 사건(전건, 前件)이 발생할 때 다른 일이나 다른 사실(후건, 後件)이 발생하는 경우, 귀결에 해당하는 후건 또는 후항이 실재하는 만큼 전건 또는 전항 역시 실재할 것이라고 생각하는 것이다. 그래서 전건이 거짓이라 해도 그것이 사실일 경우에 존재하거나 발생하는 후건이 존재하거나 발생한다면 두 경우, 즉 전건과 후건은 결합해야 할 것이다. 왜냐하면 후건이 사실이라는 것을 알기 때문에 마음속으로는 전건도 역시 사실일 것이라는 거짓 추론을 통해 잘못된 결론을 내기 때문이다. 이러한 한 예는 『오디세이아』의 '발 씻는 장면'의 스토리에서 나타나는데, 오디세우스는 긴 유랑 생활을 끝내고 나그네로 변장해 아내인 페넬로페에게 자신의 집에 거주한 적이 있다고 거짓말을 한다. 그는 그 거짓말을 믿도록 당시 자기의 행색에 관해 자세히 설명했는데, 이 말을 들은 페넬로페는 남편인 오디세우스가 말한 것이 사실이라고 믿는다.

사실임 직함

사실 같지 않은 가능한 것보다는 사실임 직한 불가능한 것을 선호해야 한다. 주제는 불합리한 요소로 구성되지 않아야 하며, 그 반대로 아버지 라이오스 왕이 어떻게 죽었는지를 전혀 알지 못하는 오이디푸스처럼 작품의 밖에 있지 않다면 불합리한 그 어떤 것도 발견되지 않아야 한다. 하지만 『엘렉트라』에서 아폴로 신 기념 축제 경기를 말하는 사람이나 『미시아인』에서 테게아에서 미시아까지 도착한 사람이 아무 말도 하지 않듯이 작품 자체 내에서 받아들여서는 안 된다. 따라서 그런 요소들 없이 스토리가 파괴될 것이라고 말하는 것은 우스운 일이다. 왜냐하면 그런 스토리의 구성을 우선적으로 경계해야 하기 때문이다. 그러나 시인이 진실의 모습을 부여할 수 있으면서 불합리한 것을 도입할 때에는 비록 그 사실이 불합리함에도 불구하고 받아들일 수 있다. 왜냐하면 『오디세이아』에서 진실임 직하지 않은 요소는 해안가에서의 오디세우스 등장 스토리에서는 용납할 수 없을 것이다. 게다가 무능한 시인이 자신의 작품에서 그것들을 받아들였는지 아닌지는 분명하게 볼 수 있을 것이다. 하지만 시인(호메로스)은 여러 다른 장점으로 스토리의 풍미를 제공함으로써 불합리성을 감추고 있다.

표현(법)

표현법이 특별히 다듬어져야 하는 이유는 아무런 행동이 없는 부분에서이고, 성격도 사상도 포함하지 않은 요소에서이다. 왜냐하면 지나치게 현혹적인 표현(법)은 반대로 성격과 사상을 감추고 있기 때문이다.

25장. 시적 문체에서 제기된 반론과 해결(책)

시의 결점에 관한 비판과 해결(책)들, 그 종류의 수와 본질을 다음과 같은 방식으로 검토하면 분명하게 알 수 있다.

해결책에서 관찰할 수 있는 원칙들

시인은 화가나 이미지를 만드는 예술가와 마찬가지로 모방하는 이들이기 때문에 반드시 모방하는 세 가지 방법 가운데 하나를 항상 취해야만 한다. 그는 사물들을 과거와 현재 상태의 모습으로 표상하거나, 그가 전달하려는 모습이거나 유사하게 보이게 나타내거나, 반드시 그렇게 실재해야만 하는 모습으로 표상해야 한다. 다른 한편 시인은 표현(법)을 이용해 사물들을 재현하는데, 표현법은 특수한 낱말과 은유(법), 많은 언어 발음의 변화를 포함하고 있다. 왜냐하면 21장에서 보았듯이 시인에게 그것들을 허용하기 때문이다.

하나 더 덧붙이면 정치학과 시학에 적용되는 평가의 기준과 규칙이 동일하지 않으며, 제 학문 분야와 시학에도 역시 그렇다는 점이다. 시작법(詩作法)과 관련해서는 두 종류의 과오를 볼 수가 있다. 하나는 시작법 자체와 관련된 과오이고, 다른 하나는 우발적으로 생긴 과오다. 사실 시인이 그러한 사물을 제대로 모방하려고 선택했으나 무기력하게 성공하지 못했다면 과오는 시작법 자체와 관련이 있는 것이다. 하지만 시인이 사물을 잘못 나타냈기 때문이고, 오른쪽 두 발을 동시에 앞으로 내딛는 말을 묘사했기 때문이라면, 다시 말해서 그의 과오가 예를 들어 의학과 같은 특정 영역의 학문이나 어떤 다른 학문과 관련되어 있거나, 또는 어떤 방식으로라도 불가능한 사물을 시로 표현하려 한 것이라면, 그의 과오는 시작법 자체와 관련되어 있는 것이 아니다. 따라서 문제(점)를 담고 있는 비판에 응대하기 위해서는 앞서 언급한 관점에서 해결책을 구해야만 한다.

허용된 진실 같지 않음: 실수와 부정확함

우선 시작법 자체에 관한 경우들을 들어 보자. 만약 불가능한 사물이 시에 나타난다면 그것은 일련의 과오다. 하지만 그러한 실수는 시작법 고유의 목적에 이르거나(왜냐하면 이 목적은 이미 정해졌기 때문이다), 그런 식으로 작품의 이런저런 요소가 보다 강렬해 인상적이라면 허용할 수 있다. 예를 들어 헥토르의 추격에서처럼 말이다. 하지만 시의 목적이 더욱 나아질 수 있거나 거의 도달할 수 있다면 과오는 허용할 수가 없다. 왜냐하면 될 수 있으면 어떤 실수도 반드시 범하지 않아야 하기 때문이다.

게다가 과오가 두 범주 중에 어디에 속하는지를 생각해 보아야 한다. 즉 시작법과 직접 관계가 있는 범주의 과오인지 또는 우발적인 과오와 관련되어 있는지를 알아보아야 한다. 왜냐하면 암사슴이 뿔을 가지고 있지 않다는 사실을 알지 못하는 것은 암사슴을 형편없는 모방으로 묘사한 것보다 더 가벼운 과오이기 때문이다.

더욱이 우리가 시인이 그린 것에 진실이 결여되었다고 비판해도 시인은 분명히 있어야만 하는 사물을 그대로 그렸다고 대답할 수 있다. 물론 소포클레스는 스스로를 있어야만 하는 이상의 인간처럼 나타냈다고 말했고, 반면에 에우리피데스는 있는 그대로의 실제의 인간을 묘사했다. 이러한 두 답변 이외에도 우리는 계속해서 시인이 그린 것이 인간의 전반적인 의견이라고 말할 수 있는데, 예를 들어 신과 관련된 이야기들이 그러하다. 실제로 시인이 그런 이야기들을 묘사하는 것은 더 나은 것도 아니고 진실이 아닐 수도 있다고 하지만, 크세노파네스가 말한 것처럼 그것은 "전반적인 의견"에 따른 것이다. 또 다른 사실은 더 긍정적으로 말해지는 사건이 아니라, 과거에 실제로 일어난 것처럼 말해지는 경우인데, 예를 들어 "그들의 창은 똑바로 선 채로 박혀 있었고, 창끝은 하늘을 향해 있었다"라는 무기에 대한 묘사가 그러하다. 창을 세워 놓은 것은 당시의 관습이기도 했지만, 오늘날에도 여전히 일리리아 사람들의 관습이기도 하다.

일반 원칙

등장인물의 이런저런 말이나 행동이 올바른지 아닌지를 알기 위해서는 단순히 행동이나 말 자체만을 고려하면서 검토하지 않아야 한다. 즉 말과 행동 그 자체가 고결한지 저속한지를 알아야 하는 것이 아니라, 행동하고 말하는 등장인물이 누구인지를 계속해서 고려해야 하고, 그가 대화하는 자, 그가 행동할 때와 말할 때 누구를 위해서 혹은 무엇을 위해서 그래야만 하는지, 예를 들어 그것이 더 커다란 이익을 가져오기 위해서인지, 또는 더 커다란 손해를 피하기 위해인지를 관찰해 보아야 한다.

다양한 유형의 해결(책)

시인이 사용하는 표현(법)을 고려하면서 해결해야 할 어려움들이 있다. 예를 들어 "οὖρῆας μὲν πρῶτον"(그는 먼저 노새들을 죽였다)의 구절은 특수한 어휘의 사용으로 설명할 수가 있는데, 시인은 'ονρῆας'을 '노새들'의 의미로 사용한 것이 아니라 '보초병들'의 의미로 사용한 것일 수도 있기 때문이다. 마찬가지로 사람들이 돌론의 아주 안 좋은 εἰδος(형태)("ὅς ρ ἤ τοι εἰδος μὲν ἔην κακός")에 관해 말을 하는데, 여기서 의미하는 바는 돌론이 기형의 신체를 가진 것이 아니라 추한 얼굴을 지녔다는 의미다. 왜냐하면 크레테인 사람들은 얼굴이 잘생긴 것을 뛰어난 외모를 가진(ενειδής) 아름다움으로 이해하기 때문이다. 마찬가지로 "ζωρότερον δέ κέραιε"(술을 좀 더 활기 있게 타라)라는 말은 술주정뱅이를 위한 것처럼 '술을 더 독하게 타라'를 의미하지 않고, '술을 더 빨리 타라'는 의미로 사용되는 것이다.

어떤 표현은 은유로 사용될 수 있다. 예를 들어 시인이 말하는 "모든 신과 전사들은 밤새도록 잠을 잤다"의 표현과 동시에 "그가 트로이 평원을 바라보았을 때 갑자기 플루트와 피리 소리가 들렸다"의 표현에서 '모든'의 어휘는 '많은'이라는 은유적 표현으로 사용된다. 왜냐하면 '모든'의 총체성은 '많은'의 다수성을 전제로 하기 때문이다. 마찬가지로 "단지 그 별만이 지지 않는다"의 표현도 은유로 나타나는데 그 이유는 가장 잘 알려진 것이 '유일한' 것이기 때문이다.

이러한 설명은 또한 타소스의 히피아스가 "δίδομεν δέ αί"와 "τὸ μὲν οὔ καταπνθεται ὄμβρω"라는 표현에서 했던 것처럼 악센트와도 관련될 수 있다. 또 다른 해결책은 낱말들 간의 일시적 휴지에 의해서 설명되는데, 예를 들어 엠페도클레스의 구절 "전에 불멸이었던 것들이 갑자기 소멸하는 것이 되었고, 전에 순수했던 것들이 잡다한 요소가 뒤섞인 것이 되었다"가 그러하다. 이외에도 다른 해결책은 "παρώκηχ εν δὲ πλέω ννὲ"(어두운 밤의 삼 분의 이 이상이 지나갔다)에서와 같이 이차적(즉 비유적) 의미로 설명된다. 왜냐하면 낱말 πλέω은 이중의(비유의) 의미(1. 항해하다 2. 풍부하게 갖고 있다)를 가지고 있는 중의적 낱말이기 때문이다. 또한 언어의 관습적 사용이 해결책이 될 수도 있다. 시인은 물이 섞인 어떠한 포도주라도 '포도주'라는 이름을 부여한다. 그렇기 때문에 비록 신들이 포도주를 마시지 않음에도 사람들은 가니메데스는 제우스에게 포도주를 따른다고 말할 수 있었다. 또한 시인은 쇠를 가공하는 장인들에게 '청동조각가'라는 이름을 부여한다. 그래서 사람들은 '새롭게 가공된 주석 정강이 받이'라고 말할 수 있었다. 이러한 것들은 은유(법)로 설명될 수 있다.

어떤 한 낱말이 불가능한 의미를 나타내는 것처럼 보일 때 구절 속에서 그 낱말이 얼마나 많은 방식으로 여러 의미를 가질 수 있는지를 검토해야만 한다. 예를 들어 "거기서 청동 창이 멈춰서다"의 구절에서 청동 창이 거기서 멈춰졌을 가능성이 얼마나 큰지를 살펴봐야 한다. 그것은 글라우콘이 말한 처리 방법과는 정반대로 이해하는 가장 확실한 방법이다. 그가 말하기를 몇몇 비평가는 정당화되지 않은 선입견에서 출발하고, 먼저 비난을 한 후에 이치를 따져 논증하며, 시인의 생각이 자신들의 개인적 생각과 정반대일 때는 마치 시인의 말이 자신들의 말과 같을 것이라 생각해서 시인을 비난한다. 이카리오스에게 일어난 것이 바로 그러한 경우다. 비평가들은 이카리오스가 라케다이몬 사람이었다고 생각하고, 텔레마코스가 스파르타에 도착했을 때 그를 만나지 않은 것이 불합리하다고 생각한다. 하지만 실제로 케팔레니아 사람들이 말하는 바와 같이 율리시스는 아내를 케팔레니아에서 얻었고, 그 사람의 이름은 이카리오스가 아니라 이카디오스다. 여기서 난점은 아마도 비평가들의 실수 여하에 달려 있다고 보아야 할 것이다.

불가능한 것

일반적으로 불가능한 것은 시를 고려하거나, 더 좋은(나은) 것 혹은 중론을 고려해 정당화되어야 한다. 시에 관해서는 납득하기 불가능한 것이 납득하지 않는 가능한 것보다 더 바람직해 보인다. 제욱시스가 그린 것과 같은 사람들이 실제로 존재하는 것이 불가능할지 모르지만, 그런 사람들을 더 잘 그릴 수 있다. 왜냐하면, 실례로 사용한 것이 실제로 있는 것보다 더 중요해야 하기 때문이다. 중론은 불합리한 것을 정당화해야 한다. 또한 가끔은 그것이 불합리하지 않다는 것을 보여 줘야 한다. 왜냐하면 사실 같지 않음과는 반대로 발생하는 상황들이 가끔 있을 것 같기 때문이다.

모순. 사실임 직함과 정당화되지 않은 추함

모순은 변증법적 논증 방법에 의거해 검토해야만 한다. 다시 말하면 시인이 스스로 말한 것 또는 분별 있는 사람의 판단에 의해 추정한 것을 반박한다고 결론짓기 위해서는 그의 주장이 동일한 사물에 관한 것인지, 동일한 대상에 관련된 것인지, 그리고 동일한 의미로 말하고 있는지를 살펴봐야 한다. 다른 한편 시인이 필요하지도 않은데 『에우리피데스』에서의 등장인물 아이게우스처럼 불합리함을 사용하거나, 『오레스테스』에서의 메넬라오스처럼 조악함을 사용할 때, 불합리함과 조악함의 사용을 비판하는 것은 옳다.

따라서 비평가가 할 수 있는 비판은 다섯 가지 항목으로 귀결된다. 실제로 그들은 불가능하거나, 진실임 직하지 않거나, (불필요하게) 조악하거나, 모순적이거나, 기술(법)상의 요구 사항에 상반된다고 주장한다. 이러한 비판에 대한 해결책으로는 앞에서 열거한 항목들에 따라서 찾아야만 하는데, 그 수는 열두 개가 될 것이다.

26장. 서사시의 구성은 비극의 구성보다 우월한가?

비극에 대한 서사시의 추정 우위

서사적 모방과 비극적 모방 중에 어느 것이 더 훌륭한가 하는 질문이 제기될 수 있다. 실제로 더 좋은 모방이 가장 덜 저속한 모방이고, 더 훌륭한 관객에게 호소하는 모방이 가장 덜 저속한 모방이라면, 이것저것 가리지 않고 모든 것을 모방하려는 모방이 저속한 모방이라는 사실은 분명하다. 왜냐하면 등장인물은 시에 자신의 의견을 추가하지 않으면 관객이 이해하지 못할 것이라는 생각과, 무대에 자신의 동작을 계속 반복하면서 늘려 나가려는 생각을 갖기 때문이기도 하다. 그것은 마치 무능한 플루트 연주자가 원반던지기를 모방해야만 할 때 몸을 비틀고, 스킬라(머리가 6개, 발이 12개인 괴물)의 역할을 맡을 때 일행의 우두머리를 끌어내려는 행동과 비슷하다. 따라서 비극은 옛 배우가 자신의 후배 배우를 훈계하고 나무라는 결점을 가지고 있다. 예를 들어 민니스코스는 자신의 연기가 지나치게 과장되었다는 이유로 칼립피데스를 원숭이로 취급했고, 그와 유사한 평판이 핀다로스에게도 따라다녔다. 선배 배우에 대한 후배 배우의 열등 관계는 정확히 말하면 서사시에 대한 비극의 그것과 같다. 따라서 서사시는 구체적 형상화가 필요하지 않은 고상한 관객을 상대하고, 비극은 조금 하찮은 관객을 상대한다. 그래서 비극이 저속하다면, 그것은 서사시보다 열등한 예술임은 분명하다.

서사시에 대한 비극의 실제 우위

이에 관련한 비난은 시인의 기술(법)이 아니라, 배우의 연기와 관련된다. 왜냐하면 강제된 연기는 소시스트라토스의 경우에서처럼 음유시인에게서 만날 수 있고, 오푸스의 므나시테오스의 경우에서처럼 노래 경연에서 볼 수 있기 때문이다. 게다가 비난하고 강요해야 하는 것은 모든 몸짓이 아니라, 형편없는 배우의 몸짓이다. 그것이 카리피데스에게 가한 비난, 그리고 오늘날 다른 배우에게 가하는 비난인데, 그가 모방하는 여성이 비천한 신분을 가진 여성이라는 것이다.

덧붙인다면 비극은 서사시와 마찬가지로 몸짓이 없어도 고유의 효과를 만들어 낼 수 있다. 왜냐하면 작품의 단순한 독서를 통해서도 그 특성이 무엇인지를 명확하게 알 수 있기 때문이다. 그래서 만약 비극이 다른 여러 측면에서 우월하다면, 그런 우위를 갖고 있다는 사실은 반드시 필요하지는 않다. 그런데 실제로 비극은 서사시의 모든 장점을 다 가지고 있기 때문에 더욱 우월하며, 심지어 운율까지도 사용할 수 있다. 또한 보잘것없는 수단이나 방법이 아닌 매우 중요한 요소이자 즐거움을 만들어 내는 데 가장 확실한 방법인 음악과 공연도 활용할 수 있다. 비극은 독서할 때에나 재현할 때 생기 넘치는 투명함의 특성을 갖고 있다.

비극은 가장 짧은 시간에 모방을 완벽하게 구현하는 장점을 가지고 있다. 왜냐하면 사람들은 긴 시간에 걸쳐 산만하게 흩어진 것보다 압축된 것을 더욱 좋아하기 때문이다. 예를 들어, 소포클레스의 『오이디푸스』를 『일리아스』와 같은 분량으로 늘렸을 때를 가정해 보자! 게다가 서사 시인이 하는 모방은 통일성이 적다. 그 증거로서 어떤 서사시이든 여러 개의 비극을 만들 수 있다는 점을 들 수 있다. 그래서 서사시인은 단지 하나의 스토리만을 짤 수 있으며, 혹은 스토리가 아주 짧게 표현되면 보잘것없어 보일 것이고, 스토리가 필요로 하는 길이에 부합하면 장황해 보일 것이다. 하지만 지금 『일리아스』가 여러 개의 요소로 구성되어 있고, 『오디세이아』가 가진 나름대로의 요소 또한 어느 정도의 규모를 가지고 있다. 이러한 두 시는 가능한 한 가장 완벽한 구성이 될 수 있고, 전적으로 유일한 행위의 모방이 될 수 있다.

그러므로 비극이 이러한 모든 장점뿐만 아니라, 비극의 고유한 목적에 도달하는 방법에 있어서도(왜냐하면 비극과 서사시는 어떤 것이라도 상관없는 임의적 즐거움은 아니고, 앞서 말했던 특별한 즐거움이기 때문이다) 우위에 있다면, 비극이 서사시보다 그 목적을 더욱 잘 달성할 수 있기 때문에 우월한 예술로 간주하는 것은 분명하다.

지금까지 우리는 비극과 서사시 그 자체로 검토해 본 견해들, 비극과 서사시의 종류와 구성 요소, 구성 요소의 수, 비극과 서사시의 차이들, 작품의 성공과 실패를 만들어 내는 원인들, 일어날 수 있는 비판들, 이 비판에 대처해야 하는 반박들에 관한 해결에 관해 충분히 언급했다.

아리스토텔레스의

수사학과 시학

초판 인쇄 2020년 2월 14일
초판 발행 2020년 2월 21일

옮긴이 이종오
발행인 김인철
총괄 · 기획 윤성우 Director, University Knowledge Press
편집장 신선호 Executive Knowledge Contents Creator
기획 · 물류 이현진 Planning Expert
사전 · 도서편집 정준희 Contents Creator
전자책 · 도서편집 장혜린 Contents Creator
도서편집 이병철 Contents Creator
이근영 Contents Creator
재무관리 하누리 Managing Creator
발행처 한국외국어대학교 지식출판콘텐츠원
02450 서울특별시 동대문구 이문로 107
전화 02)2173-2493~7
팩스 02)2173-3363
홈페이지 http://press.hufs.ac.kr
전자우편 press@hufs.ac.kr
출판등록 제6-6호(1969. 4. 30)
디자인 · 편집 (주)이환디앤비 02)2254-4301
인쇄 · 제본 네오프린텍(주) 02)718-3111

ISBN 979-11-5901-716-2 03160 값 25,000원

※ 잘못된 책은 교환하여 드립니다.

HUiNE은 한국외국어대학교 지식출판콘텐츠원의 어학도서, 사회과학도서, 지역학 도서 Sub Brand이다. 한국외대의 영문명인 HUFS, 현명한 국제전문가 양성(International +Intelligent)의 의미를 담고 있으며, 휴인(携引)의 뜻인 '이끌다, 끌고 나가다'라는 의미처럼 출판계를 이끄는 리더로서, 혁신의 이미지를 담고 있다.